比较文字学丛书之一

XINAN SHAOSHU MINZU YUANSHI WENZI DE
CHANSHENG YU FAZHAN

西南少数民族原始文字的产生与发展

邓章应◎著

人民出版社

责任编辑:马长虹

装帧设计:徐　晖

图书在版编目(CIP)数据

西南少数民族原始文字的产生与发展/邓章应 著.

　－北京:人民出版社,2012.5

ISBN 978－7－01－010851－3

Ⅰ.①西…　Ⅱ.①邓…　Ⅲ.①少数民族-表形文字-研究-西南地区

　Ⅳ.①H211.02

中国版本图书馆 CIP 数据核字(2012)第 079603 号

西南少数民族原始文字的产生与发展
XINAN SHAOSHUMINZU YUANSHI WENZI DE CHANSHENG YU FAZHAN

邓章应　著

人 民 出 版 社 出版发行
(100706　北京朝阳门内大街166号)

北京瑞古冠中印刷厂印刷　新华书店经销

2012 年 5 月第 1 版　2012 年 5 月北京第 1 次印刷
开本:710 毫米×1000 毫米 1/16　印张:20
字数:340 千字　印数:0,001-3,000 册

ISBN 978－7－01－010851－3　定价:48.00 元

邮购地址 100706　北京朝阳门内大街 166 号
人民东方图书销售中心　电话 (010)65250042　65289539

序

当我在二十多年之前，开始撰写我的硕士学位论文《汉古文字与纳西东巴文字比较研究》的时候，我就强烈地意识到：我国西南地区是一个蕴藏着丰富的民族古文字资源的地区。此书写成之后，我暗自产生了把我国西南地区的少数民族文字进行一次材料的全面收集与历史的系统研究的想法。这个想法，终于在 2007 年得到了实现——章应的博士学位论文《中国西南少数民族原始文字的产生与发展》写成了。当我今天应章应之命为即将出版的此篇论文作序时，真是有一种如释重负的感觉，尽管完成这一任务的并不是我自己，但是我毕竟也曾经参与了论文的一些策划工作。

章应此书，确乎在相当大的程度上实现了我当年的理想。由研究对象与研究素材而言，我国西南地区不下十种的原始文字都已纳入他的视野。由研究目的而言，这些文字的产生、发展、接触与传播都得到了较为充分的描写与归纳。由研究手段而言，章应用了一系列他自己发明的新术语来作为贯串全书的解决问题的方法。作为我国西南地区原始文字的首部通论性专著，此书的贡献是非同一般的。

在一定意义上说，语言文字学的研究领域中，往往综合性的研究难于个案的研究，理论的研究难于描写的研究，历史的研究难于共时的研究。而章应此书，恰恰是一次综合的、理论的、历史的研究，因此其难度可想而知，其成果也显然是值得称道的。

此书的主要创新之处颇多，是不易在一个短短的序言中进行总结的。只是我们至少可以指出这一著作最值得治民族文字者借鉴的地方：

其一，把区分文字系统与文字字符作为研究文字发生与发展的出发点。作者在讨论文字历史过程的时候，使用了"字符"与"字符集"的术语，这种做法不仅合于文字历史的客观现实，而且把文字的过程进行了具体化与精密化。可以说，这种做法使文字史的研究得到了细化，也使我们对这些文字的认识更趋全面与深入。

其二，用文字神话启发文字历史的研究。作者在研究各种文字历史时，往往以文字的发生（或不存在，或发生后又消亡）的神话作为重要的启发与参照。这一做法亦有很强的科学性。文字神话往往不全符合文字真正的历史，但是文字神话又往往是文字历史的折射。我在九十年代末就曾经鼓励我的研究生们作这一课题的尝试，可是无人付诸行动。到新世纪的初叶，才知道章应已经在此方面做了许多扎实的资料工作。

其三，对原始记事这一文字发生的准备工作做了细致的研究。在文字发生的研究中，许多学者往往只是关心文字发生瞬间的情况。其实，文字发生往往经历了漫长的准备时期。章应此书中对文字的一个重要来源——原始记事的详细研究，无疑将会大大促进对文字发生问题研究的深化。

其四，许多新术语的创造与研究是对文字研究的重要贡献。章应此书，创造并运用了较多的文字学的新术语，如"初造字"与"新造字"、"仿拟机制"与"参照机制"、"准字符"、"字符的音义附着"、"字符的可拆分度"，等等，并借助这些术语，解决或初步解决了许多相关问题。应该说，术语的创新是方法创新的一个重要部分，也是方法创新的一个重要标志。

此书的长处和创见还很多，在此不一一论列。读者在阅读此书时，自然会对我以上的评论得到佐证。由于为章应此书的正式出版感到兴奋，请容许我接下去回顾一下我伴随章应作此论文时候的难忘时光。

章应在硕士阶段曾随汉字与东巴文字大师喻遂生先生学习，在这两种文字的研究方面均打下了坚实的基础。零四年来到上海，又把他的研究目光扩大到了整个的民族文字尤其是西南少数民族文字的研究领域中去。

可以说，章应治学成功最基本的动因，就在于他对学问的热爱。这也是当前许多研究生最最不足的地方。在他的寝室中，放着许许多多的语言文字书籍。而位于离他寝室不远的一家书店，则是他经常光顾的地方。我们常常为那家书店的新到的书互通信息。当然，买不买书并非判定一个人爱不爱学问的唯一标准，但是至少章应的爱书，反映了他的爱学。尤其是章应所购置的书并不限于语言文字之类，文献学、民族学、人类学、回忆录及其他种种社会科学方面的书，都是他力图猎获的对象。我相信，宽阔学术视野造成了他宽阔学术思路。章应在西南方言的研究上也早有成就。攻读博士学位期间，他的专著即攻读硕士阶段就写成的《<跻春台>方言词语研究》就得以出版。据我所知，当时他的许多同学，当需要什么研究材料时，往往把他的寝室当作图书馆来用。

离章应完成这篇文章，已经整整五年了。就文章的作者来说，还在攀登他一个个的新的学术高峰，并指导他的学生在发扬他的学术理念与成果。而就作者此书的研究内容与价值来说，我们也相信：无论对于作者还是对于同行，还有许多值得在原有基础上进一步扩展研究思路、增加研究材料、细化研究课题的工作需要我们去完成。因为我国西南的民族文字，是一个采之不尽、用之不竭的富矿，决不是一本专书可以研究穷尽的。而我国乃至世界的原始文字，更是有待于我们去作更深入细致的研究的领域。期待着更多的相关佳作问世，来自章应，也来自他的同行们。

王元鹿

2012 年 5 月 3 日

写于华东师范大学中国文字研究与应用中心

目　录

第一章　绪论

文字发展历史的研究是普通文字学及文字史研究中重要的课题，而对文字的产生及文字的早期面貌的研究则是这个重要课题中的极重要的部分。

原始文字是文字发展史上的一个特殊阶段，它上承文字的起源，下启各类型文字的发展演变，是处于非文字和成熟文字之间的中间阶段。对这个特殊时期的研究，有助于解决文字起源这一文字学研究中的重要课题，有助于更清晰地掌握文字的形成和发展过程，有助于对这一类型文字的性质有更深入的理解，亦有助于更客观地认识文字和非文字之间的区别。总之，这一课题的研究对文字学史和普通文字学的研究都具有十分重要的意义。

文字资料的匮乏是过去制约我们对此课题展开深入研究的客观障碍。同时，过去囿于单种文字研究特别是汉字研究的传统从而缺乏对多种文字的综合与比较研究也是相关研究开展不够充分的主观原因之一。

中国西南是个多民族聚居的地方，这些民族在这块土地上创造了璀璨的文化。而其中最使人骄傲的是他们创造了多种民族文字，这些文字，有的发展程度略高，有的还处于较低水平。但它们无疑都是世界文字大花园中的一朵朵美丽的花朵，同时无疑是研究文字发展历史的绝佳材料。

我们拟综合研究中国西南地区的少数民族原始文字，探索他们的产生、发展及流变，并探讨他们产生及发展的原因，以期给普通文字学及文字史提供一些借鉴。

第一节　原始文字的定义和定名

一、原始文字的定义
（一）前人关于原始文字的定义

前人关于原始文字定义的论述，有的较为集中，有的零星地分散于其他研究当中。我们试列出几家有代表性的论述，这其中也包括一些学者对原始文字特征的描述。

1．傅懋勣先生的定义

傅懋勣先生将过去定义为象形文字的纳西东巴文分为两种性质不同的文字，其中一种是类似连环画的文字，称为图画文字，另一种是一个字表示一个音节但绝大多数字形结构来源于象形表意的成分，仍称象形文字。他提出图画文字具有区别于象形文字而接近图画的四个特征：[①]

Ⅰ　尚未形成固定的书写行款——这种文字虽有大体从左向右横着书写的走向，但是还未形成从左向右的行列。本来可以从左向右写的两个字，又可以任意从右向左写；本来可以从上向下写的两个字，又可以任意从下向上写。甚至在同一本经书里，完全相同的一句话，其中有的字的位置，也可以不同。

Ⅱ　经文中有只表意不表音的字——在经文中，常有只表意义或情景的字，但不读音。

Ⅲ　利用几个形象合成字组，这种字组内部各成分之间一般有互相依赖的关系——这种字组有一些以一个形体为主，附加上其它成分，可称单体字组。另有一些是两个字组的连合，可称复合字组。

Ⅳ　不是把读的经文中使用的全部语词都写出来，而是只写出一部分语词——这就是只利用形象化的结构写经文大意，而不把经文使用的语言全部表达出来。……书写的经文在表示读的经文的语词上，详略程度很不一致。

傅先生关于图画文字的特征论述包括了原始文字的大部分特征，如：没有完备记录语词，字与词的对应不严密；字符的独立性弱（利用几个形象合成字组）；书写行款未固定。

2．周有光先生的定义

周有光先生曾在多种论著中提到原始文字的定义及其特征。

由周先生撰稿的《中国大百科全书》"文字"条说：[②]

从单个符号来看，文字有 3 种基本的表达方法：表形（象形）、表意（会意、指事）和表音（假借、谐声）。具体的文字，往往混合应用几种表达方法，而以一种或两种方法为主。

原始图形文字主要用表形方法，可是也夹用表意方法，例如用点子或短线表示数目，所以又称"形意文字"。

周有光先生在论述东巴文在人类文字史上的地位时说到："'形意文字'

---

① 傅懋勣：《纳西族图画文字和象形文字的区别》，载《民族语文》1982 年第 1 期。
② 中国大百科全书总编辑委员会《语言文字》编辑委员会：《中国大百科全书·语言文字卷》，中国大百科全书出版社 1988 年光盘版。

一般都是字无定量，一字多形，同音多字，字形可大可小，形款不求整齐，不能完备地按照语词次序书写语言。"①

周有光《世界字母简史》：②

> 世界各地在历史上创造过许多种原始文字，原始文字都不能完备地按词序记录语言。有的只有零散的几个符号。有的是一幅无法分成符号单位的图画。有的只画出简单的概念，不能连接成句子。有的只写出实词、不写出虚词，要读者自己去补充。

> 原始文字一般都兼用表形和表意两种表达方法，属于"形意文字"类型。

> 文字要发展到能够按照词序完备地把语言记录下来，叫任何人阅读起来都读出相同的语言，这才是文字的"成熟"，才是文字的"成年"。

周有光《比较文字学初探》：③

> 通过比较研究，知道文字能否无遗漏地按照语词次序书写语言是文字是否成熟的分界线。分界线以下是原始文字，分界线以上是古典文字和字母文字。原始文字主要表形和表意，称为"形意文字"。古典文字主要表意和表音，称为"意音文字"。字母文字主要表音，称为"表音文字"。

周有光《世界文字发展史》：④

> 什么是"原始文字"？"原始文字"包括文字的胚芽和发展程度不同的一切没有成熟的文字。什么叫"成熟"？"成熟"是能够完备地按照语词次序记录语言。

周有光先生在最近发表的新作中说：⑤

> 原始（形意）文字时期（刻符、岩画、文字画、图画字）。这时期文字还没有成熟，不能按照语词次序无遗漏地书写语言。从公元前8000年出现岩画，到公元前3500年前丁头字和圣书字最初成熟，这4500年是原始文字时期。

周先生前后对原始文字的定义还是比较稳定的，其核心内容是原始文字"不能按照语词次序无遗漏地书写语言"，其表达方法主要是表形和表意。但周先生偶尔说到的"字无定量，一字多形，同音多字"不一定就是原始

① 周有光：《世界文字发展史》，上海教育出版社 2003 年版，第 63 页。"形款"可能应为"行款"。

② 周有光：《世界字母简史》，上海教育出版社 1990 年版，第 3—6 页。

③ 周有光：《比较文字学初探》，语文出版社 1998 年版，第 5 页。

④ 周有光：《世界文字发展史》，上海教育出版社 2003 年版，第 23 页。

⑤ 周有光：《人类文字的历史分期和发展规律》，载《民族语文》2007 年第 1 期。

文字的一般特征。

3. 王元鹿先生关于原始文字的论述

王元鹿先生在他的论著中指称我们所说的原始文字时，用的是"早期文字"这一术语。

王先生早期文字的指称内容是：[①]

"早期文字"是指各成熟的表词—意音文字系统之前的各种文字体系，所以"早期文字"这一概念既包含刚刚形成的原始文字（如印第安文字）；又包含已局部地进入表词—意音文字的文字（如纳西东巴文字）。

王先生还明确提出了早期文字的特征：[②]

文字符号记录语言的手段：

一、早期文字已具备了原始的象形字、指事字，并以它们为基础和为单位记录语言。

二、早期文字往往以方位、颜色等手段记词表义。

文字符号与语言单位的对应关系：

一、早期文字记录语言时字词不严格对应，一般早期文字系统不能严格地做到记录下语言中的所有的词。

二、一般早期文字，字序与它们所记录的语言的词序，也不能做到严格对应。

符号体态：

一般说来，由于早期文字脱胎自图画不很久，其符号体态往往比较繁复。

字形的长宽比值不一致；字形之间大小比值不一致。

王先生从文字的内容和形式两个方面分析了原始文字的特征。其中内容方面又分为文字符号记录语言的手段和文字符号与语言单位的对应关系两个方面，较为全面。同时王先生也系统提出原始文字中存在方位、颜色等记词表义手段。

4. 伊斯特林先生关于原始文字的论述

伊斯特林先生在其《文字的产生和发展》中，论述了"原始文字曾经是句意文字"[③]。

---

① 王元鹿：《普通文字学概论》，贵州人民出版社 1996 年版，第 109 页。

② 王元鹿：《普通文字学概论》，贵州人民出版社 1996 年版，第 109—121 页。

③ [俄]B.A.伊斯特林著，左少兴译：《文字的产生和发展》，北京大学出版社 2002 年版，第 28—30、50 页。

句意字——这种书写符号或图形（包括象征符号，甚至约定符号）表达整个信息，但字形上几乎不分解为单个的词。根据用于表达信息的字形手段，句意字可以分为两种：图画字和古老的约定符号。

图画字是复杂的图画或一组图画（好像"连环画故事"），独立表达（不是插图）某个完整的，在图形上没有分解为单个词的信息。

除了图画字，另一种句意文字是古老的约定符号。属于这种符号是氏族符号和部落符号，包括图腾、所有权符号、各种巫术符号（如禁忌符号）以及许多其他符号。像图画符号一样，每一种这样的符号都表达完整的信息，与图画文字不同的是它们具有约定的性质。通常每一种这样的符号都是孤立使用的，同其他类似的符号并无规律性的联系。所以这些符号也不形成文字体系；但它们与图画符号不同，很少用作初始材料来造成表词文字体系——无论如何是多方面功能和用途的体系。

伊斯特林认为句意字的特征在于符号或图形整体表达信息，但字形上几乎不能分解。这个特征应该说是部分原始文字或原始文字部分时期的特征。原始文字中既有无法分成符号单位的图画，但同时也有零散的符号，甚至还有部分独立的字符，如东巴文中能够分解记录部分语词的一些字符。

如果将原始文字固定在在这个狭窄范围并坚持这一标准的话，很多不能完全记录语词的文字将找不到它的准确位置。

（二）我们的意见

前人的论述为我们奠定了进一步研究的基础。我们认为应从最本质的方面提取原始文字的特征。我们以为原始文字的特征至少体现在以下几方面。

1. 原始文字记录的语言单位不纯粹，未达到完全表词的水平

王元鹿先生在对文字进行分类时，按照文字符号与语言单位的对应关系将文字分为语段文字、表词文字、音节文字、音素文字。[①]

应该说，文字的发展是一个连续的过程，各个阶段之间并没有豁然分明的分界线。表词文字的最后形成，一定经历了一个漫长的发展阶段，我们只能大致地将表词文字之前的阶段对应于原始文字阶段。

原始文字记录的语言单位有可能是语段、有可能是不完全的语词、还有大量的二者的混合体。正如裘锡圭先生所说："那些已经出现的词的符号，还不能完整地把语言记录下来，因此也就不能完全排挤掉非文字的图画式

---

① 王元鹿：《普通文字学概论》，贵州人民出版社 1996 年版，第 46 页。

表意手法，往往跟图形混在一起使用。"[1]这也就是说：原始文字记录的语言单位不纯粹，还没有达到完全表词的水平。

如西南少数民族纳西族用原始文字东巴文写成的东巴经中，既有以字代句的现象，也有独立表词的符号，甚至还有标音较为完整的段落，当然还有介于几者之间的混合体。

一种文字系统，只要还不能完全地记录语言中的词，它就处于原始文字阶段。当然原始文字也有发展程度的差异，有的记录词的符号多一些，有的则记录语段的符号多一些，这种差异只是判断它们内部发展程度的标准之一。

2. 原始文字字符（准字符）的可拆分度小

字符[2]（准字符）的可拆分度是我们提出的一个新术语，指字符或准字符可以拆分成更小单位的程度。原始文字字符（准字符）的拆分度包括两个方面：一是准字符拆分成独立字符的能力；二是独立字符进一步拆分的能力。

准字符拆分成独立字符的能力指原始文字中的表意符号拆分成独立字符的能力。一般来说，成熟文字的字符比较独立，字符与字符的边界清楚。但原始文字中并不是所有字符的字符边界都很清晰，有的可以分出清晰的独立字符，但有的并不能分析出独立字符，我们将这种不能分析出独立字符的符号称之为准字符，准字符是以图形整体表义。原始文字中的准字符现象普遍。我们举一个东巴文的例子。

（傅懋勣《丽江么些象形文'古事记'研究》P10）[3]

---

① 裘锡圭：《汉字形成问题的初步探索》，载《中国语文》1978 年第 3 期。

② 传统意义上的字符往往用来指成熟文字如汉字中一个一个的字。但实际上以相连或相邻的笔画在空间排列成的表示信息的图形形式，只要具有固定的音义，都是一种表达符号，我们可以称为广义的字符。为照顾传统，我们用字符的传统意义，有时为了强调我们在文中也用"独立字符"。而广义字符则包括独立文字画、字符、准字符和合文（详见第二章第三节）。广义的字符我们有时在文中径称为"符号"。

③ 傅懋勣：《丽江么些象形文'古事记'研究》，武昌华中大学 1948 年版，第 10 页。

其中 🌿 读成 ［ndzʌ³¹ dzʅ³¹ n̩dʑi³³ ku⁵⁵ zʅ³³］

直译成：树　生长　走　能（助）

意译：树木生脚会走路。

这个符号我们拆分不出"树、生长、走路"等实词，更不用说"能"等虚词。我们以为这个符号应属于不能拆分出清晰字符的准字符。

除了准字符字符，原始文字中还有部分字能够拆分成独立字符，对于这部分字符而言，也涉及到一个拆分度的问题，因为一种文字越成熟，其构字部件的可重复利用性越高，可以用部件进行组字。越原始的文字，字符作为整体表义，进一步拆分的能力就弱。

综上两点，原始文字中字符（准字符）的可拆分度较低。原始文字不仅准字符现象普遍，而且独立字符的可拆分能力也较弱。

3．原始文字字符的音义附着灵活

字符的音义附着也是我们提出的一个新术语，指一个字符所对应的意义和读音。成熟文字系统中的字符，一般对应语言中的一个词，少数对应多个词（同形字）。原始文字中的字符所对应的读音和意义则较为灵活，有的对应一个语义段，有的对应一个词，有的对应音节。甚至有时候一个字符既可以表示一个词，也可以表示一个词组，如纳西东巴文中的 ⊙⊙ ［mbo³³］表示"亮"；也可以读为 ［n̩i³³me³³he³³me³³mbo³³dɯ³¹rv⁵⁵lɑ³³］ 表示"日月光明照耀"。[①]

4．原始文字的文字规则未完全成型

文字规则包含文字的组合表达规则、字符的构成规则以及相应的书写规则。原始文字的文字规则尚未完全成型，如表达规则方面尚不能一字一词地进行进行记录。原始文字虽已形成一定行款，但并没有完全成型，文字的排列布局等较为随意。字符的书写笔顺较为随意等。

以上特征，第一点是针对文字系统中文字记录语言的单位而言，第二、三点是针对字符而言，第四点针对书写规则而言。综合以上特征，我们试着给出原始文字的新的定义：原始文字是文字发展史上处于早期的文字。它记录的语言单位不纯粹，未达到完全表词的水平；字符的音义附着灵活；字符（准字符）可拆分度小；文字规则较为随意。

二、原始文字的定名

虽然指的就是这种具有上述特征的文字，但想要给它一个合适且得到大多数认同的名字是不容易的。因为每个研究者都想从自己的角度给它命

---

① 李霖灿：《么些象形文字字典》，国立中央博物院 1944 年版，第 4 页。

名，有的从符号体态出发，有的从文字制度出发，有的站在整个文字发展史的角度，所以这种文字别名较多，我们先分类说明，然后在本书中选择使用一个较为科学合理的名称。

（一）从符号体态角度命名

从符号体态角度出发命制的名称有图画文字、象形文字、较接近于图画文字的文字。

1．图画文字

布龙菲尔德（Leonard Bloomfield）：将文字分成"图画文字"、"表词文字（或言词文字）"、"音节文字"、"字母文字"。①

迪龄格（David Diringer）将文字分成图形文字、表意文字、过渡文字、表音文字（音节文字、字母文字）。②

格尔伯（Ignace J.Gelb）将文字分成图画、示意符号、描写－代用设计、认同－记忆设计，表音文字（语词－音节文字、音节文字、字母文字）。③

王伯熙先生根据文字符号的不同形式，将文字分成图画文字、象形文字、符号文字。④

王凤阳先生将文字分成史前文字和有史文字，史前文字主要指图画文字（提事文字、提语文字）。⑤

2．象形文字

蒋善国先生在分析汉字的结构时，按照"世界各民族的文字发展通例"，根据汉字隶变前后的变化，将传统六书分属于象形文字、表意文字、标音文字、表音文字之下。⑥蒋先生所说的象形文字里面包括象形字和象意字两类，象意字里面又分为指事字和会意字两字，实际上包括旧六书说里面的象形、指事和会意三书。

（二）根据文字制度命名

即按文字记录语言的单位和文字符号记录语言的方式命名

1．语段文字

王伯熙先生根据文字符号所记录的语言单位将文字分成语段文字、表

---

① [美]布龙菲尔德：《语言论》，商务印书馆 1980 年版，第 355－373 页。

② David Diringer, *The Alphabet: A Key to the History of Mankind,* 'Introduction', London, Hutchinson, 1948. 转引自周有光：《比较文字学初探》，语文出版社 1998 年版，第 28 页。

③ 转引自周有光：《比较文字学初探》，语文出版社 1998 年版，第 29 页。

④ 王伯熙：《文字的分类和汉字的性质——兼与姚孝遂先生商榷》，载《中国语文》1984 年第 2 期。

⑤ 王凤阳：《汉字学》，吉林文史出版社 1989 年版，第 272 页。

⑥ 蒋善国：《汉字的组成和性质》，文字改革出版社 1960 年版，第 4 页。

词文字、音节文字、音素文字。我们所指的原始文字被称之为"语段文字"。①

王元鹿先生亦根据这一角度，使用过语段文字的名称。②

2．句意文字

伊斯特林先生从符号的意义出发，根据文字史的实际材料、书写符号和图形将文字分成句意字，表词字、词素字、音节字、语音字（音素字）。句意字是指：这种书写符号或图形（包括象征符号，甚至约定符号）表达整个信息，但字形上几乎不分解为单个的词。③

根据作者的说明，句意文字这个术语最先为美国文字史学家 I.Gelb 使用，但作者下面又加了一个注说明"必须指出，I.Gelb 实际上没有用'句意文字'这个术语，而是用'语义文字'这个不大成功的术语代替它。"

3．形意文字

周有光先生除了采用"原始文字"的名称之外，还采用"形意文字"的名称。④

凡是没有达到成熟水平的文字，统称为"原始文字"。由于它们的表达方法都是以表形和表意为主，不能表音或者偶然表音，所以在文字分类学上简称"形意文字"。

周有光《世界文字发展史》：⑤

文字画和图画字，表形为主，表意为副，偶尔表音是例外，完全表意也是例外，所以统称为"形意文字"。

"形意文字"的书写单位，或表篇章，或表音节，不能分成句子或语词，不能完备地按照语词次序书写语言，需要用口头传授来补充，可以用任何语言来说明，有"超语言性"。

"形意文字"的发展水平，各有不同。有的是单独的文字画，有的发展成为连环画，分为许多段落。有的是囫囵的文字画，有的可以分析出若干能够反复使用的"单体符号"。有的口头传授要补充大部分意思，有的只要补充少数语句或语词。它们都能表达一段或长或短的语言，并非只表示不相连续的单个语词。

周先生的定义和对形意文字的特征描述，基本跟原始文字的特征相符，

① 王伯熙：《文字的分类和汉字的性质——兼与姚孝遂先生商榷》，载《中国语文》1984 年第 2 期。

② 王元鹿：《普通文字学概论》，贵州人民出版社 1996 年版，第 46 页。

③ ［俄］B. A. 伊斯特林著，左少兴译：《文字的产生和发展》，北京大学出版社 2002年版，第 28 页。

④ 周有光：《比较文字学初探》，语文出版社 1998 年版，第 10 页。

⑤ 周有光：《世界文字发展史》，上海教育出版社 2003 年版，第 40—41 页。

但他所认为的"超语言性"是我们不能认同的。因为这种文字既然表达了语句或语词，只能是某种具体语言的语句或语词，不可能是抽象的语句或语词。

另外周先生在其分类法中还提到"表形文字"的名称。

周先生按其创立的文字三相分类法将文字分成表形文字、形意文字、表意文字、意音文字、表音文字、音节文字、辅音文字、音素文字。表形文字的符位相是图符，语段相是章句或语词，表达相是表形。①周先生虽然提出了表形文字，但他的著作一般是从形意文字（如刻符、岩画、文字画、图画字）开始论述的。

4．记意文字

王元鹿先生根据文字符号记录语言的方式，将文字分成记意文字、意音文字和记音文字。②

5．语段—记意文字

王元鹿等先生还采用过"语段—记意文字"的名称。他在讨论尔苏沙巴文的特征时说："从文字制度与符号体态的关系看，一种表意—语段文字又往往是图画性较强、符号性较弱的文字。"③

朱建军先生《从文字渊源物的角度对语段—记意文字类型学的探讨》一文也采用的是这一术语。④

这一名称考虑到了文字制度的两个方面——"文字符号与语言单位的对应关系"和"文字记录语言的方式"。

另外希尔所采用的"示意文字"和桑普森所采用的"示意符号文字"也属于从文字制度的角度命名的。⑤

（三）从文字历史角度命名

1．初期文字

B.A.伊斯特林著，杜松寿等译的《文字的发展》中说：⑥

　　文字的发生是文化史上一个复杂而研究又不够的问题。这个问题可以分成四部分来讲：（一）初期文字的性质和特征；（二）作为初期

---

① 周有光：《比较文字学初探》，语文出版社1998年版，第35页。
② 王元鹿：《普通文字学概论》，贵州人民出版社1996年版，第46页。
③ 王元鹿：《尔苏沙巴文字的特征及其在比较文字学上的认识价值》，载《华东师范大学学报》（哲社版）1990年第6期。
④ 朱建军：《从文字渊源物的角度对语段—记意文字类型学的探讨》，载《大理学院学报》2003年第4期。
⑤ 转引自周有光：《比较文字学初探》，语文出版社1998年版，第29～30页。
⑥ ［俄］B.A.伊斯特林著，杜松寿等译：《文字的发展》，文字改革出版社1966年版，第41页。

文字形成的基础的源泉;（三）初期文字产生时间的蠡测;（四）促使初期文字产生的社会条件。

2．早期文字

王元鹿先生在《比较文字学》中使用的是"早期文字"这一术语:

依据以下考虑,我们还是使用了"早期文字"这一术语,因为"早期"在时间上看至少比"初期"、"原始"更长;而从表达文字性质的角度考虑,也找不到比"图画文字"和"语段文字"更为贴切的术语。[①]

3．原始文字

B.A.伊斯特林《文字的产生和发展》:[②]

文字的起源是文化史上一个复杂而又研究不够的问题。这个问题可以分成四个较小的问题:（一）原始文字的性质和功能;（二）它形成的时间;（三）促使它产生的社会条件;（四）作为它形成基础的源泉。

上一章已经谈到,原始文字曾经是句意文字,也就是说,它表达整个信息,但在字形上并不分为一个个的音词。

裴锡圭《文字学概论》:

我们把还不能完整地记录语言的文字称为原始文字。[③]

伊斯特林《文字的产生和发展》其实是《文字的发展》的增订版,由于翻译者的不同,一翻译成"原始文字",一翻译成"初期文字",体现了翻译者的不同认识。除上面说到的名称以外,另外还有学者采用"语义文字"、"综合文字"等名称。[④]

综上所述,从不同角度考虑,给这种文字命制的名称也各不相同。我们认为不管是从文字的符号体态出发命名,还是从文字制度出发命名,都不够全面。如果从文字的产生和发展这个历史角度出发,还是选用跟"成熟文字"相对的"原始文字"这一术语比较妥当。虽然"早期文字"这一名称不失为一个选择,但在文字发展史上,文字的早、中、晚期是参差不齐且界限并不分明。

所以我们建议采用"原始文字"这一术语。

三、小结

① 王元鹿:《比较文字学》,广西教育出版社 2001 年版,第 25 页。
② [俄]B.A.伊斯特林著,左少兴译:《文字的产生和发展》,北京大学出版社 2002 年版,第 47—50 页。
③ 裴锡圭:《文字学概要》,商务印书馆 1988 年版,第 1 页。
④ [俄]B.A.伊斯特林著,左少兴译:《文字的产生和发展》,北京大学出版社 2002 年版,第 29 页。

1. 在分析前人关于原始文字的定义的基础上，我们试从文字的本质特征出发，归纳出原始文字的新定义：原始文字是文字发展史上处于早期的文字。它记录的语言单位不纯粹，未达到完全表词的水平；字符的音义附着灵活；字符（准字符）可拆分度小，书写规则较为随意。

这里我们提出了三个新术语，一个是准字符，一个是字符（准）字符的可拆分度，一个是字符的音义附着。

2. 过去人们从不同角度对原始文字采用了不同的名称。我们拟从文字的产生和发展这个历史角度出发，采用跟"成熟文字"相对的"原始文字"这一术语名称。

第二节　中国西南少数民族原始文字概览

本节我们将首先介绍中国境内曾经使用过的文字，展示给大家一个中国民族文字的概貌。然后再扼要说明西南少数民族的原始文字。

一、中国境内曾经使用过的文字①

我国是一个统一的多民族国家，民族多、语言多、文字多。除汉族外，已确定民族成分的有 55 个少数民族，约占全国人口总数的 8%，分布在占全国总面积 50%—60%的土地上。55 个少数民族中，除回族、满族已全部转用汉语外，其他 53 个民族都有自己的语言。有些民族内部不同支系还使用着不同的语言。这些语言分别属于五个语系：汉藏语系、阿尔泰语系、南岛语系、南亚语系和印欧语系。

在我国，除了汉字以外，还有丰富的民族文字，现在中国 55 个少数民族中，除回族、满族已不使用自己民族的文字而直接使用汉字外，有 29 个民族有与自己的语言相一致的文字，其中有的民族使用一种以上的文字，如傣语使用 4 种文字，景颇族使用 2 种文字。

我国历史上还存在各民族曾经使用过，但现在已经不使用的文字，这些文字被称为民族古文字。

我们把在中国境内曾经使用过和现在仍在使用的文字列一个表。②（此表不包括近代外国传教士为中国少数民族创制的文字）。

民族或民族支系	本民族传统文字	是否原始文字	解放后新创或改制文字（均为拼音文字）
蒙古族	传统蒙文、托忒文		
锡伯族	锡伯文		.
维吾尔族	察合台文		维吾尔文
哈萨克族	哈萨克文		
俄罗斯族	俄文		
柯尔克孜族	柯尔克孜文		

---

① 本节主要参阅了戴庆厦等：《中国少数民族语言文字应用研究》，云南民族出版社 1999 年版。

② 近来又有学者发现或重新认定一些新的原始文字：如云南文山州富宁县壮族妇书使用的"坡芽歌书"、四川西部地区羌族经《刷勒日》使用的图符、贵琼公巴使用的图符、纳木依巫师使用的图符、川滇交界地区普米族韩规使用的图行。这些图符是否是文字，或者说是文字的渊源物，还需要进一步研究。

土族			土文
朝鲜族	朝鲜文		
藏族	藏文		
傣族	老傣仂文、新傣仂文、傣哪文、傣绷文、金平傣文		
苗族			黔东苗文、湘西苗文、川黔滇苗文、滇东北苗文
彝族	彝文		四川规范彝文
壮族	方块壮文		壮文
布依族	方块布依文		布依文
侗族	方块侗文		侗文
瑶族			瑶文
白族	方块白文		白文
土家族			土家文
哈尼族			哈雅文、碧卡文
黎族			黎文
傈僳族	汪忍波傈僳文		新傈僳文
佤族			佤文
拉祜族			拉祜文
水族	水文	原始文字	
纳西族	东巴文 哥巴文 玛丽玛萨文 阮可文	原始文字 原始文字 原始文字 原始文字	纳西文
景颇族			景颇文、载瓦文
羌族			羌文
独龙族			独龙文
基诺族			基诺文
他留人	铎系文	原始文字	
摩梭人	达巴文	原始文字	
尔苏人	沙巴文	原始文字	

这些文字可以分成几类，一是本民族自源文字，如纳西族的东巴文、水族的水文、彝族的彝文；一种是根据其他文字仿造的文字，如仿造汉字形成的各种方块民族文字：白族的方块白文、壮族的方块壮文、方块侗文等。还有就是后来人为创制的文字。主要是指 20 世纪 50 年代，政府组织语言学专家、少数民族知识分子经过调查研究，先后为壮、布依、彝、苗、哈尼、傈僳、纳西、侗、佤、黎等民族制订的拉丁字母形式的拼音文字方案。

二、西南少数民族原始文字略述

1.他留铎系图符

他留人，俗称"他鲁苏"（意为外路人），主要居住在云南省永胜县和华坪县。人口一万余人。1954 年民族识别时，他留人被划为彝族的一个支系。根据周德才先生的研究，他留话与邻近居住的小凉山彝族的语言差别较大，而与彝语西部方言巍山话非常接近。[①]

他留人信仰万物有灵，祭祀天地自然和祖宗。有专门的祭司铎系，铎系的"铎"意为咏诵法经的人；"系"意为死，直译为与死相关，与灵魂相关。"铎系"直译为"咏诵与生死有关与灵魂有关的法经的人"。铎系主持各种宗教祭祀活动。他们的主要职责是：在宗教节日或重大事件发生时为族人祭祀祈祷；为族人祈求儿女，保佑兴旺；为族人跳神、占卜"治病"。主要活动一是担任丧葬等仪式的祭司；二是担任他留人传统节日祭龙节、粑粑节、宗支节等集体祭祀活动的祭司。

铎系在为丧家主持祭祀时使用一种图符。他们用 4 块木板削成灵板，长短各两块，长者宽 100 厘米，短者约 50 厘米，宽约 10 厘米，两端分别削制成斜刀形，涂红色或黄色，用白色（粉笔或熟石灰）写上铎系文，长短配对。长者棺材两侧各放一块，短者棺盖头尾各放一块。一对灵板上写画有刀、斧、镰、绳、犁、耙、耩等，这些是男人在生产劳动过程中使用的工具。另一对写画有苦葛藤结扣、发叉的火草、苍蝇、马蜂窝、双蛇、虫串等，意为死者生前或家人所碰见的不祥之物。铎系每写一个符号，就要咏唱出这个符号的来龙去脉及与这个符号相关的全部内容。符号起到提示经文的作用，具体的经文全靠铎系自己的记忆。铎系符号总体分为吉祥与忌讳两类，两类中又分天文、地理、动物、植物、用具几种。

关于他留铎系图符，主要在以下两书中有介绍。一为周德才《他留话研究》，[②]一为简良开《神秘的他留人》。[①]

---

① 周德才：《他留话研究》，云南民族出版社 2004 年版，第 25—26 页。
② 周德才：《他留话研究》，云南民族出版社 2004 年版，第 27—31 页。

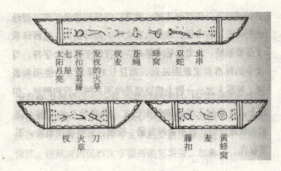

（简良开《神秘的他留人》P204）

2.达巴文

纳西族主要分布在我国西南川滇藏交界地区，按其方言分为东部方言区与西部方言区。西部自称纳西，东部自称纳日，习惯称为摩梭。纳西人信奉东巴教，摩梭人信奉达巴教。东巴教的巫师东巴使用东巴文书写经书。以前人们一直以为达巴教的巫师达巴没有文字，但是后来的调查证实摩梭达巴也有自己独特的文字符号，用来记录他们的占卜经书。这里我们参照其他民族古文字的命名习惯，将这种符号称之为摩梭达巴文，简称为达巴文或摩梭文。

根据笔者的初步梳理，达巴文献刊布及研究的情况如下：②

（1）杨学政先生八十年代初在宁蒗县永宁乡温泉村达巴马高汝和盐源县逗罗河达巴喇发益史等处搜集到摩梭卜书，且写成《永宁纳西族的达巴教》③、《摩梭人达巴卜书及原始符号研究》④、《达巴教与东巴教比较研究》⑤，杨先生将卜书的符号摹写了下来，用汉字记音，并注出了汉语意思。杨先生认为卜书的凶吉日符号为摩梭人的原始图画文字。

（2）杨福泉先生 2001 年在宁蒗县永宁乡进行田野调查时发现了一个

---

① 简良开：《神秘的他留人》，云南人民出版社 2005 年版，第 202－206 页。

② 邓章应：《摩梭达巴文初步研究》，本文为 2004 年 10 月参加中国民族古文字研究会第七次学术讨论会提交的会议论文，后收入《中国文字研究》（第七辑），广西教育出版社 2006 年版。

③ 杨学政：《永宁纳西族的达巴教》，载《东巴文化论集》，云南人民出版社 1985年版。

④ 杨学政：《摩梭人达巴卜书及原始符号研究》，载《史前研究》1986 年第 3、4期。

⑤ 杨学政：《达巴教与东巴教比较研究》，载《宗教论稿》，云南人民出版社 1986年版。

达巴收藏的象形文占卜经书，并在《纳西文明》中发表了其中两页。[①]

（3）宋兆麟先生 2000 年夏天在四川盐源、木里等地发现几本摩梭人的卜书。并在《摩梭人的象形文字》一文刊布了其中三册，且逐字加以解释，并且宋先生还据此作了深入研究，认为摩梭人是有文字的。[②]

宋先生（2002）还提到此次调查：[③]

2000 年夏天，作者带着这一课题，也有不少发现：

例 1：我们的调查是从盐源县泸沽湖镇木垮村开始的，在木垮村杨松弄家发现一本经书，近方形，长约 16 厘米，宽约 11 厘米，共 24 页，其中 20 页有画，有人物、器官、动物，个别画面还有一种罕见的哥巴文注释，不过该书为初次发现，其图画的象征意义，功能还不得而知，需要进一步深入研究。[④]

例 2：我们在前所乡三家村布塔家也发现一部经书，主人布塔兵马于 1993 年去世，经书就是布塔兵马抄定的，白纸墨书，近方形，长宽各为 16 厘米左右，共有 12 页，每页有 30 格，每格为 1 天，共 360 天。每天以两或三个象形文字表示该日吉凶祸福。目前布塔家已经无人当达巴，但是经书、法器具全。

例 3：我们抵达木里县屋脚乡利加嘴村何多吉达巴家，他拿出一个笔记本，开头就抄有历书。这是一种钢笔抄本，也是 360 天，每天以两个象形文字书定。

例 4：在屋脚村达瓦松布家还看见一种经书，称"陆蒂"，汉意为祭龙王经，该书为长方形，长 17 厘米，宽 6 厘米，共 24 页，每页为 1 个月，上页以符号书定 1 个月 30 天，下页为属相，包括牛、虎、兔、龙、蛇、马、羊、猴、狗、鸡、猪、鼠 12 个月，每月以"十"或"干"符号记录，如在其上划一圈或加一点，当天即可祭龙，否则不能祭龙。

例 5：屋脚村达巴达瓦松布有两本经书，其中之一为历书，该书为长方形，长 17 厘米，宽 7 厘米。书有封面，书以藏文。共 14 页。其中有 5 页为象形文字，另外有 9 页为藏文字。该书与过去杨学政发现的经书属于一个类型。

例 6：在利家嘴村杨多吉多次尔达巴处也看见一件"格木"经书，

---

① 杨福泉：《纳西文明》，四川人民出版社 2002 年版。
② 宋兆麟：《摩梭人的象形文字》，载《东南文化》2003 年第 4 期。
③ 宋兆麟：《走婚的人们：五访泸沽湖》，团结出版社 2002 年版。注：据文中所言，可能是同一次调查，只是所述发现经书数量不一致。
④ 2010 年 7 月我们在杨松弄家也看到了这册经书，该书主人杨松弄说此书是祖上遗传下来，到他记事时就已经不清楚上边的内容和用途。

书为彩绘的，360 天每天以 3 个符号标志，也以象形文字写成，字体大同小异，但有一些变化，如蛙、蝌蚪等，都不见于其他书。

根据前人刊布的摩梭达巴文献材料，可以将其分成以下几类。一、符号式经书，如宋兆麟先生提到的《祭龙王经》，所用符号类似摩梭人木垒子房子上的刻画符号。二、象形文历书，如各地所发现的历书，都是利用象形文字书写的。

（2010 摄于四川木里县屋脚乡）

3. 沙巴文

在四川西部地区的甘洛、汉源、冕宁、石棉等地，生活着一群自称"尔苏"的人群，约有 2 万左右。在新中国成立后的民族识别中被划入藏族。但他们所用的语言属于汉藏语系藏缅语族羌语支（而不是藏语支），与西藏的藏族属于不同的群体。彝语称其为"哦注"，汉族历史上称其为"番族"。

他们有自己的原始宗教和从事宗教活动的沙巴。在过去从事宗教活动的沙巴手里，珍藏着彩色的图画文字资料。这些经书的内容大多与原始宗教有关，涉及面很广，是研究民族史、民族学、民族语言、原始宗教的重要参考资料，更是研究文字起源的珍贵资料。

尔苏沙巴文最早发现于 1981 年，最早披露的文献是沙巴的占卜书《母虎历书》。刘尧汉、宋兆麟、严汝娴、杨光才的《一部罕见的象形文字书——耳苏人的原始文字》对尔苏文及其文献《母虎历书》进行了分析。[1]后来孙宏开先生发表了《尔苏沙巴图画文字》[2]、《试论尔苏沙巴文字的性质》[1]，

① 刘尧汉、宋兆麟、严汝娴、杨光才：《一部罕见的象形文字书——耳苏人的原始文字》，载《中国历史博物馆刊》，1981 年第 5 期。
② 孙宏开：《尔苏沙巴图画文字》。《民族语文》，1982 年第 6 期。

王元鹿先生发表《尔苏沙巴文字的特征及其在比较文字学上的认识价值》[②]，郑飞洲博士发表了《尔苏沙巴文字素研究》[③]。2003 年，宋兆麟又发现了十五种沙巴经书，撰成论文《耳苏人的图画巫经》[④]，介绍了尔苏文字并刊出了部分尔苏经典的照片，提出了尔苏文字分"象形文"和"图画文"的观点。

沙巴文经书只有从事宗教活动的沙巴才能看懂，但分布在不同地区的沙巴使用的各种沙巴文经书，表示同一客观事物的沙巴字其形体、读法都大体一致。在甘洛、汉源、石棉等不同地区发现的沙巴文经书，内容基本相同，各地的沙巴过去互不往来，但他们对经书中沙巴字意思的解释和读法基本相同。这就表明，这种文字从他们的祖先留传下来，互相传抄，已经具有一定的社会性，有明显的约定俗成的写法和解读规则，不是个人的任意创作。

根据前人的研究，沙巴文多数用竹笔或兽毛蘸上各种颜色来书写，目前在所见到的各种沙巴文经书中，共出现红、黄、蓝、白、黑、绿六种颜色，不同的颜色表示不同的含义。如星星、月亮，画成黑色，表示黯淡，不明亮，画成白色，则表示明亮，引申吉祥如意的意思。

沙巴文字符总量有限，就目前刊布的几种经书，据不完全统计，约有200 多个单体字。但用它保存的文献却相当可观，其中被称为"虐曼史答"的经文，共有 360 幅，每幅中都包含有一定数量的单体字。

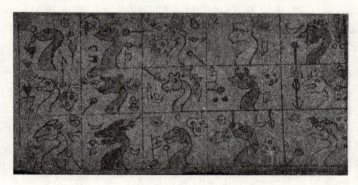

(《虐曼史答》片断，宋兆麟：《耳苏人的图画巫经》)

① 孙宏开：《试论尔苏沙巴文字的性质》，载《中国民族古文字研究》（第 2 辑），天津古籍出版社 1993 年版。
② 王元鹿：《尔苏沙巴文字的特征及其在比较文字学上的认识价值》，载《华东师范大学学报》（哲社版），1990 年第 6 期。
③ 郑飞洲：《尔苏沙巴文字素研究》，载《中文自学指导》，2002 年第 4 期。
④ 宋兆麟：《耳苏人的图画巫经》，载《东南文化》，2003 年第 10 期。

4. 东巴文

纳西族，根据 2000 年的人口统计，有人口 30 余万。历史上见于汉文史籍的记载有"摩沙"、"磨些"、"么些"、"摩娑"、"摩狄"等称谓。[①]

纳西语属于汉藏语系藏缅语族彝语支。根据各地纳西语语音、词汇、语法的异同及纳西族社会历史发展状况，纳西语主要可以分为东部和西部两大方言区。东部方言区在金沙江以东，以云南宁蒗县的永宁坝为代表，内部方言差异较大，不同地区难以通话。西部方言区在金沙江以西，以丽江市驻地的丽江坝为代表。西部方言内部差异不大，可以互相通话。纳西语的主要语法特点是：以虚词和词序为主要语法手段；语法方面一般使用主语—宾语—谓语格式；形容词作修饰语，一般在被修饰语后面，如果在修饰的形容词后面加修饰助词 [ga^{33}]，形容词就得移到名词之前，动词之前加动态助词，表示动作的情貌，动词后面加 [me^{33}] 引起下文。主要词汇特点是有表示语法意义的异根词。

纳西族历史上曾经使用过五种文字，即东巴文、达巴文、哥巴文、玛丽玛萨文和阮可文。其中东巴文和达巴文是图画象形文字，哥巴文是音节文字，玛萨文和阮可文则是东巴文的变体文字。上述文字的共同特点是使用面窄，不论哪种文字都没有具备发展成全民族共同的书面交际工具的条件。解放后，纳西族又创制了一种以拉丁字母为基础的拼音文字纳西文。

东巴文是纳西族西部方言区使用的一种文字，在纳西语里称"森鸠鲁鸠"，意即"木石痕迹"，主要用于写宗教经书。纳西族中通习宗教经书、执行法事的人称东巴，因而这种文字被称作东巴文。

1885 年，拉卡珀里尔（Terrien de Lacouperie）发表了《西藏境内及周围的文字起源》一文，首次介绍了纳西族象形文字和东巴经的文章。1913 年，法国人巴克（J.Bacot）出版了《么些研究》一书，这是第一部比较完整地关于纳西族和东巴经书、东巴象形文字的专著。[②]

傅懋勣先生于 1948 年出版了《丽江么些象形文'古事记'研究》[③]一书。该书抄录了东巴经《古事记》的原文，并用国际音标记录读音，然后用汉语加以直译和意译，最后还对各段经文中值得注意的语言文字现象详加解说。八十年代，傅先生又在日本出版了《纳西族图画文字〈白蝙蝠取

---

① 历朝汉族史籍有使用"么些"术语者，如唐代《蛮书》、《旧唐书》、《新唐书》，明代《明史》、清《维西见闻录》，近现代学者亦多使用"么些"术语，如芮逸夫、吴泽霖、李霖灿、闻宥、傅懋勣等先生。"么些"之"些"字应读如"娑"。

② 杨福泉、白庚胜：《国际纳西东巴文化研究述评》，载《国际东巴文化研究集粹》，云南人民出版社 1998 年版，第 1—26 页。

③ 傅懋勣：《丽江么些象形文'古事记'研究》，武昌华中大学 1948 年版。

经记〉研究》①。

　　李霖灿先生从 1941 年开始在著名东巴和才先生的帮助下译注东巴经，由语言学家张琨记音。1957 年，他们三位合作的《么些经典译注六种》在台湾出版。到 1978 年再版时又扩展为"九种"。②

　　丽江县文化馆曾在 1962 年到 1965 年间石印了格局与傅书相似的《东巴经二十二种》，由和芳、和正才两位东巴讲述，周汝诚等先生翻译。20 世纪 80 年代，云南省社会科学院东巴文化研究室又陆续油印了 26 本相同格局的东巴经书和东巴舞谱，还公开出版了《纳西东巴古籍译注》（一）（二）（三）三册。③1994 年，纳西族著名学者和志武先生通过多年的调查研究翻译出版了《东巴经典选译》一书。④

　　2000 年 9 月，经过东巴文化研究所全体成员 20 年的艰苦努力，由东巴文化研究所译注、编纂的《纳西东巴古籍译注全集》100 卷由云南人民出版社公开出版。百卷本的东巴经典统一采用直观的四对照译注体例：古籍象形文原文、国际音标注纳西语音、汉文直译对注、汉语意译。全集内容包括祈神类、禳鬼类、丧葬类、占卜类和其他类（包括舞蹈、杂言、字书、药书等）五大类。⑤

（《纳西东巴古籍译注全集》第 39 卷《除秽仪式·古事记》）

5. 玛丽玛萨文

　　东巴文的一种变体文字。这种文字只在云南省维西县塔城乡自称玛丽玛萨的纳西族居民中使用。他们刚迁来时本无文字，后来向当地东巴祭司学会了东巴文，并从中选出一百多个文字符号，用来记录自己的口语，作

————————

　　① 傅懋勣：《纳西族图画文字〈白蝙蝠取经记〉研究》（上、下），日本东京外国语大学亚非语言文化研究所 1981、1984 年版。
　　② 李霖灿：《么些经典译注九种》，中华丛书编审委员会 1978 年版。
　　③《纳西东巴古籍译注》（一）（二）（三）三册，云南民族出版社 1986、1987、1989年版。
　　④ 和志武：《东巴经典选译》，云南人民出版社 1994 年版。
　　⑤ 东巴文化研究所编译：《纳西东巴古籍译注全集》，云南人民出版社 2000 年版。

记事、记账及通信之用。由于字数太少，不敷应用，所以使用时，一字有多种读法和用法，有时还夹用一些汉字。

文字	读音	意义	文字	读音	意义
⌒	mv˧	天	OOO	kuɯ˩	星
🐟	xuɯ˥	海	⋀⋀	be˧	雪
⊔	dø˩	地方	✕✕	mbu˩	蜂
田	lɯ˧	田	✑	dʑi˩	水
⊕	ndzo˩	桥	##	ŋgu˩	仓库
🌲	tha˥	塔	⊢	bø˩	圈
ㄩ	kə˧	坛	ㄩ	mu˩	门

（《维西傈僳族自治县志》P867）

6. 阮可文

同玛丽玛萨文一样，也是东巴文的一种变体文字。这种文字流行在纳西族支系阮可人中，故称阮可文。阮可人主要分布在四川省木里县的俄亚和云南省香格里拉县（原中甸县）的洛吉、东坝、白地等地。其语言属纳西语东部方言。由于他们和当地自称"纳喜"①的居民杂居在一起，因此，他们的经济生活和语言文化等方面，与当地"纳喜人"已基本一致。在宗教生活方面，平时就请"纳喜"东巴到阮可家去做法事，只有在阮可人死后的开丧超荐仪式中，非由阮可自己的阮可东巴主持不可。用在开丧超荐仪式的《超荐经》共有35本，其主要内容和东巴超荐经相同。但阮可超荐经中还夹杂有少量与东巴文不同的阮可字。

---

① "纳喜"是纳西族西部方言区支系的自称。现在的"纳西"通用族称包含多个支系，如"纳喜"、"纳日"、"纳恒"、"拉热"、"拉洛"、"阮可"、"玛丽玛萨"等。（据郭大烈、和志武：《纳西族史》，四川民族出版社1999年版，第7—9页。）当存在与其他支系相混淆的可能时，指称西部方言区支系用"纳喜"。

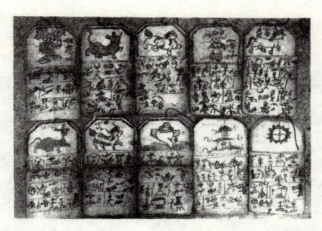

（香格里拉县白地村阮可人的卜牌，杨福泉《走进图画象形文的灵境》P171）

7. 水文

水族主要分布在贵州的三都、榕江、荔波、独山、都匀、剑河以及广西的南丹、融水等地。水族有自己独立的语言，水语属汉藏语系壮侗语族侗水语支。水语内部一致性较大，彼此差异小，可以互相通话。水语的语音系统较为复杂，声母有七十多个，韵母有五十多个，是壮侗语族中声韵母较多的一个语种。水语的基本词汇以单音节词为多，复音节词很少，固有词比较丰富。水语语法有自己的特点，词序严格，变化不大，除了部分名词、代词能加词缀及形容词、动词之后能带双声、叠韵、叠音词之外，一般都按词的先后顺序组合成词、词组和句子。名词的修饰语除数量词外，一般都放在名词之后。句子一般主语在前，谓语在后，宾语和补语在动词之后。

水族有自己的传统文字，水语称为"泐虽"，汉译为水文或水书。没有成为人民大众交流和记录的工具，仅为民间巫师水书先生掌握和使用。水书先生用水文书写宗教文献水书。

水文文献按其性质可分为吉凶两类，若按使用范围划分，可以分为朗读本、阅览本、时象本、方位本、星宿本等。朗读本是学习水书的基础读本，阅览本是水书的主体部分，是择定各种日期的主要依据。

在水族人民日常生活中，水书的影响面相当广泛，其中受影响最大的要算丧葬、婚嫁和营造三方面，如丧葬方面，从入殓、停棺、出殡、下土安葬和"开控"的追悼活动，每一细小的环节都要按水书条文去趋吉避凶。此外，如日常生活中的驯牛、吃新米等活动也受水书的制约。

　　水文文字就文字来源看，可分为自源字和借源字。自源字是水族的自造字，主要采用象形、会意、指事和假借等造字方法，象形字占的比重大。借源字主要借汉字。从字符数量上看，汉语借字是水文系统的主体。

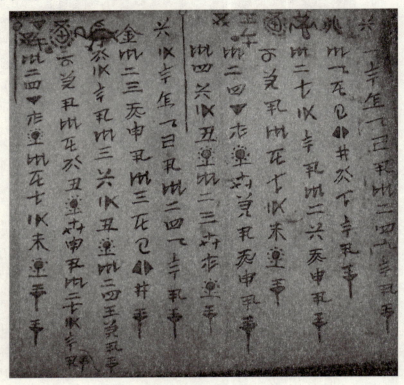

（2005 年摄，由潘朝霖供稿）

第三节　国内外相关研究现状

国内外迄今没有此类课题的研究,本节主要回顾跟本课题相关的研究,如原始文字的理论研究,西南少数民族原始文字个案、比较及综合研究等。

一、原始文字的理论研究

原始文字的理论研究主要指原始文字的定义、范围、类别、发展历史等研究。

因为材料的匮乏和具体文字研究的不透彻,原始文字理论研究与成熟文字研究相比,显得较为薄弱。特别是在原始文字与文字渊源物的区别、原始文字与成熟文字的区别、原始文字的类型学研究等方面都有待于进一步深化。

现在虽有两本概论性的普通文字学著作(王元鹿《普通文字学概论》、周有光《世界文字发展史》)列专章对原始文字进行了理论探讨,但因为这些著作更多关注的是整个文字发展史,同时因为中国本土原始文字的基础研究相对不足,可资利用的材料不够。所以这些研究都还有待深入。

二、西南少数民族原始文字个案研究

中国西南少数民族原始文字的个案研究极不平衡。现在已经取得的成果主要限于对某一种具体原始文字的研究,并且主要集中于一些热点领域,如纳西东巴文,已经整理出版了译注全集,编纂了三本东巴文字典。并有一些关于东巴文文字研究的论文。但即使如成果丰硕的东巴文研究,迄今仍无一本综合性的《东巴文文字学》的专论。其他文字研究成果则更不平衡,水文仅有两本译注选本和数篇论文,尔苏文则只有介绍性的几篇文章选译了其中段落,达巴文的研究则还是一片处女地,对它的文字学的研究才刚刚被人注意。

东巴文的研究成果相对较为丰富,主要集中在东巴文的创始、造字方法及性质的研究。过去曾经有一些述评类的文章可以参看,如杨福泉、白庚胜《国际纳西东巴文化研究述评》[①]、木仕华《十九世纪末至二十世纪初西方关于纳西文化研究的述评》[②]、杨正文《国内东巴文研究状况》[③]、和

---

① 杨福泉、白庚胜:《国际纳西东巴文化研究述评》,载《国际东巴文化研究集粹》,云南人民出版社 1998 年版, 第 1—26 页。

② 木仕华:《十九世纪末至二十世纪初西方关于纳西文化研究的述评》,载《云南民族学院学报》(哲社版),1999 年第 1 期。

③ 杨正文:《国内东巴文研究状况》,载《玉振金声探东巴——国际东巴文化艺术节学术研讨会论文集》,社会科学文献出版社 2002 年版。

力民《20 世纪 90 年代东巴文化研究述评》①。另外郑飞洲《纳西东巴文字字素研究》②、甘露《纳西东巴文假借字研究》③、周斌《东巴文异体字研究》④等博士论文也对东巴文的相应研究作了综述。后来又有甘雪春的专著《走向世界的纳西文化——20 世纪纳西文化研究述评》⑤出版。

水文的研究也可参看南开大学孙易博士的学位论文《水族文字研究》前的综述部分。另外罗春寒《水族、水书与水书研究述评》⑥一文亦可参看。

三、西南少数民族原始文字比较研究

西南少数民族原始文字比较研究方面比较集中，成果较多的是汉字与东巴文的比较研究。

1988 年王元鹿先生出版了《汉古文字与纳西东巴文字比较研究》⑦，喻遂生先生在这一领域也做了大量研究，取得了较多研究成果，如《纳西东巴文的异读和纳汉文字的比较研究》、《纳西东巴字、汉古文字中的“转意字”和殷商古音研究》、《甲骨文、纳西东巴文的合文和形声字的起源》、《汉古文字、纳西东巴字注音式形声字比较研究》等论文，后来辑成《纳西东巴文研究丛稿》一书⑧。

其他类文字间的比较研究成果相对较少。汉彝文字比较的成果有罗阿依、马啸《探析彝汉数目数字之历史渊源》⑨、李生福《古彝文及其造字规律新探》⑩。

由此可以发现，目前存在的主要问题一是文字比较的种类不多。过去各具体文字研究往往只专注于一种文字，少于与其他文字进行沟通比较。即使有比较，也多与汉字进行比较，而没有与其类型或性质更为接近的文字进行比较。二是比较的角度不多。以往的比较研究重在文字结构的比较，而其他方面如文字性质、文字产生背景和过程、文字使用环境、文字传播

---

① 和力民：《20 世纪 90 年代东巴文化研究述评》，载《丽江第二届国际东巴艺术节学术研讨会论文集》，云南民族出版社 2005 年版。

② 郑飞洲：《纳西东巴文字字素研究》，民族出版社 2005 年版。

③ 甘露：《纳西东巴文假借字研究》，华东师范大学博士学位论文，2004 年。

④ 周斌：《东巴文异体字研究》，华东师范大学出版社 2005 年版。

⑤ 甘雪春：《走向世界的纳西文化——20 世纪纳西文化研究述评》，云南大学出版社 2005 年版。

⑥ 罗春寒：《水族、水书与水书研究述评》，首届水书文化国际学术研讨会论文，贵州都匀，2007 年。

⑦ 王元鹿：《汉古文字与纳西东巴文字比较研究》，华东师范大学出版社 1988 年版。

⑧ 喻遂生：《纳西东巴文研究丛稿》，巴蜀书社 2003 年版。

⑨ 罗阿依、马啸：《探析彝汉数目数字之历史渊源》，载《西昌师范高等专科学校学报》，2004 年第 3 期。

⑩ 李生福：《古彝文及其造字规律新探》，载《贵州民族研究》，2001 年第 2 期。

与影响方面的比较不多。

四、西南少数民族原始文字综合研究

中国西南是多民族聚居的地方，各民族之间不仅历史上有种种渊源关系，而且现实中也经常互通往来，他们的文化有着较多的同质因素，但迄今没有人对这个特定地域中的文字作深入的综合研究，讨论他们的共性与差异，讨论他们之间的关系及相互影响。

可以看成西南少数民族原始文字综合研究的"缩微版"的是对纳西族几种文字进行综合研究。但这样的研究也不多，仅有王元鹿先生《由若喀字与鲁甸字看纳西东巴文字流播中的发展》，探讨了东巴文在发展中的地域变体。[①]王先生《东巴文与哥巴文、玛丽玛萨文、达巴文的关系之初步研究》，探讨了纳西族几种文字的关系。[②]

五、跟原始文字密切相关领域的研究

1．文字产生神话传说

关于文字产生神话的记载，在民族学、民俗学的调查报告或研究论述中时有涉及，但对这些林林总总的神话进行梳理和理论探讨的并不太多，大林太良算是这一领域的先行者，他 1975 年在《神话と神话学》中论述了所谓否定型的文化起源神话。后来则有李福清先生（1993）《丢掉文字的故事》一文，论述了从阿尔泰山到台湾的丢掉文字的故事。[③]罗江文先生（1996）《论云南少数民族文字起源神话》综合了云南少数民族的文字产生神话。[④]后来还有朱建军先生（2005）《汉字、彝文、东巴文文字起源神话比较研究》比较了汉、彝、纳西文字产生神话的同异。[⑤]

笔者近来对此也收集了较多资料，形成了一些初步思考，撰写了《中国文字产生神话类型初探》[⑥]、《巴蜀各民族文字产生神话略述》[⑦]、《水族

---

① 王元鹿：《由若喀字与鲁甸字看纳西东巴文字流播中的发展》，载《华东师范大学学报》（哲社版），2001 年第 5 期。

② 王元鹿：《东巴文与哥巴文、玛丽玛萨文、达巴文的关系之初步研究》，载《中国文字研究》（第七辑），2006 年。

③ ［俄］李福清：《丢掉文字的故事》，载《幼狮文艺》，1993 年 6 月号，后来收入《神话与鬼话——台湾原住民神话故事比较研究》，社会科学文献出版社 2001 年版。篇目名称也改成《从阿尔泰山到台湾——丢掉文字的故事》。

④ 罗江文：《论云南少数民族文字起源神话》，载《思想战线》，1996 年第 6 期。

⑤ 朱建军：《汉字、彝文、东巴文文字起源神话比较研究》，第四届国际彝学研讨会会议论文，2005 年。

⑥ 邓章应：《中国文字产生神话类型初探》，载《长江大学学报》（社科版），2007 年第 1 期。

⑦ 邓章应：《巴蜀各民族文字产生神话略述》，载《巴蜀文化研究集刊》（第四卷），巴蜀书社 2008 年版。

文字起源神话研究》①、《东巴文文字起源神话研究》②。

2. 文字渊源物研究

蒋善国先生过去对文字渊源物有所注意，他在《中国文字之原始及其构造·序言》中说："夫文字之兴，非关突创；其始也，盖经历无数变形，由群众之逐渐创造，始形成今日之所谓文字者。上古悠邈，史不足徵，中国古物发见虽夥，而求三代以上先民文字之篆形，尚不可得。是非旁求西欧所发掘原始人类之创造，无以知中国文字创造之历程。"③他在书中专列一章"未有文字以前替代文字之工具"，将文字之前的替代工具分为标识和绘画两种，标识又分为结绳、质契、河图洛书、八卦、编贝成贝带五类。

汪宁生先生收集国内一些少数民族的原始记事方式，撰成《从原始记事到文字产生》一文，初步探讨了原始记事与文字产生的关系。④

近几十年对文字渊源物研究较多的是王元鹿先生，在其《普通文字学概论》专著中较为详尽地论述过文字的渊源物。⑤另外收集文字渊源物资料较多的是龚友德《原始信息文化——少数民族记事表意方式》一书。⑥

朱建军《从文字渊源物的角度对语段—记意文字类型学的探讨》也探讨了文字渊源物的类型。⑦

另外其他大多数讲《汉字学》之类著作"汉字的起源"章节中一般也要讲到结绳、契刻、文字画等，或者八卦、河图洛书等。但总的来讲，文字渊源物的研究现在还很不够。

3. 汉字起源研究

关于汉字起源，较为引人关注，一度成为研究热点，其中如沈兼士、唐兰、蒋善国、于省吾、李学勤、高明、徐中舒、裘锡圭等先生都作过深入研究，王元鹿先生曾经专门就汉字起源研究的历史作过梳理，详见《十九世纪末以前汉字发生研究的历史回顾》⑧、《十九世纪末以来的汉字发生

---

① 邓章应：《水族文字起源神话研究》，载《贵州民族学院学报》（哲社版），2012年第 1 期。

② 邓章应：《东巴文文字起源神话研究》，载《龙岩学院学报》，2012 年第 1 期。

③ 蒋善国：《中国文字之原始及其构造》，武汉古籍书店 1987 年版。

④ 汪宁生：《从原始记事到文字产生》，载《考古学报》，1981 年第 1 期。

⑤ 王元鹿：《普通文字学概论》，贵州人民出版社 1996 年版。

⑥ 龚友德：《原始信息文化——少数民族记事表意方式》，云南人民出版社 1996 年版。

⑦ 朱建军《从文字渊源物的角度对语段——记意文字类型学的探讨》，载《大理学院学报》，2003 年第 4 期。

⑧ 王元鹿：《十九世纪末以前汉字发生研究的历史回顾》，载《中国文字研究》（第六辑），广西教育出版社 2005 年版。

研究的历史回顾》[①]、《比较文字学视界中的汉字发生研究》[②]。

综上，上述各相关研究在各自领域都达到了相当的高度，也为我们的研究奠定了坚实基础。

①　王元鹿：《十九世纪末以来的汉字发生研究的历史回顾》，载《内江师范学院学报》，2006 年第 5 期。

②　王元鹿：《比较文字学视界中的汉字发生研究》，载《华西语文学刊》（第五辑，比较文字学专辑），四川文艺出版社 2011 年版。

第四节 研究的思路、方法与材料

一、研究思路

我们的研究思路是按照文字发生、发展的历史顺序进行研究，具体如下：

1．研究西南各少数民族文字产生神话，考察文字产生神话所反映出的合理成分与虚妄成分。

2．研究西南各少数民族原始记事，考察原始记事内部的发展层次及为文字产生所作的准备。

3．在将文字系统与文字字符分开讨论的观点指导下，研究西南少数民族原始文字的产生，考察文字系统的形成和系统中字符的形成。

4．研究西南少数民族原始文字的发展，同样分成文字系统和文字字符的发展进行考察。

5．研究西南少数民族原始文字的流变，考察这些原始文字的走向。

6．在上述研究中探讨原始文字的一些理论问题。

二、研究方法

1．最新文字理论成果与传统文字分析方法相结合的方法

吸收传统文字分析方法中经检验仍有价值的分析方法。结合最新文字学理论研究成果（如字素理论、文字造字层次理论等），研究中国西南少数民族原始文字。

2．田野调查方法

实地踏访原始文字的使用者、原始文字书写的文献整理者。调查、收集文字产生神话，了解文字使用现状及流传的背景。

3．多重证据法

本研究拟采用书面文献、口传文献、民族民俗调查等多重证据，研究中国西南少数民族原始文字。

4．计算机信息处理方法

采用信息化的先进手段，利用我们自己研制的民族文字字库和输入法，建立原始文字的数据库和检索系统，以提高工作效率并保证研究结果的准确性。

5．动态考察法

坚持文字发展动态观，是我们进行本项研究的基础。我们在研究中始终坚持文字系统的发展是一个动态过程的观念。

三、本书所用材料及一些说明

1．主要材料

本书的主要材料是本章第二节所介绍的西南少数民族原始文字。在需要的时候还将引证成熟文字中的原始文字孑遗。

因为西南少数民族原始文字发展本身的不平衡，再加之研究成果的不平衡，有些民族的文字发展过程相对较长，从早期到晚期的文字资料都较为丰富，如纳西族的文字；而有些文字，发展程度较低，发展过程体现不充分，如尔苏文等。故本书的研究只能以发展过程相对完整的纳西族文字为主要资料，再以其他文字资料为补充。

2．其他材料

（1）西南少数民族的口碑文献

中国西南少数民族有着丰富的关于文字产生的神话传说。其中包括有文字民族讲述其文字产生的神话和现在无文字民族解释其没有文字原因的神话。

本书所用此类材料，主要来自《中国民间文学三套集成》各级卷本以及笔者收集，笔者已经将这些神话录入到数据库中，故后文引用时不再详细标注所引书的页码。

（2）西南少数民族的原始记事

中国西南少数民族因为其发展层次有差异，所以他们保存了形式众多的原始记事方式，如结绳、刻木等。

（3）西南少数民族的原始图画

中国西南少数民族不管是有文字民族，还是无文字民族，它们均有发展程度不一的图经，如纳木依图经、羌族图经、白马藏族的图经等。

3．关于本书引例较多的三本东巴文工具书的一些说明

（1）李霖灿《么些象形文字字典》

此书有几个版本，最早的一个是作为国立中央博物院专刊乙种之二，1944 年在四川南溪李庄的石印本。其次是 1953 年在香港出版的香港说文社翻印本。再次是 1972 年台湾文史哲出版社《么些象形标音文字字典》合印本。均为影印。2001 年云南民族出版社出版了《纳西族象形标音文字字典》，将《么些象形文字字典》和《么些标音文字字典》合订出版，重新描摹字形。此书与原书有较大出入，字形虽然描摹得更为美观，但失其本真，错

讹也不少，①还将原书的"么些"改为"纳西"，致使出现"纳西文"的语句。

本书采用的是文史哲版本，所引例字前加"麽"标示，再附以原书的字头编号。原书标调采用的是数字标调法，现改成五度标记法。需要说明的是《么些象形文字字典》有一些专名与现代通行的不太一致，为存原貌，不作改动，仅在这里统一说明，如称藏族为古宗，傈僳写作"栗粟"，"白地"写作"北地"，东巴写作"多巴"，纳西作"么些"等。另外原书写作时，"象"、"的"等字的使用还没有规范。

（2）方国瑜编纂、和志武参订《纳西象形文字谱》

由云南人民出版社，1981 年第一版，1995 年第二版。2005 年又出版了缩印的新版。本书采用 1995 年第二版。

例字前加〖〗标示该字在书中的编号。某些字下收有异体，编号后用"y"表示，再加上异体的编号，如〖39y2〗则表示 39 号字头下的第二个异体字形。某些字下收有附加字，原书没有编号，则用某号"f"某号表示，如〖41f5〗为 41 号字头下附的第五个字形。

（3）洛克编纂的 *A Na-Khi English Encyclopedic dictionary*

该书两卷，分别于 1963、1972 年由意大利罗马东方学研究所出版。

2004 年和匠宇先生翻译了其中第一卷，书名改为《纳西语英语汉语语汇》，由云南教育出版社出版。此翻译版采用原书影印，再加翻译，既存原书面貌，又便于学人参照利用。

本书采用云南教育出版社的翻译版，洛克原书字头未加编号，引用时以"洛"标示，再缀以所在页码号。此书所用音标为洛克自创音标，本书引用时未作折合，只将声调符号由音节前移到音节后。另将洛克音标与国际音标对照表附于文后，以便查考。

---

① 如《纳西族象形标音文字字典》264 [ndzi⁵⁵] 走也，行也。象人行走之形，下有动线示其动向，如图平伸，乃为走，若上升则可为"上"，若下降则可为"下"，可与（254、255 两号字）之 及 参看。按："走"的动线不甚平，易与 255 号字"下"相混淆，查《么些象形文字字典》字形作 ，确实是平伸线。

第二章　西南少数民族原始文字的产生

这一章我们先从神话入手，分析西南各少数民族文字产生神话中合理的成分和虚妄的成分，然后再从文字系统和文字字符两个方面分析文字的产生，最后讨论文字产生的原因。

第一节　文字产生的演义

文字的形成是人类进入文明社会的重要标志，意义非常重大。所以，不管是现在有文字还是没有文字的民族，都用神话的形式热烈地讴歌了文字创造这一伟大事件或委婉解释了没有文字的遗憾。关于文字产生的神话，不仅包括了现在有文字民族关于他们民族文字来源的神话，也包括了现在没有文字的民族解释没有文字或失去文字的神话。后一种类型日本学者大林太良教授称之为否定型的文字起源神话。①

一、西南少数民族关于文字产生的神话传说

文字产生的神话分否定型的文字产生神话和肯定型的文字产生神话两类。否定型的文字产生神话是指无文字民族解释没有文字的神话。肯定型的文字产生神话则指有文字民族讲述其文字如何产生的神话。

（一）否定型的文字产生神话

1. 摩梭人

摩梭人是纳西族的重要一支，虽然他们的巫师达巴用少量的符号书写占卜书，但民间传统认为他们现在没有自己的文字。神话说他们以前是有文字的，只是后来因为赶路，长时间断粮，将写在可食的皮上的经文吃掉了，所以没有了文字。这个故事有几种异文，差别是在为什么赶路。

有的神话说是在取经的归途中肚子饿把经文吃掉了。

　　相传达巴和东巴一起去西方取经，把经书记在革囊上。回来的途中，达巴的肚子饿了，于是就把革囊煮熟吃了。从此摩梭人没有

---

① ［日］大林太良：《神话と神话学》，东京，1975 年。转引自罗江文：《论云南少数民族文字起源神话》，载《思想战线》，1996 年第 6 期。

了文字，只能依靠口头传诵。①

有的神话说是到某处去念经，走错路而断粮，并且还提到了汉族同伴。

古时候，蒙古族②和尚和汉族和尚都有经书。汉族和尚的经文是写在纸上的，蒙古族和尚经文是写在羊皮上的。有一次，蒙古族和尚和汉族和尚一起到很远的一个地方去念经。他们把路走错了，走进了一个大草原，到处都没有人烟。粮食快要吃完了。

汉族和尚经书轻便，于是他说："我的书轻，走得快，我前头走，去找吃的，找到吃的就来接你。"汉族和尚前头走了，蒙古族和尚眼巴巴地盼着伙伴带吃的来接他，可是几天过去了，却不见伙伴的影子，他心里又急又怨。他饿得走不动了，突然想起羊皮原本是可以吃的，但又想，吃了羊皮就没有经文了。虽然他很舍不得吃，但是，为了活命，只得吃写着经文的羊皮了。

一天，他在路上发现了一具尸体，尸体还紧紧地抱着一部经书。原来，伙伴并不是独享佳肴美味去了，汉族和尚没有走到有人户的地方就饿死了。他痛惜地收藏起伙伴的经书继续往前走。他一天吃一张羊皮，终于走到了他要去念经的地方。可是，经书都被他吃完了。他只好试着背诵经文了。蒙古族和尚吃在肚子里的经文，也一代代地通过口诵传下来了。③

还有异文是讲创造达巴文的祖师爷的两个弟子补佳若和盘佳若为了赶到皇帝居住的地方去为公主治病，路途遥远而断粮。

聪明智慧的么挲先祖母鲁阿巴都创造了祭祀天地诸神、咒镇鬼孽的达巴经。又创造了文字，把经文写在牦牛皮上，后来，嫌牛皮太重，又把经文写在牛羊猪的尿泡制成的白膜上。

母鲁阿巴都有两个得意门徒，一个叫补佳若，一个叫盘佳若。母鲁阿巴都灵魂归天后，就由这两个徒弟培养更多的么挲达巴。有一次，从远方来一个骑着飞马的使者，说有一个地方国王的公主病了，请了藏族喇嘛念了经，又请汉族的道士做了法，公主的病都不见好，国王听说么挲有个造经鼻祖母鲁阿巴都，特请他进皇宫去为

---

① 盖明生：《灵魂居住的地方》，中国工人出版社 2001 年版。
② 此处指四川凉山州的摩梭人。他们在民族识别时，被划为了蒙古族，也作蒙族。但其实他们与云南的摩梭人是同胞。
③ 《中国民间故事集成·四川卷》，中国 ISBN 中心 2004 年版。当时的讲述者：杨杂塔，男，40 岁，蒙古族，干部，小学肄业；采录者：李锦川，男，蒙古族，干部；采录时间、地点：1985 年 7 月于木里县项脚乡。

公主镇鬼驱邪，抢救公主性命。

皇帝的使者走后，补佳若和盘佳若细细商量，始祖已经升天，不去救皇帝的公主又不行，为了么挲的信誉，为了显示达巴的神威，为了取得皇帝对么挲的信任和关照，一定要设法救活公主。

商量定后，请了父老乡亲，举行了隆重的告别仪式，祭了天，祭了地，又祭了祖先，补佳若和盘佳若驮着沉重的牛皮经文和尿泡皮经出发了。

路越走越远，山越攀越高，所有食物被吃光了。在山林中还好，可以捕捉野兽飞禽烧着吃。可是来到荒芜人烟、飞鸟走兽不见影的大荒漠，两个达巴实在没有办法了，他们筋疲力尽，面黄肌瘦，但无论怎样艰辛，去救皇帝公主性命的信心都不减丝毫。他们杀了驮经文的马，自己背着牛皮经文行走，马肉吃完了，还不到目的地。盘佳若心生一计，对补佳若说："牛皮可以烧了充饥，反正我们还有写在尿泡皮上的经文。"于是两个达巴节约了再节约，一天一个人只烧巴掌大一块牛皮充饥，又挨过七天七夜。牛皮吃完，还是走不到皇帝家，为了救活公主，为了么挲的信誉，他们决心坚持到最后胜利，于是补佳若说："我看路不远，我们要坚持到最后一段路，只好把牛羊猪尿泡也烧吃掉才行。"

盘佳若也说："只有这个办法了，但我们要温习一下达巴经，是否全部记在心头了。"

两个达巴忍着饥饿，正襟危坐，从头到尾背诵了一遍达巴经，确有把握记住后，把写着经文的牛羊猪泡皮也烧吃掉，终于来到了皇帝在的地方。治好了公主病。从此，达巴在么挲人心中成了神的化身，倍受尊敬和爱戴。[①]

摩梭达巴本有一种用少量符号书写的占卜经书，但他们的传说却说他们没有文字。这一方面是承袭了传统神话的讲法。另一方面也反映了他们文字使用面狭窄，功能单一，并没有在群众中间流行使用。另外，这一现象还说明了他们过去文字观念的局限，并不认为他们的达巴使用的少量书写符号就是文字。当然，现在摩梭人早已摒弃了这个观念，正大力宣扬他们有文字。笔者 2006 年 5 月在泸沽湖边的摩梭民俗博物馆进口处就见挂着这些符号的大幅照片，2010 年 7 月我回访这个博物馆时，博物馆已经进行了改扩建，但大幅的照片仍然挂在墙上。

---

① 秦振新等：《云南摩梭人民间文学集成》，中国民间文艺出版社 1990 年版。流传地区：宁蒗县永宁区拉伯乡，讲述：窝绵茸（摩梭人），搜集：秦振新。

2. 傈僳族

傈僳族的神话说他们的文字是因为记文字的獐皮被吃掉而没有了。此神话有两种异文。

其中一则神话说：

> 古时候傈僳族也和别的民族一样有自己的文字，当时没有纸，就把文字刻在獐子皮上，由于疏忽獐皮被狗吃了，从那以后傈僳族就没有文字了。这个传说固然不足凭信，但也透露出傈僳人对于本民族没有通行文字的一种深深的历史遗憾。[①]

四川傈僳族神话说：

> 玉皇大帝曾赐给汉人竹片片，让汉人记录他们的历史、言行，也给了傈僳人獐皮，用以写信等。但是，领獐皮的是一个小孩，他想獐皮这样笨重难拿，不如吃了还可以饱肚子。于是，在一块玉米地里偷偷地吃了，回到家里说獐皮被人抢走了，或者在遇到人时说玉帝什么也没给，因此，傈僳无记录之纸，也就不能创造文字了。[②]

傈僳族历史上曾经使用过好几种文字，如大写拉丁字母傈僳文、框格式傈僳文、傈僳族竹书，前两种是外国传教士为了传播基督教而创制的，竹书是云南维西傈僳族农民汪忍波创制的。这些傈僳文都局限在少数地方使用，未得以推广。傈僳族非基督教传教区域和维西以外地区几乎没有文字，他们的神话显示他们认为文字是记录在獐皮上的，因为记录文字的载体——獐皮没有了，所以没有文字了。当然两则神话说獐皮失去的原因不一样：一说是小孩吃了，一说是狗吃了。

3. 佤族

云南孟连县的佤族神话说：

> 专管文字的神通知召集各民族前来聚会领取各自的文字。神派出人一一去通知各民族。人走完后，只有佤族没有人去通知，没办法神只好吩咐阳雀去通知居住在偏僻山区的佤族来领文字。阳雀飞到阿佤山，看到勤劳的佤族人在酿水酒，那水酒正从高而弯的竹管里至下而上的流出，它认为佤族人已经很聪明了，不需要什么文字，所以它叫都没有叫就飞回来了，于是佤族便误了分文字的时辰。

此神话有后续变体，应该是受了其他文字神话的影响，该神话说：

① 中华文化通志编委会：《中华文化通志·民族文化典·彝、纳西、拉祜、基诺、傈僳、哈尼、白、怒族文化志》，上海人民出版社 1998 年版。
② 李永宪、马云喜：《盐边县岩门公社傈僳族调查报告》，载《四川省苗族傈僳族傣族白族满族社会历史调查》，四川省社会科学院出版社 1986 年版。

后来神见佤族没来代表，但为了对佤族负责，就再派一个人去叫他们。佤族连夜赶着去领，此时各地来领文字的代表已走完了，纸张也用完了。神没办法，只好把佤族的文字记在牛皮上，让佤族代表带回去。这年恰好遇灾荒，佤族无物可充饥，在没有办法的情况下就只好将那张记有文字的牛皮拿去烧吃了。从此，佤族的文字就没有了。①沧源县佤族也有文字被烧吃掉的故事。

过去佤族、傣族、汉族是一母生的三兄弟，分别准备了牛皮、白布、做油纸伞的纸去向智慧老人学文字，学成后分别写在牛皮、白布、纸上往家赶，在一个三岔路口三人谁也说服不了谁，各走一条路。老大佤族走着干粮吃光，野兽打不着，实在是饿得没有办法，只好将写着字的牛皮一点点割下来烤吃。到家了牛皮也全吃完了，由于长途跋涉，又无法复习，把文字全忘了。②

佤族神话《格里糯传授文字》说：

过去有个叫格里糯的人聪明能干，不管到什么地方都愿给世上的各民族传授文化。有一次，格里糯到了佤族山寨，见佤族没有文字，就准备给佤族传授。后来，他见佤族用丝瓜络（一种藤状植物的果实，果实老后，剖开即得丝瓜络，可剖开垫在甑底蒸饭用。）垫甑底，他不知丝瓜络天生就是这样，便惊奇地问："这是谁做的？"当地人骗他说："这是我们自己做的。"随后又见佤族用细竹管吸水酒，他想佤族人已经很聪明了，于是就没有传文字给佤族。③

佤族《人与蛇》神话说：

天上的智者给人们分了字书，汉族、傣族把书拿回家很好的保存起来，此后就有了汉字、傣文。佤族用菜叶把书包起来放在墙脚下，不小心猪把菜叶吃了，佤族就没有了文字。④

佤族的文字神话可以分为两类，一是过去别人认为他们的文化很辉煌，不需要文字了。不管是格里糯未传播文字，还是阳雀没有叫佤族去领文字，都是见佤族已经太聪明了。一类是得到文字后，因为被吃掉而没有文字了。被吃掉的原因各有不同。两则神话说是因为无物充饥，填肚子而把写文字牛皮吃掉了，《人与蛇》的神话则将罪过推在猪身上，认为是猪将包文字的菜叶吃掉了。

---

① 《云南民族民间文学集成·孟连佤族卷》，云南民族出版社 1993 年版。
② 《佤族民间故事集成》，云南民族出版社 1990 年版。
③ 《云南民族民间文学集成·孟连佤族卷》，云南民族出版社 1993 年版。
④ 转引自罗江文：《论云南少数民族文字起源神话》，载《思想战线》，1996 年第 6期。

4. 哈尼族

哈尼族的文字产生神话也比较丰富。一则神话说：

> 大神烟沙在分文字的时候为了惩罚睡懒觉的哈尼，把哈尼族的那份文字给汉族，哈尼族就没有了文字。[①]

哈尼族《文字的故事》神话说：

> 洪水以后兄妹二人结为夫妻生下三个儿子，他们就是哈尼族、彝族、汉族的始祖，父亲分别教给他们二十四个字母，下山自立门户时，父亲问他们字母藏好了没有，幼子汉族拍其腹表示已在心中，次子彝族抄文字塞入怀中，长子见两个弟弟一拍腹、一拍胸，以为他们把文字吃了，于是就吞了自己所抄的哈尼文字，于是彝族、汉族记住了字母，后来有文字，哈尼族误吃了自己的字母，文字就没有传下来。[②]

金平哈尼族神话说：

> 远古的时候哈尼族人民本来就没有文字。后来有一个勇敢的青年跟着汉族和傣族一起去找文字。找到文字以后，汉族把文字写在纸上，傣族把文字写在贝壳上，哈尼族把文字写在牛皮上，在返家的途中遇到洪水暴发，红河暴涨，渡河时写着字的纸、贝壳和牛皮都被水淹湿了，于是三人便烧火烘烤，结果纸和贝壳都烘干了，牛皮却被火烤熟了，三人用牛皮充了饥，所以哈尼族文字被吃掉了。[③]

佤族《向帕召讨文字》神话也说到此相同事情，天神帕召（佛祖）来到人间，人们就去讨求文字。汉族带着纸，傣族带着贝叶，哈尼族带着牛皮，都从佛祖那儿得到了文字。回家路上，过荒山时，大家的干粮吃完了，哈尼族把牛皮献给大家烤吃了，这样，哈尼族就没有了文字。[④]

哈尼族《贝玛阿波吃了文字》神话说：

> 有次全族搬家，过河时，河神派了三个波浪神来抢文字，保管文字的贝玛（巫师）情急之中把字书吞到肚子里，波浪神灌了他一肚子水，想强迫他把字书吐出来，不想把字书泡化了，哈尼族就没有文字了。[⑤]

哈尼族的文字神话十分丰富，并且类型较多：有的神话说神分文字时

---

① 马居里、罗家云：《哈尼族文化概说》，云南民族出版社 2000 年版。
② 转引自罗江文：《论云南少数民族文字起源神话》，载《思想战线》，1996 年第 6 期。
③ 《云南民间文学集成·金平故事卷》，1988 年。
④ 转引自罗江文：《论云南少数民族文字起源神话》，载《思想战线》，1996 年第 6 期。
⑤ 《哈尼族神话传说集成》，中国民间文艺出版社 1990 年版。

未给，有的说得到文字被吞吃，吞吃的原因有误吃，有人抢文字时吞到肚子里被水泡坏了，迁徙时文字被水打湿，烤干时被烤熟充饥等。

最令人惊奇的是哈尼族的神话说哈尼、汉、傣三族一起去找文字，回来后将哈尼族写在牛皮上的文字烤吃了。这个情节居然与佤族《和帕召讨文字》的主要情节完全相同。这其中既可能是各民族神话互相交流与学习的结果，也可能是各自发展的结果。如果是各自发展的结果，那说明过去佤、傣两族共同从事过某项文化事业。但不管如何，至少都能说明佤族、傣族过去关系密切。

5. 基诺族

基诺族《玛黑、玛妞和葫芦里的人》神话说：

> 天神给人们分了文字，基诺族的文字写在牛皮上，傣族的写在芭蕉叶上，布朗族的写在麦面粑粑上。回去的路上，布朗族把粑粑吃了，基诺族也把牛皮烤吃了，因此，布朗族和基诺族就都没有了文字。[①]

基诺族《阿嬷腰白》神话说：

> 阿嬷腰白叫汉人去帮基诺族造字。汉人把字写在牛皮上，交给了基诺族，基诺族拿着牛皮过河的时候，牛皮被水浸湿了。基诺族一看，糟了，就把牛皮拿到火上去烤，烤着烤着，牛皮烤糊了，字也看不清了。基诺族灵机一动，心想，把字吃在肚里，不是就记在心上了吗？就把牛皮吃下去。但是吃下去后，他连一个字也记不住，所以基诺族至今没有文字。[②]

基诺族的文字也是因为写在牛皮上，后来被烤吃而没有了。不过后面一则神话中说他们误认为"把文字吃在肚子里就是记在心里"的认识反映了一种原始思维。

6. 拉祜族

拉祜族《厄莎发文字》神话说：

> 天神厄莎给九个人发了文字，汉人的文字刻在竹片上，后来移到了纸上，傣族的刻在贝叶上，佤族的刻在牛皮上．拉祜人的文字放在粑粑里。回去的路上，拉祜人饿了，就吃了粑粑，拉祜人就没有了文字。[③]

拉祜族神话说拉祜族把文字写在粑粑上，这同基诺族《玛黑、玛妞和葫芦里的人》神话说布朗族的写在麦面粑粑上有相似之处，这可能反映了

---

① 转引自罗江文：《论云南少数民族文字起源神话》，载《思想战线》，1996 年第 6 期。

② 《基诺族民间文学集成》，云南人民出版社 1989 年版。

③ 转引自罗江文：《论云南少数民族文字起源神话》，载《思想战线》，1996 年第 6 期。

过去文字载体的广泛性。

7. 苗族

四川西部盐边县红宝乡干坪子村的神话说：

> 苗、汉、彝三兄弟因原居地疾病流行，便带上书本坐船过海逃往四川。在船上，苗族怕先生教的书忘了，便掏出来坐在船头上读，谁知船到了半途就遇上大风，吹得船在水面上团团转，正在读书的苗族，手里的书被风卷走落下大海。[①]

四川南部珙县的神话说：

> 远古时候，苗、汉两族的始祖原是两兄弟，弟兄二人去天神那里取经书。他们到了天神那里，天神给他们一人一本经书，他们高高兴兴地捧着经书往回走。走拢一座桥时，实在太疲倦了，就停下来歇。哥睡桥东，弟睡桥西，一睡就睡熟了。他们醒来时，哥哥发现自己的经书少了半本，弟弟的书没有了。哥哥仔细一看，见剩下的半本经书上有鱼鳞和鱼泫，便断定经书是被鱼偷吃去了半本，就找来木头掏空做了一个木鱼天天敲。后来，每当汉族死人做道场时，道士就敲木鱼，说是敲一下，木鱼就吐出一个字。汉族人叫这是"打鱼还经"。弟弟见周围留有许多牛蹄印，他断定经书被牛偷吃了，就逮条野牛杀了，剥下牛皮绷成木鼓吊起来敲。后来苗家死人时，把牛皮鼓吊起来敲打，这就叫"打牛还经"。汉族的书还有半本，汉族就有文字；苗族的书全丢了，苗族就没有文字。[②]

贵州安顺地区的苗族神话与此大同小异。可算一种异文：

> 苗族在古代是有文字的民族，曾经有过辉煌的文明史。只因为祖先蚩尤与炎帝黄帝作战，失败后迁往南方的途中，洪水汹涌，大部分运载文字的船只被大水吞没，只有少部分保存上岸，因有水打湿，就于岸边晒卷，不料苗家的命根子——牛却因饥饿难忍，吞没了经书，至今老人去世，都要打牛祭祀祖先。[③]

苗族造字神话，大致可以分成两个系统。一个说是在迁徙途中失落了（被风刮走了），一个说是取经归途中被牛吃掉了。

8. 羌族

羌族神话《端公为什么敲羊皮鼓》说：

> 端公、道士和喇嘛一同去西天取经。回程途中要坐船过河，到了

① 《中国民间故事集成·四川卷》，中国 ISBN 中心 2004 年版。

② 《中国民间故事集成·四川卷》，中国 ISBN 中心 2004 年版。

③ 《安顺地区民族志》，贵州民族出版社 1996 年版。

河中间船翻了，人和经书一起掉在河里。三个人忙着捞经书，喇嘛、端公的经书全部捞起来了。大家在河边上晒打湿的经书。端公经书晒起不好好看，被山羊吃了。他找到羊子的主人说："你家的羊子把我的经书吃了！"主人说："那我就拿羊子赔你。"端公把羊子牵过来就打，毛打脱了，羊打死了，端公不解气，又把羊皮绷成羊皮鼓，天天打。所以，现在羌族端公念经，要敲打羊皮鼓。①

四川汶川威州以北到茂汶的羌族端公流传这样一则神话，说：

祖师到西天取经的归途中，因躺在岩上睡觉，经书被一只白羊吃了，醒来不见经书，气得大哭。此时来了一只金线猴告诉他：买下吃了经书的白公羊，食其肉，以皮做羊皮鼓，做法事时一敲羊皮鼓，就能回忆和念唱全部经书。端公祖师照金线猴说的做了，结果很灵验。②

羌族文字神话的基本情节是经书被羊吃掉，端公把羊皮做成羊皮鼓敲。第一则故事则加了渡河翻船、晒经，还有两个同伴。第二则故事则加了金线猴出主意。

9．乌木龙俐侎人

云南省永德县乌木龙地方俐侎人无文字书写的经典，只有世代口耳相传、师传徒受、凭心记忆的口承经或口诵经。他们的神话说：

古时俐侎人祖先曾与汉人（有说唐僧）去取经，取经回程要经过大海，于是用竹筏渡海，因海不起风，筏不漂行，大家只好等风吹来。等风时间很长，直到粮绝。无奈，俐侎人取经者只好用自己的经书与汉人换饭吃，吃饭时便发了一声誓言："（把经书）吃进肚子记在心"！以此表示将经语吃在肚里记在心里。俐侎人则从此没有用文字书写的经书，经语只好靠凭心记忆、口耳相传。③

俐侎人是彝族支系，他们没有文字，也不知道其他地方彝族有文字。他们的神话也是说取经回程途中绝粮，不过与其他民族神话的不同之处在于，不是直接吃写在牛皮上的经书，而是与汉人换饭吃。

综上所述，否定型的文字产生神话可以分成两类：一类是没有得到文字。如佤族误了神分文字的时辰，哈尼族在大神烟沙分文字睡懒觉，受了惩罚就没得到文字。或者是文化英雄没有传授，如佤族的《格里糯传授文字》的故事。第二类是有文字但又失去。失去的原因各不相同，最多的是

---

① 《中国民间故事集成·四川卷》，中国 ISBN 中心 2004 年版。

② 四川省编辑组：《羌族宗教习俗调查资料》，载《羌族社会历史调查》，四川省社会科学院出版社 1986 年版。

③ 李国文、施荣：《彝族俐侎人民俗》，云南大学出版社 2004 年版。

经书被吃掉，其中又可分为被人吃掉，被动物吃掉两类。被人吃掉的情形一是如哈尼族《文字的故事》误吃掉，一是饥饿时把记文字的经书吃了。被动物吃掉经书的传说也不少，大多是说在取经途中或文字取回以后被动物吃掉。

否定型文字产生神话虚妄的成分较多，但也真实地反映出各民族人民对文字代表文化的一种羡慕心理。每个民族都不愿意承认本民族没有文字，多数是讲过去有文字，后来因种种原因失掉了。即使是没有文字，也说的是分文字的神没有分给他们，或者干脆来了一个造文字的文化英雄见他们太聪明而没有给他们造文字。

（二）肯定型的文字产生神话

1. 纳西族

纳西族文字产生神话有见于文献记载的"牟保阿琮创制文字"和流传于口头的"东巴文字的来源"两则。

明代纳西族土司木公撰的《木氏宦谱》记载了木氏先祖牟保阿琮的传记，传曰："生七岁，不学而识文字。及长，旁通百蛮各家诸书，以之为神通之说，且制本方文字。"[①]

牟保阿琮生七岁时不学而识文字，后来又制本方文字。说明牟保阿琮七岁时识的文字并非本方文字。故喻遂生先生认为牟保阿琮"不学而识文字"是指的汉字，"且制本方文字"的"文字"指的是纳西族最有代表性的东巴文。[②]当然不学而识汉字可能难度颇高，我们觉得根据当时的民族聚居情况，可能不学而识藏文的可能性更高。因为藏文是拼音文字，字符数少，不进学堂或经堂仅耳濡目染也许可以"识"。有的学者认为七岁时识的是东巴文，及长后创的是哥巴文。其理由是东巴文象形，便于不学而识。但无论如何是讲不通本方与外方的关系的。

洛克认为把象形文的发明归功于牟保阿琮只是为了神化他，目的是要提高木氏家族的声望。文字发明的时期毋庸置疑要更早。其原因是：

因为很难让人相信他们和羌仅通过口传就能把如祭天这样古老的仪式世代相传长达 12 个世纪的时间。

纳西古老的经书中也表明，他们的祖先就曾生活在圆顶的帐篷里。纳西象形字符中还有与挤马奶有关的符号，但这却是一种蒙古人的习俗。一本名叫《武器的来源》（Ndz ĕ r²-ssu¹）的经书表明了在公元 900年以前，纳西人曾普遍地使用犀牛皮做的片状甲胄。经书中表示出的

① 《木氏宦谱》（影印本），云南美术出版社 2001 年版。
② 喻遂生：《纳西东巴文概论》，西南师范大学研究生油印教材，2002 年。

武器仅有箭、矛和一种像戟的武器。符号 dzhu^1 表示的是一种投石器，但纳西人则从来没有使用过这种武器，而蒙古人在包围押赤（今昆明）时却使用过它。押赤曾是乌蛮的首都，位于现在云南昆明附近。dzhu^1 这个符号肯定是后来才补充的，因为其复合音也被用来表示一种火枪，这说明他们对这两种武器都有一些认识。纳西语中没有单独表示"火药"的词，只被称做 mi^2 ch'ě r^2-ghü gh^2（火·药）。所有这些事实都证实这些经书是一种古老的遗物。

　　另外，应该说，阿琮并不具备苯教萨满的知识，因为这些是纳西巫师所专用的，邀神和镇鬼时要由他们单独吟诵经文和咒语。①

洛克的分析不无道理，不过将文字创制归功于某一人，是很多民族神话惯用的手法。其实不管"不学而识文字"的文字是汉字、藏文还是东巴文，都具有浓厚的神话色彩。

另外一则口传神话说：

　　从前，一个汉族人、一个藏族人、一个纳西族人约好了日子，要一同到天上找天神取经。结果，汉族人、藏族人先就走了，纳西人东巴戛拉丢在后面，等他赶着去追赶两位伙伴时，在吉拉染柱山上碰见他俩回来了。

　　"我们把经都取回来了！"汉人和藏人对东巴戛拉说。

　　东巴戛拉看见他俩取经回来后心高气傲的样子，着实不高兴。闷起想了一会，对汉人和藏人说："我虽然没有取成经，没有学到写字的本领，但是，我能够看见山就写山，看见人就写人，看见牛就写牛，看见马就画马。"说完，当场就给他俩画了许多山、水、羊、马、牛、人……的符号。

　　从那个时候起，纳西族的东巴想写啥就画一个啥，念经的时候就有了象形符号的东巴文经书②，再也不愁没有文字了。所以，直到现在，纳西族用的都是象形东巴文。③

这则神话反映了当时纳西、藏、汉聚居且关系密切的情况。神话中反映的"看见山就写山，看见人就写人，看见牛就写牛，看见马就画马"具

---

① ［美］J. F. 洛克著，和匠宇译：《纳西语英语汉语语汇》，云南教育出版社 2004 年版。

② 原文注：东巴文经书：纳西族的象形文字经书。经书中记述有纳西族的神话传说、请神送鬼等内容。

③ 《中国民间故事集成·四川卷》，中国 ISBN 中心 2004 年版。当时的讲述者：英扎茨里，男，纳西族，农民；采录者：四川省民协采风队；采录时间、地点：1985 年 5 月于木里县。

有科学成分，因为东巴文确实就是如此"见木画木，见石画石"形成的。

2. 水族

最早刊布的水族文字产生神话传说当属岑家梧调查到的：[①]

> 约当商周之世，有一道人名 Rok—Don 的，修行于昆仑山洞中，地为仙境幻迹，其左有凤凰，右有孔雀，道人栖息其间，历有年所。其时中国另一圣人，创造通书，（即指汉人现用的农历通书）畅行天下。道人道高法妙，亦秘制水书，与之对抗。一日，圣人约道人同游天下布道，由昆仑山南下，各携其书偕行。
>
> 圣人的通书数量很多，由一小童挑着，道人的水书为数很少，仅用布袋密包自己背着，因恐圣人知道，道人与圣人各以其道法不同，时相冲突。南行途中，有一夜同宿逆旅之中，道人用法术将圣人的挑夫杀害，并毁其通书，圣人并不知道。半夜，圣人起床吸烟，唤小童持火石取火，发觉挑夫已死，深为惊奇。乃问道人，道人佯作不知。忽而道人询之曰："君欲得火吸烟乎？"圣人曰："然"。道人曰："君亦知不用火石而得火之法乎？"圣人曰："不知也。"道人乃从水书中得不用火石取火之法，随念咒作法，火果燃于床前。圣人恐惧益甚。次日，圣人道人行至河畔，偶见河中水车正在旋转，道人复问圣人曰："君知水能倒流乎？"圣人曰："不知也"。又问曰："君知水车能倒转乎？"圣人摇头曰："不知也"。道人取出水书，详为推算，并念咒作法，水果倒流，由下而上，水车亦倒转，由右而左。圣人见其法术如此高妙，度己道将为所隐，不禁妒心顿起，屡欲设法害之。道人据水书推算，亦知圣人有害己意，到达江西之后，江西为圣人通书最流行之地，圣人门徒极众。道人度必不能免，乃于夜间潜逃乡间。至偏僻的水家住地传道，水家对于道人，极为欢迎，初欲盛大欢迎，道人急止之。道人又恐圣人知其笔迹，复将其水书反写倒写，且施以秘密记号，故今水书多反写倒写。圣人知道人逃避乡间，屡次遣人追捕，水家为之隐匿，得免于难。水书乃流传至今。故今水家鬼师崇 Rok—Don 为师父，作法时必请其降坛。鬼师则自承为 Rok—Don 的徒弟云。

岑家梧据此分析道：

> Rok—Don 为何人？不得其详，此传说之可注意者有六：
>
> 1. 水书为一种巫术用书。
> 2. 水书制造的时代极为古远。
> 3. 水书制造的地点，初在西北一带。

[①] 岑家梧：《水书与水家来源》，载《贵州苗夷社会研究》，民族出版社 2004 年版。

4. 水书由北方次第传入江西。

5. 水书初传入江西水家后，水家由江西迁入黔省，乃携之俱来。

6. 水书为一种被压迫民族所用的文字。

Rok—Don 即水族传说中的创水书的始祖"六铎"，又称"公六铎"或"六铎公"。将六铎称为道人，说明水族在讲述当时甚或以前已经深受汉族道教文化的影响。神话说道人将水书反写倒写，是为了隐秘性，这是有道理的。

吴支贤、石尚昭也调查到一则水族文字产生神话。

据水族民间流传水书的神话故事言道："水书的创始祖是'拱六铎'（音译，即尊敬的祖公）。他在燕子洞口，蝙蝠洞坎，承蒙仙人传授的。"还传说，水书原来字数很多，能记载民间诸事，是一部广为流用的书。因为天皇怕水族文化兴旺，定为"反书"，使计焚烧，只余砚台压住的断纸残篇，水书流传至清代几失之八九，只有甲乙一家尚幸保全其书。他为了保藏全书，将《水书》分为六部，每部教授一位弟子，分散保存。后来又相继遗失。所以现在流传下来的较少，即使能懂《水书》的，也不得全貌，最多是其中的一部分。[1]

"六铎"学到文字以后，被天皇妒忌，放火烧了大部分，只余下极小部分。以下一则故事与此大同小异，可看做异文。[2]

水族文字是水族的一位名叫陆铎公的先祖创造的。他花了 6 年时间创制文字。起初，水族文字"多得成箱成垛，堆满一屋子"，后来因陆铎公利用水族文字为一个小孩推算出与其神母见面的日子和方法，天皇知道后认为水族文字太厉害，怕人们掌握了文字后难于对付，于是设计烧了装着水族文字的房子。只剩下压在砚台下的几百个字，陆铎公生怕再遭天皇算计，此后全凭记忆把文字装在肚子里。还有异文是说水书创造后被人抢走，这与天皇火烧水书的情节有区别。

陆铎公等六位老人在仙人那里学来的，仙人根据水族地方的各种牲畜、飞禽和各种用具，造成了泐虽（水书）。六位老人经过 6 年的学习，终于把泐虽学到手，并记在竹片、布片上带回。在回家路上，泐虽被一个叫哎人党（水语即"不认识的人"）的人抢走。为了避免再遭人谋害，凭着记忆，陆铎公故意用左手写泐虽，改变字迹，还将一些字写反、写倒或增减笔画，形成了流传至今的特殊的水族文字。[3]

---

① 吴支贤、石尚昭：《水族文字研究》，三都县民委编印，1985 年。
② 潘朝霖、韦宗林：《中国水族文化研究》，贵州人民出版社 2004 年版。
③ 潘朝霖、韦宗林：《中国水族文化研究》，贵州人民出版社 2004 年版。

以下一则神话，可以看做是综合以上两个神话的异文。综合了抢走水书并加以烧毁的情节。

> 民间传说，水字是拱陆铎等 6 人，向仙人学来的。学成归途中不幸死 5 人，剩下拱陆铎背着泐虽赶路，途中碰到一个圣人带着一个书童在赶路，逢雨，三个进石洞里避雨。过一会儿，圣人说：过了申时刻洞要塌，我们快走吧？拱陆铎掐指推算说：不要紧，洞虽塌，伤不了我们。结果应验，三个继续赶路。一路上两人都在比试本领，圣人恨拱陆铎的法术比他高明，计除之。拱陆铎逃到水族村寨，但包袱已被圣人抢去，并把那些书片翻看，一个字都认不得，一气就点火烧毁了。拱陆铎只剩下怀里藏着那一本书，逃到了另一水族村寨。人们怕泐虽失传，赶忙请陆铎悄悄教书。可是泐虽只剩下那一本，拱陆铎教完了，就把心里记住的口传出来，让人背诵，铭记在心里。陆铎怕泐虽传出去，圣人认出笔迹又来谋害，所以就把剩下的泐虽作了改动，有的横着写，有的倒着写，有的减了笔划，有的又加了笔划。泐虽虽然流传下来，可是字数大大地减少了，字形结构也稀奇古怪，读音也特殊，含义深刻而丰富。所以要学泐虽，大部分都靠背诵，都靠口传。[①]

另外一则神话与上述类别不同，可看做单独一种类型。

> 水族文字是纳良从月宫中外公那里学来的，他顺绳子缒到地面时，半空中被狠心舅舅变的毒蚊叮咬，摔断了右手，只能用左手写字默写在外公那里所学的文字，因此，字是反写的。[②]

水文文字产生神话的共同情节是水文产生（或六铎创制或向仙人学得）后遭遇变故。要么是天皇算计，要么是水书先生凭借水书与圣人斗法，圣人斗败而欲毁水书。或遭人抢夺。致使水书第一不完整，第二成为反书模样。

神话所述"反书"名称的来由有三种：第一种也是多数神话反映的是遭受变故后为了隐秘性而故意反书；第二种是天皇怕水族文化兴旺，定为"反书"；第三种是纳良因摔断右手而无奈只得用左手写反书。

应该说反书不是水文的本质特征，第一个原因是其中大部分自造字不一定反书，第二个原因是将借源字反写也是为了突出与汉字字符有别，将汉字字符反写以融入水文系统，增强水文符号系统的统一性。当然这其中也有部分隐秘的原因，但现在水书先生所要隐秘的对象，不一定是外族人，反而是本民族的普通百姓。所以神话所反映的反写隐秘亦具有一定真实性。

---

① 张公瑾：《民族古文献概览》，民族出版社 1997 年版。
② 潘朝霖、韦宗林：《中国水族文化研究》，贵州人民出版社 2004 年版。

神话所述的原来水文字量众多，后来遭遇变故而仅余少量字符的情节也含有极大虚妄成分。水文作为一种原始文字，正处于字符不断增长的时期，不会在很早以前出现字符量极大的情况。

3. 彝族

彝族分布广泛，支系众多，所以文字产生神话也比较丰富。

四川阿苏拉则学鸟写字的神话：

> 当初阿苏拉则是听鸟兽语言写成的经，因为他经常到树木里去写经，他的女奴仆很奇怪，用线牵在他的衣服上，并尾随至山林，看见了鸟在吐墨传经，当时鸟见女奴仆至，飞走了。自此以后，不再来传授了。因此彝文经没有写完，至今彝文经后面均留两篇空白，表示未完。①

此神话有一些变体，一则神话将女仆换成是他妹妹。

> 阿苏拉则与妹妹阿格上山牧羊，想造文字，好将人们的思想、智慧传至远方和后代。神告知他可到龙头山（今黄茅埂）中寻洛龙歌布曲神鸟（彝族传说中的五色彩鸟，类似汉族所说的凤凰，毛色最美。彝族古民歌中说："猴子不知自己的丑，总往树顶上坐，洛龙歌布曲鸟不知自己的美，总往森林里飞。"）。阿苏拉则最后终于找到了，鸟吐唾液如丝，在沙滩上往来飞舞，教其写字，阿苏拉则将字记在衣上。数日后，妹妹寻来，在远处喊他，将鸟惊走，因此彝文有些不够用。②

另一则神话是说阿苏拉则变成鸟教他的儿子学字。

> 阿苏拉则不会说话的儿子叫拉则格楚，见到名叫洛龙歌布曲的小鸟吐血丝在树叶上，变成了美丽的文字，就知道小鸟是父亲变的，这样阿苏拉则便把彝文传给了儿子。③

另一则神话则同样在后面加上被人撞破的情节。说阿苏拉则的儿子正在学他父亲传的字，被他母亲撞破而有三篇没有写完。④

有的神话还叙述了更多的情节，如在前边加上阿苏拉则和徒弟麦尔都惹斗法，后来双双去世，阿苏拉则变成鸟传字给儿子。⑤

四川彝族文字产生神话的基本型式是：

A．造字者学鸟写字。

---

① 《昭觉县竹核乡笔摩苏尼调查》，载《四川省凉山彝族社会调查资料选辑》，四川省社会科学院出版社 1987 年版。
② 《中国民间故事集成·四川卷》，中国 ISBN 中心 2004 年版。
③ 《中国民间故事集成·四川卷》，中国 ISBN 中心 2004 年版。
④ 《中国民间故事集成·四川卷》，中国 ISBN 中心 2004 年版。
⑤ 《中国民间故事集成·四川卷》，中国 ISBN 中心 2004 年版。

B．被人撞碰而未学完。

围绕基本型式的变形是：

要么创制主体是阿苏拉则，要么是他的哑巴儿子，此时阿苏阿则变成了神鸟。

阿苏拉则学字是被他的女仆或他的妹妹撞破。他的儿子拉则格楚则是被他的妈妈撞破。

云南哀牢山地区流传着"尼施传彝文"的神话。

> 哀牢山区的彝家原先没有文字，很不方便。母资莫（即天神）叫管文字的仙女下凡传文字，仙女在哀牢山最高最陡的悬崖上栽下了银钟和金种。一个月后，金芽银芽冒出来了，金枝银枝长出来了，金叶银叶发出来了，金花银花开出来了。金花银花使人迷醉，仙女美貌更使人爱恋。人人都想做采花人，个个都争着来攀亲。一天，有个挎弓佩剑的英俊猎人，仙女同猎人结为夫妻。生下了个胖儿子，取名尼施。尼施聪明伶俐，生来就爱画画。见山画山，见水画水，见花画花，见草画草，见鸟画鸟，见兽画兽，见什么都画。说来也怪，尼施画什么像什么，可就是画不像仙女种出来的金花银花。后来尼施从金树、银树上上把花一朵一朵地摘下来照着描，尼施一共写了一百天。金树上的三千字和银树上的三千字都写完了。这时，仙女对尼施说："好儿子，从今以后，彝家千千万万的事，你都用这些字去记吧。"接着又对丈夫："我要回去看我的阿妈，你带着尼施去给彝家传文授字吧。"仙女离开后，再没有回到人间，尼施父子俩遵照她的嘱咐，把彝文传遍了彝家山寨。[①]

排除开仙女等虚妄成分。这一神话也反映了过去文字创造过程中"见山画山，见水画水，见花画花，见草画草，见鸟画鸟，见兽画兽，见什么画什么"的过程。现在彝文的象形色彩已经非常弱，但可能在彝文的发展历史上曾经有一象形阶段。

云南楚雄的彝族有这样一个神话。

> 远古的时候，天下洪水泛滥，人间只剩下姐弟二人。姐姐偷偷嫁给了天上的仙狗。仙狗有一本经书，是世间最完善的经书，无论发生了什么事情，一翻经书就可以得知。后来有一次仙狗以为自己的经书不灵了，就把它撕烂了丢入大海。彝族得知了此事，忙派老鹰去打捞，老鹰在海上飞来飞去，没有站立的地方，只好用爪把漂在水面上的经

---

① 《中国民间故事集成·云南卷》，中国 ISBN 中心 2004 年版。讲述者：黄文宝。采录者：宋自华。采录于元江县。

书抓了起来。一部分经书沉入海底后，被大鱼吃了，汉族没有捞到经书，便做了个木鱼敲着，以代念经。①

云南昆明官渡区彝族支系撒梅人流传着《毕老创字》的神话。

当时野乃出（宝象河上游的一个村子）有一个姓毕的放牛娃，从小聪明灵活，他看到撒梅人因没有文字而痛苦，决心要为撒梅人创造出文字来。他来到高山上，用羊鞭在地上画呀画，画出一个字，又用木炭记在一片树叶上。不知画了几年几月，树叶装满了羊皮口袋。他高高兴兴地回到村里，准备教大家识字，打开口袋一看，树叶揉碎了，字也全忘了。他又赶着牛羊来到高山上，用牛鞭在地上画呀画，画出一个字来，用紫土（一种红色粘土）把字记在羊皮上。不知过了多少年，满满记了两驮子，他又回家了，来到半路上，下了场大雨，回村打开看，字又全完了。他又来到高山上，找来一片片砂石，磨呀磨，磨平了。找来一堆羊肝石（一种很坚硬的石头），磨呀磨，磨尖了。用鞭子在地上画呀画，画出一个字，就用羊肝石刻在砂片上。又不知过了多少年，头发胡子都白了，每条牛都驮了一驮子，他又回家了。他把字一个一个地教大家，大家学会后，他就去世了。人们为了纪念他，把他仿造的这种字称为毕摩（撒梅语，摩是老或祖的意思）文。因为有些字的形状象羊肠子，有的又象牛角弯，所以人们还把这种字称为羊肠文和牛角文。②

这一神话反映了过去创制文字经历了艰辛的过程。同时反映了过去文字载体的多样性和不断变迁。

云南彝族支系更多，所以文字产生神话类型也更为丰富。有的是说仙女种金花银花传字，有的说是获得仙狗的经书，也有神话是说毕老经过千辛万苦创造文字。

综合肯定型的文字起源神话，我们会发现：有文字民族的神话大多数是说本民族人创字，如纳西族自创象形文字、毕老创字。也有向仙人学字。但都是经过人类艰苦卓绝的学习而获得，如彝族阿苏拉则学字、尼施学画金花银花。

肯定型文字产生神话还反映出自源文字创造过程中运用见物画物的方

① 《楚雄市民间文学集成资料》。讲述：杨自荣（彝、毕摩），记录：李成生（彝），流传地区：楚雄。

② 《昆明市民间文学集成·官渡区·故事卷》。讲述者：张福彩，男，74岁，撒梅（彝）族，高小文化，大麻苴村农民（已故）采录者：李光荣，男，撒梅（彝）族，32岁，初中毕业，阿拉彝族乡文化站干部。采录时间：1980年3月采录于昆明市官渡区阿拉乡大麻苴村。

式，如纳西族"看见山就写山，看见人就写人，看见牛就写牛，看见马就画马"，彝族"见山画山，见水画水，见花画花，见草画草，见鸟画鸟，见兽画兽"。

肯定型文字产生神话还反映了对本民族文字存在不足的认识。如彝族学鸟传字神话中都有被人撞破的情节，所以字没有学完，现在彝字有些不够用。水族文字字符少的原因是因为过去被人抢了或被天皇烧了。真实反映了他们对本民族文字存在不足的认识和遗憾心情。

二、文字产生神话在文字产生研究中的意义

1．神话传说的产生和传承是有理据的

（1）神话的产生，是人们要求它出现的结果

人们不能科学认识事物的时候，必定会根据自己的理解附会出事物的道理。神话产生的理据是人们的心理。神话虽然充满幻想成份，似乎缺乏理性依据。但它们毕竟是先民们长期思辨的产物，体现了当时人的认识。

袁珂《神话学通论》指出："近十多来我是逐渐比较相信'史影'之说了，我认为相当一部分神话并不都是凭空虚构的，从神话五光十色的三棱镜中，总或多或少会曲折地反映出一些历史的面影来的。"[1]

（2）神话传说是历史累积起来的，每一次的增删修改，也自有其理据

神话是代代相传，层累而成，我们现在所了解到的神话内容自然掺杂进了各代讲述者的思想。各时代的讲述者往往会根据他们的理解对这些神话作改造加工。这种加工就体现了当时人们的认识和理解。

每一代在讲述传承的过程中都会根据当时的理解进行增删修改，所以神话传说不一定能代表神话产生时的状态，不能根据现在神话的描述来进行早期事实和人们心理的推断。但同时，如果我们能顺序剖析出每一代的增删修改，不仅能破译出增删修改时人们的认识和态度，亦能够发现其早期的真实面貌。

如后来有人去调查四川羌族人种的来源，当地巫师很明确地告诉他，羌族是由猴子变来的，并且是猴子在劳动中变来的。令调查者大吃一惊，难道他们很早就有了这么科学的认识。后来再进一步了解。才发现原来在解放初，政府把他们集中起来办学习班，给他们讲人类进化历史，他们不知不觉就把这些科学知识溶化到了他们的认识中去了。

2．文字产生神话既包含了科学合理的成分又含有虚妄的成分

（1）文字产生神话中含有科学成分

正因为神话产生和发展过程中都有理据可言，所以它能够反映当时人

---

① 袁珂：《神话学通论》，巴蜀书社1993年版。

们的心理，是可以作为科学研究的证据的。赫胥黎在《人类在自然界的位置》说："古代的传说，如用现代严密的科学方法去检验，大都是象梦一样平凡地消逝了。但是奇怪的是，这种象梦一样的传说，往往是一个半醒半睡的梦，预示着真实。"①周有光曾经说："正像科学的天文学是从玄学的星相术经过'非神秘化'而形成的，科学的文字学也要从文字神奇论经过'非神秘化'而形成。"②文字产生神话虽然笼罩着神秘的外衣，但其中不乏科学的内核。文字产生神话同其他神话一样，也能折射出文字创制时的影子。

如神话中反映了文字之前的记事方式及其缺陷，如彝族撒梅人的《毕老创字》说："很早以前，撒梅人在门口放一块小石头为一日，麻线上结一个疙瘩为一月，家里挂一个羊头为一年。天长日久，石头一大堆，疙瘩一大串，羊头挂满屋。到底过了几年几月几日，数也数不清，分也分不明。"反映了文字产生之前采用实物记事，结绳记事以及这些记事方式的不足。

还有神话反映出当时的造字多采取的多是见石画石、见木画木的方式，这也比较符合最初的造字是采取象形的方式的实际。纳西族、彝族文字产生神话均反映了这一方式。

还有各民族在叙述自己民族文字产生神话时，不时涉及到其他民族，这也能反映出神话产生或转述时的民族关系。如摩梭人说是汉族、藏族和摩梭人去取经。川西苗族讲的是苗族、汉族、彝族三兄弟，而川南苗族反映的只有苗族和汉族两兄弟了。因为在川南苗族聚居区，它们邻近的民族中没有彝族。

对于文字产生后有缺陷的神话则正说明他们可能认识到他们的文字产生后存在着缺陷，需要以某种方式加以弥补。

还有对于神话所反映出的创字主体问题，让我们觉得有必要重新思考文字产生过程中个人的作用这一问题。

神话反映的创字主体有一个共同特征，除了神分配文字以外，文字往往是由个体创造的。应该说历史上有比较成功的个人自创文字，如八思巴字、西夏文、女真文、契丹文，现在还有仍在使用的个人自创文字，如汪忍波创制的傈僳族竹书。同时，经过严格语言学训练的语言专家和传教士都曾为国内少数民族创制过多种拼音文字。现在仍有大量辅助交流系统也是个别专家创制然后加以推广的，如各种速记、手语、旗语、密码等。

对于古史及历史传说，我们要分别情况，既不能一概全信，但也不能

---

① 转引自伍铁平《语言的神话和现实》，载《语言漫话》，上海教育出版社1981年版，第4页。

② 周有光：《比较文字学初探》，语文出版社1998年版，第6—7页。

全盘否定。各民族文字产生神话都明白无误地指出了创制主体。这是否值得我们怀疑我们过去对文化英雄仅仅只有整理之功的评价。

（2）文字产生神话中含有虚妄成分

但同样不可否认的是，文字产生神话也包含着较多的虚妄成分。前边所述文字中不乏其例。如仙女下凡成亲、仙狗成了姐夫、人变成鸟等。但这些神话正反映了人们对文字产生这一非凡行为的神圣化，即使是对于如傈僳族竹书这种创制人明确的文字，人们对它们的创制过程也有意无意地神化。

如 1944 年云南《正义报》的边疆栏发表《傈僳族两种文字》说，"在维西岩瓦洛（叶枝）出了一个发明文字的傈僳人，名叫汪忍波，他发明的经过是这样的，……有一天晚上，他梦见须发皆白的神人，教他造字。惊醒后，回想一下，原来是他祖父指示的。"①

汪忍波一普通农民，孰能造字？所以一定要梦见神人，接受指点。看来人们的心理是何等的神奇！但我们也不得不承认正是这种心理促使了神话的产生和广泛流传。

3. 中国西南少数民族文字产生神话的多种类型体现了人们对文字产生认识的不断进步

中国西南少数民族关于文字产生的神话，如果从类型上分析，有不断演进的顺序。

最开始是天神分文字或天神下凡传文字，文字来源最初都跟神有关，是最早的对文字产生的认识，这也是早期的任何事物都是神造的观念的体现之一。

从天神直接分赐或传给人类以文字，逐渐过渡到天神派神仙下凡传文字，再到派文化英雄传文字，逐渐有了人的色彩了。再到天神或神仙帮助人类获得文字，就更增加了人的作用。后来直接出现了文化英雄造文字，中间的过渡类型是有些民族错过了天神分文字或天神赐的文字失掉以后再自己造文字。

人间的文化英雄，是具有传奇色彩的人物，虽已经脱离了神的光环但离普通民众还是相当遥远，人们还不满足，于是有了人类祖先造文字的神话。

在这些类型中都有一些过渡类型，如"天神派仙人传，文化英雄造字"类型即处于仙人直接传文字和文化英雄造文字的类型之间。如彝族神话《彝文的传说》说母资莫（天神）派管文字的仙女下凡去传播文字，仙女用带

---

① 高慧宜：《傈僳族竹书文字研究》，华东师范大学出版社 2006 年版，第 8 页。

来的金种、银种在哀牢山上种出了六千朵美丽的金花和银花，这是六千个文字。仙女与勤劳的猎人生下的聪明的儿子把花朵摘下，一个个字照着画，并把写下的字传遍了彝家山寨，从此彝家有了文字。

可见，文字产生神话的类型序列无形中也反映了人们对文字产生认识的不断进步。

第二节　文字的孕育

这一节我们讨论文字的孕育，即文字产生前的准备，主要是讨论原始记事符号系统的发展及为文字产生所作的准备。

讨论这个问题之前，有必要先谈一谈文字的作用。

文字是一种符号系统，而且是一种发展程度相当高的符号系统。符号是指与事物有约定俗成关系的标志（mark）。如地图上代表铁路、公路、河流、山脉等的标志、红绿灯和路标等。符号的重要作用在于记事和交流。记事是基础，表达一定的所指，记事可以局限于个人。但如果要想传播给其他人，那就是交流，必须要在传递方和接受方达成一定的共识，也就是对于符号的所指要有共同的认识，不然就不知所指或产生误会。文字作为符号系统也具有记事与交流的作用。

文字不是凭空产生的，在文字产生之前，应该存在一些类似文字作用的符号起着记事与交流作用。也就是文字在产生之前存在一个相当漫长的准备过程。

这里要说明的是，研究文字产生的资料是极不完整的。研究文字产生，最好的资料是某种文字产生的全部历史，但可惜迄今为止没有这样的资料。现在只能以一些破碎的资料进行拼合，以某一些资料为主进行研究，然后推演出我们的结论。

一、文字产生前的记事符号系统

文字产生前的记事符号系统，我们称为原始记事符号系统，亦有一个发展过程。符号一般有能指、所指和指称关系三要素。我们按照能指存在的空间方式可以将符号分为三维符号和二维符号两种类型。三维符号需要三维空间才能存在，这种符号也被称为立体符号，二维符号也被称为平面符号。从三维到二维体现了发展序列的层次，我们下边分别讨论这两种记事系统。

（一）三维记事

三维记事根据其发展层次，可以分为实物表示、实物的三维模拟物表示。

1．实物表示

实物表示可以分为实物本身表示、实物特征部件表示、实物痕迹表示、实物引申表示等种类。

（1）实物本身表示

实物本身表示事物如过去店铺招幌中的实物幌子，即卖什么就直接用什么做幌子。如麻铺悬挂一束长麻丝；斗笠、草帽店悬挂笠帽；毡靴店悬挂一只毡靴。以商品实物为幌子，如果不讲诚信，就会出现"挂羊头卖狗肉"的误导符号。

实物本身表示事物也包含了以少数表多数，如一堆玉米，用一颗玉米表示。

（2）实物的特征部件表示

西南一些少数民族有猎兽留头之俗，一方面是夸耀自己的勇敢，一方面即具有计数作用。西双版纳的基诺人不仅猎获大的动物要留头骨，甚至猎获松鼠、竹鼠也要留下尾巴，以此记录自己一生狩猎的成绩。澜沧江岸的傣族还把大鱼的头也挂在室内墙上。云南西盟佤族盛行剽牛之俗，剽牛以后留下完整牛头骨，堆放在房屋前檐之下。剽牛众多者，牛头愈多，这些牛头起着记录剽牛次数并夸示财富的作用。

（3）实物痕迹表示

实物留下的痕迹也可以看成实物表意的进一步发展。原始人把自然界的各种不同的现象看做是"约定的符号"，例如森林中留下的足迹和折断的树枝看做有人走过或某种野兽经过的标记，篝火的灰烬看做此地曾有人停留过的标记。

过去对符号的认识也体现了人们对痕迹即代表事物本身的一种认识，如过去有人将"符号"定义为"一个形体在一表面留下的任何痕迹和可视的印记"。[①]

（4）实物引申表示

实物不表示实物本身的意义，而是取其形状、颜色、声音或数量的相关或相似来表达意义。主要可分借物之形表意、借物之义表意、借物之音表意、借物之数表意四种形式。

A．借物之形来表意

以相同形状的事物表示其他事物，如云南红河地区哈尼族典当土地，典出者收到银价若干两，则以同样重量的鹅卵石一块付给对方作为凭据，以后赎还时按石块重量付还典金。这种鹅卵石称为"可粒"，即从普通鹅卵石中选用，但要用火烧过，因烧过以后石色变黑，与银子颜色类似，用以

---

① 莫里斯：《符号学说的基础》，收在《统一科学的国际百科全书》第 1 卷第 2 册，1938，芝加哥大学出版社，芝加哥；意文译本，帕拉维亚出版社，1955，都灵。转引自〔意〕翁贝尔托·埃科著，王天清译：《符号学与语言哲学》，百花文艺出版社 2006 年版，第 5 页。

象征银子，易于记忆。①

B．借物之义来表意

以事物的性质相关或相似表达意义。西南少数民族通常以送实物来传达某一意思。如：送芭蕉给对方，则表示相互友好，像兄弟一样亲密；送黄腊、甘蔗，则表示团结友好一条心；送草烟、盐巴，则表示大家同甘共苦；送牛肋骨给对方，则表示联合；送辣子则表示气愤不满；送鸡毛则表示紧急和最后警告；送火炭则表示要把对方的寨子烧掉；送子弹则表示要向对方进攻（打仗）。

C．借物之音来表意

以读音相同或相近的事物来表达意义。如景颇族创造了一种以物体名称的谐音代替字音的"树叶信"，景颇语音译为"来戛仲胡"。"来戛"是信的意思，"仲胡"表示物件。如景颇族称蕨科叶子为"德滥"，而男女相爱思念，亦含"滥"音，于是蕨叶被引申为"想你，爱你"。如人们常见的蕨菜叶，景颇的载瓦语叫"德拉姆"，该词后一音节"拉姆"与"出走"一词同音，借用引申为"父母不同意也要远走高飞"。橄榄叶叫"甚雀"，这个词与"追随"同音，引申为"你走到哪里，我也要追随着你"。

D．借物之数表数

以实物的数量来表示其他事物的数量，从能指来看，有一个发展过程。最早可能采用的是自然物，如石头、植物果实（玉米、相思豆等）；后来也采用自然加工物，如篾片、鸡骨。自然加工物中，结绳应该算是比较发达的记事符号了。

采用自然物如石子计日、计数的。刘锡藩《岭表纪蛮》："其生儿女，取竹筒一具，封其口，每月圆一次，即知为一月，投一小石于中；阅岁，出小石，易之以较大之石，其人死，开筒数石，石大若干，石小若干，即知其人以若干岁若干月而死。"②

采用自然加工物，如云南怒江傈僳族在打官司时，当事人双方都备有竹片，每陈述一条理由，就摆出一条篾片，有规则地逐条摆放，若一路摆不下，便另起一路，有的摆三路、四路，摆成正方形，形成对峙的竹篾片阵，最后根据双方摆出篾片的多少，作出裁决。一般以竹片摆得最多者为据理最多，属胜方。③

---

① 汪宁生：《从原始记事到文字产生》，载《考古学报》1981 年第 1 期。

② 刘锡藩：《岭表纪蛮》，商务印书馆 1934 年版，第 259 页。

③ 胡学才：《福贡傈僳族的原始记事通讯方式》，《怒江文史资料选辑》（第十四辑），怒江洲政协文史委员会，1990 年。第 95－96 页。

结绳是记数事物中较为稳定的一类，古籍上曾经有记载。

《庄子·胠箧篇》："昔者，容成氏、大庭氏、伯皇氏、中央氏、栗陆氏、骊畜氏、轩辕氏、赫胥氏、尊卢氏、祝融氏、伏羲氏、神农氏，当是时也，民结绳而用之。"

《老子》八十章曰："小邦寡民。使有十百人之器而勿用。使民重死而远徙。有舟车无所乘之，有甲兵无所陈之。使民复结绳而用之。"主张倒退到一个小国寡民的昔日社会。

借物表数，从能指与所指的关系来看，有一个由具体到抽象的发展过程，可能最开始的时候是记什么东西的数量，就用什么东西来代替（这应该归到实物本身表示）。后来随着数概念的进一步发展，玉米的颗粒不仅可代表玉米，可能在不影响区别的情况下，也可以代表容易腐烂的土豆。这是抽象发展的第一步，后来甚至被用来指代抽象的讲理时的理由条数，这就是进一步抽象化了。

东巴文中有字符显示过去纳西族采用过结绳记事。

洛 134　dzï^2 绑（如打结）。引申 dzï^3 计数；古时通过结绳计数，所以它的符号是一根绳子上的结。

2．事物的三维模拟物

在原始思维看来，不论是雕像、塑像、用草扎的草人以及画像，都与被造型的个体一样是相联系甚至同一的。原型的投射物起的作用也就等于原型所起的作用。同样，对原型投射物所发生的行为也会直接作用于原型本身。如凉山彝族人对冤家诅咒时，要束缚茅草使成冤家形象，用鸡血鸡毛发咒送到冤家田园之间，这样，冤家路过必遇恶鬼死亡。[①]

还有将虚拟的物像实体化，也是一种模拟，如塑造阴间的鬼、天上的神的形像。

我们来看几种有代表性的与文字产生有关的三维模拟物，如雕塑、木刻等。

（1）雕塑

西南少数民族原始宗教中经常用到雕塑等三维模拟物。根据雕塑所用材料不同，可分为木雕、面塑、泥塑。

如在东巴教的三十多种仪式中，都要用青稞面或大麦面捏制神、鬼及动物的面偶。每个面偶都有固定形象，神态各异。在仪式活动中，神面偶置于上方神坛上，鬼面偶放于下方鬼寨中。同一类型的鬼面偶，其形态也各有差异，如蛇头、鸡头、牛头、马头、羊头等。

---

① 林耀华：《凉山夷家》，商务印书馆 1947 年版，第 99 页。

东巴文中有多个表示各种神鬼面偶的字符，这其实是对面偶模拟物的符号化。

麽 1787 [to^{33}ma^{33}] 鬼之面偶也。以面团捏成，画其置于碗中，上插纸旗之形。

麽 1788 [iΛ^{55}lo^{33}] 神之面偶也。画面偶之形，与鬼之面偶有区别。或读为 [sɛ^{33}do^{33}]，意思不变。

麽 1790 [hɑ^{33}çi^{33}to^{33}mɑ^{33}tɑ^{55}lɛ^{33}zæ^{31}kv^{55}bɛ^{33}] 把面偶做得会说会笑，此多巴云其面偶做得维妙维肖也，画一面偶张口言笑之形。
以上是面偶的总称，此外还有各种具体鬼神的面偶符号，如：

洛 228 Hä^1-yi^2-gkü^1-k'u's^3 dto^2-ma^2 用大麦面团做的面偶，大约 3—4 英寸或更高。

洛 243 、 K'aw^2-lv^3 dto^2-ma^2 用大麦面团和酥油做的面偶，面偶由一只蝙蝠（中上方）、一只猴子（左边）、一条狗（右边）组成。

洛 254 Khyu^4-lo^2 dto^2-ma^2 用来镇压敌人的面偶。在面偶的顶部要插上一块肉。

洛 255 、 Khyu^1-t'khyu^3 dto^2-ma^2 面偶。有许多这种面偶，用来镇压各种魔鬼和敌人。

洛 634 、 Yu^4-lo^1 dto^2-ma^2 一种面偶（dto^2-ma^2）。这种面偶是否用来做祭品或它代表什么还不清楚。以后纯用表音， ，读音也变为 Yu^4-lo^2。

洛 112 Garuḍa 的面偶。用在除秽仪式上。各种面偶都被放在一个大竹筛子上。

洛 113 供奉给 Hä^2-ddü^1 ð^2-p'ĕr 和东巴什罗的面偶。同样的面偶也供奉给 Ssä^1-ssä^3-k'o^2-gyu^1

洛 113 dto^2-ma^1 mbĕr^1 t'khyu^2 ssĩ^2 sso^2 龙和狮子的面偶，集中统一起来叫 mbĕr^1 t'khyu^2 ssĩ^2 sso^2。可以用它来镇压 Ddv^1 魔。

洛 113 Muàṇ^2-mi^3-bpo^2-lo^2 的面偶。此面偶的面像出现于祭什罗经书。
纳西族东巴还用树木雕刻成木偶，在宗教仪式中以代替死者或鬼神。在东巴文中亦有所反映。

麽 1783 [ŋv^{33}] 超度死人时之木偶也。纳西人以松木为之，上端留枝叶，砍断，于下端刻口目，将此二截合并束之，以作死者之木偶。或倒置写作 。

〖449〗 [sər^{33}çi^{33}] 木人，字象木偶，经书用之。

（2）木刻

从刻木的方式可以分成刻缺口和平面刻绘两类。刻缺口是在竹木的边缘刻上表示意义的缺口，有着三维的特征；而在竹木表面刻绘线条或图形，从实质上讲，与在枕头上绣花和在海滩上写字没有本质的差别，其内容可以归在二维的图画表意或符号表意中。但因为不管是刻缺口还是平面刻绘，二者往往有伴生的现象，说明二者有着紧密的联系。所以我们在此主要讨论刻缺口方式的木刻，有时也附带提到平面刻绘，平面刻绘重点放在二维记事中去讨论。

从材料上讲，可用于刻缺口的不仅仅有木头，还有骨头、竹子、藤条，为了照顾习惯，我们还是称刻木。如过去基诺人居住的基诺山竹类繁多，过去没有文字，基诺族普遍采取刻竹记事和记账的方法。竹片刻上大大小小的口痕，分别代表不同的数字，当事人将竹片从中剖开，各执一半，等结算时对方核对竹刻上的痕迹是否相符就行。每个村社都有专管竹刻的人员，有的村社的竹刻形式分为七种，每一种代表社员交给村社公用的一种产品，如米、鸡、蛋、茶叶、盐巴、银子等。每个家长的床头也有七种竹刻，上面记录了全家承担村社公益事业的账目。[①]

在竹木上钻孔也与此相同。彝族支系俐侎人没有文字。曾用竹片钻孔记事。比如，过去民间凡遇起房盖屋或犁田种地等，有相互帮工、换工情况，甲方为乙方做了 4 个工日，乙方便给甲方 4 个工日的"欠条"，此欠条即用竹片钻孔作记号，钻一个孔即代表一个工日，待甲方有事需要帮忙时，乙方便给甲方做工，做完 4 个工日，甲方便将"欠条"退给乙方，表示已"还工"。[②]

文献上曾经记载了古代刻木记事的事情，如：

郑玄注《系辞》："书之于木，刻其侧为契，各持其一，后以相考合。"

郑玄注《周礼·质人》："书契取予市物之券也。其券之象书两札，刻其侧。"

《列子》卷八："宋人有游于道，得人遗契者，归而藏之，密数其齿。告邻人曰：'吾富可待矣。'"

这些记载说明当时是"刻其侧"，并且形成"齿"。

史书对古代少数民族的刻木记事也有所记载。

《后汉书·乌桓传》："大人有所召呼，则刻木以为信，虽无文字，众不敢违。"

---

① 杨圣敏：《中国民族志·基诺族》，民族出版社 2003 年版，第 282 页。

② 李国文、施荣：《彝族俐侎人民俗》，云南大学出版社 2004 年版。

《魏书·帝纪序》："不为文字，刻木记契而已。"

《隋书·突厥传》："突厥无文字，刻木为契。"

《唐会要》卷九十七吐蕃条说吐蕃"无文字，刻木结绳为约。"

近代以来的文献则较多记载了西南少数民族的刻木记事，如：[①]

朱辅《溪蛮丛笑》："刻木以为符契，长短大小不同，穴其傍多至十数，各志其事，持之出验，名曰木契。"

诸匡鼎《瑶壮传》："刻木为齿，与人交易，谓之打木格。"

按木刻的功能，我们可以作如下划分：

A．记数木刻

以木刻记日、记数，即在骨片、木片或竹片上用刀刻上口子，以此来表示数目的多少。

景颇族男子远行有在刀柄上刻划横道计算日期的，每走一天刻一道。

佤族经常用木刻记录重要的时日，一般用半寸到一寸宽的竹片，竹片上刻缺口来表示时间，一个缺口代表一天，过一天砍去一个缺口，剩下最后一个，这天就是约定的重要日子。

独龙族以木刻记时间比较普遍。木刻一般用削平的木板，如果两人相约见面，就在木板两边刻上对等的格数，以表示路上走的天数，中间劈开，各执一半，每走一天削去一格，剩下最后一格，就是二人相见的日子。也有的在最后一格的板心中间刻个叉，表示相会或相会于某地。独龙族还用木刻为自己的某种行为记数，如有的独龙族老妇人，每吃一餐饭，就在木板上刻一个刀痕。一直到解放后近十年左右，当时的独龙族寨子互助组评工记分还仍然用木刻记工分。

在宁蒗奢垮村的摩梭人，该村共有 20 户，他们崇拜山神，每天都要祭祀山神，方法是在村西的山坡上砌一个香炉，由各家轮流去烧松毛。巫师达巴为此制作一个木刻，其上刻 20 个缺口，象征 20 户，由各户轮流保存木刻，木刻到谁家就由谁家祭山神，同时监督村民不得在封山期间进山砍伐林木。

汉代刘煕在《释名·释书契》中说："契，刻也，刻识其数也。"说明当时认为契刻的目的主要是用来记录数目。

B．简单凭证

刻木可以作为凭证，如文献上记载的符节、玺节、旌节等，正是一种凭证符号。

《周礼·地官·掌节》："门关用符节，货贿用玺节，道路用旌节。"

---

① 引自方国瑜主编：《云南史料丛刊》，云南大学出版社 1998－2001 年版。

《周礼·节官·司市》："凡通货贿,以玺节出入。""以节传出之。"

西南少数民族中也多采用此方法,特别是经常用于离婚场合。甚至在云南部分地区官话中有"砍木头"代指离婚的说法。

怒江一带的白族,丈夫要休妻,就用一根约25厘米长的木片,砍上三个小口交给妻子。三个小口的意思是:1,我对你十分讨厌,不想要你了;2,孩子归你;3,房屋、家产归你所有。妻子拿着木片回娘家,她父母就明白是怎么回事。于是,请两个有威望的人去调解,如调解无效,便宣布离婚,这块木片就是一张休妻证。①

李国文、施荣记载了俐侎人的离婚:离婚手续非常简单,届时,取粗如拇指、长约二三寸圆木一截,用刀刻一木刻,一破两半,夫妻双方各执一半,以为证据,即算离婚。木刻刻好后,要慎重请出当年为之说合的媒人,媒人到来,离婚双方便将所执木刻交与媒人,媒人将两半木刻并齐,验证木刻是否能相合,是否同出一木,如验证是真,则证明夫妻离婚是真。这是非常正规的离婚。②

江应樑记载了过去滇西傣族离婚也采用打木刻的方式:至于离婚手续,却有一种特别制度:大凡男子不要女子时,只须用新木一方,上面刻一缺口,交给其妻,便等于古人打上脚模手印的休书。其得到了这木刻,便可持以为证而改嫁他人。此种休妻木刻又分为两种:

a.木刻上刻一个缺口的,是表示妻虽然休弃不要,但原夫仍保留要求赔偿结婚时用去聘金之权。被休之妻若不嫁人,原夫便一切不问,倘要嫁人,则新夫须负偿还原夫原娶时用去聘金之义务。

b.木上并刻三个缺口的,是表示本夫已决绝地和妻断绝一切关系,不论被休之妻改嫁与否,本夫一切不过问,亦不追索聘金。③

除了离婚的凭证,还经常有借贷的木刻,此时人们往往将数目等重要信息刻在木片或木片上,再从中间剖开,双方各执一半,以两者吻合为凭。

C.木刻信

木刻除了有记数、凭证作用,还可以传递一些信息,作通信之用。过去文献上对西南少数民族用木刻传递信息有所记载,如:

宋周去非《岭外代答》卷十:"猺人无文字,其要约以木契合二板而刻之,人执其一,守之甚信。若其投牒于州县,亦用木契。余尝摄静江府灵川县,有瑶人私争,赴县投木契,乃一片之板。长尺余,左边刻一大痕及

① 乌谷:《民族古籍学》,云南民族出版社1994年版,第166页。

② 李国文、施荣:《彝族俐侎人民俗》,云南大学出版社2004年版,第76页。

③ 江应樑:《滇西摆夷之现实生活》,德宏民族出版社2005年版。

数十小痕于其上，又刻一大痕于其上，而于右边刻一大痕，牵一线道合于右大痕，又于正面刻为箭形，及以为烧为痕，而钻板为十余小窍，各穿以短稻穰而对结绉焉。殊不晓所谓。译者曰："左下一大痕及数十小痕，指所论仇人，将带徒党数十人以攻我也；左上一大痕，词主也；右一大痕，县官也；牵一线道者，词主遂投县官也；刻以箭为形，言仇人以箭射我也；火烧为痕，乞官司火急施行也；板十余窍而穿草结绉，欲仇人以牛十余头备偿我也，结绉以喻牛角云。'"

元《招捕总录》：全州西延溪瑶"皆持木状赴府中降"。

独龙族盛行以木刻传达信息，木刻大多用于传达统治者的命令。长度约两市尺。木块的两边斜平，顶端呈斜尖型，尾端有一手把。往昔，使用最多的是用来传达土司纳税派款的木刻，该木刻左边的顶端刻上一个大格，表示了一个大管事，其旁边所刻小格的数目则表示管事所带随从的人数，木刻右边所刻较小空格的数目，则表示管事等人一行所携带物品的背数，要准备好相应的人丁搬运送行。若木刻正中另刻有横条，则表示要派人砍伐路边杂木，修理通道，以便通行，并准备好来人的伙食。若另刻两个叉叉，则表示相约到某处来迎接，并前往你处歇宿，做好接待的准备。若木刻上拴有箭头，表示来者将像射出去的箭一样快地赶来。若木刻上拴有鸡毛和火炭，表示此事急如星火。若木刻上拴有辣子，表示如不遵令，将会让你们尝尝厉害。

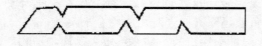

（《独龙族文化史》P182）

这是用作通知或信函的木刻。如果两个寨子发生纠纷，要通知对方来和解，就用这种木刻。木刻上方两个缺口表示纠纷的两个寨子，下方缺口代表时日，表示几天内和解。木刻一端削一斜角，表示事情十分紧急，不得拖延时间。

佤族亦常用木刻作为信件，如果两个寨子发生纠纷，一方要通知对方来和解，就送个木刻，木刻上方刻两个缺口代表当事双方，下方刻缺口表示天数。拉祜族如有事要通知亲朋好友，就在竹片上刻一道口，表示有事情，刻上小口是有小事，刻上大口就是有大事，如果再插上三根鸡毛，则表示事情紧急，要对方看到竹片后，像鸟飞一样迅速赶来。

（3）其他

我们试分析丧葬中由人殉到烧纸扎的变迁，从中可以看出从实物到三维模拟物的变化。

灵魂不死观念和来世观念使原始人相信，死者的灵魂不仅与生存者存在关系，而且灵魂本身也过着与生前同样方式的生活。于是生前用过的东西死后也要带走，生前侍奉的仆人也要带到那一边去，于是便有了随葬品和人殉的产生。

历史上有用活人活兽殉葬的现象，用大量的奴隶和牛马殉葬未免耗费生产力，损失太大，于是便提出了一些替代的办法，如采用俑殉，在安阳殷墟的墓葬中，曾发现过用灰青泥质制做的带着桎梏的男女俑。

东巴文中有一个字符还有殉葬的反映。

洛 614 $\vec{\mathcal{E}}$ wu^1-na^1-nnü^2-ddü^1 地位低下的奴隶（有一颗黑心，见身体上表示心脏的符号，其上有一个黑点）。这种人在禳垛鬼（Dto^3 na^1 k'ö^3）仪式上被当做活人祭品，但他不会被真正杀死，而用一头被追赶致死的替罪羊来代替。

随葬器物至少在旧石器时代中晚期已经遗存，到新石器时代之后，随葬品更加普遍。早期的随葬品就是生前用过的实物。可以说是实物随葬品。到了后来实用之物逐渐演变成了"明器"，也称"冥器"，是专门为随葬而制作的器物。正如荀子所说："木器不成斫，陶器不成形，薄器不成内，笙竽具而不和，琵琶张而不均，舆藏而马反，告不用也。"意思是说，随葬的木器是不加雕斫的粗糙之物；陶器是不可用的；薄器是竹苇之物，不成内，只有外形，不可用；乐器是无法调和的，这些都说明，明器已经不是实用之器，而仅仅是仿实用器物制作，或是形为实用器物而实际不可用的东西了。

到了后来，明器的实用性已减弱到最小的程度，大量陶制模型式的送死明器成为时尚，其中有陶制的车马、陶船、家禽和生活环境中的日常器物，成套的生活居住模型也开始盛行。后来又出一了瓷制明器，宋代以后，木明器和纸明器开始盛行，并一直传承到近代。到了后来，就完全是纸制的花架子，一烧了事。不仅纸房子、还有纸马纸人。

（二）二维记事

二维记事是指运用平面的二维符号记事，包括平面的刻划符号和图画。

1. 平面刻划

平面刻划是指在平面载体上刻划线、点、圈等非图画符号。按平面刻划符号的表达功能，可以分为标志、记数、记事等，下边分别讨论。

A. 标志

标志可以分为所有关系标志、方位标志等。

a. 所有关系标志

傣族有的地区采用号占的方式。村民砍伐烧柴，即在打算砍伐的一片柴林处，将一棵树的皮砍去，表示占有。[①]

黎族在财产占有方面也有类似的"插星"方式。在村外看见好的山地、树木、果树、茅草、蜂窝、鱼塘等，一时不能利用而需要占有保存下来的，便以插棍结草或用钩刀在树上刻划上鸡爪形的"✕"符号，表示这些已有物主了，别人不能占有使用，谁要是偷走或占用别人标明"插星"或刻有"✕"记号的东西，将受到处罚。

普米族建造木楞房需要大量原木，木料砍伐后就地剥去树皮，并架于山石之上，待其晾干。为了防止木料遗失或拿错，就要在木料上刻上一些符号，表示属他所有。这类符号比较简单，由各户任意砍刻。所有这些表示占有的符号，均不属某户专用，其他人家也可以使用，目的只要能将自己的木料与他人的木料区别开就行。[②]

b. 方位标志

普米族人建造房子往往是先到山上砍好木头并进行试搭，然后等干后再搬回家去。为了在正式搭建时能按照原来的试搭时使用木料，必须记清楚木头的所在方位及顺序。它们就在每根木料上砍划各自的方位。

普米族流传一种介于刻木与文字之间的刻划符号，这种符号是适应普米族人建筑以圆木搭墙的"木垒子"屋子的需要而产生的。由于普米族的木垒子房是呈正方形的又讲究正房的门必须向阳，因而建盖木垒子时，必须标明每个方向的木料，从而产生了一些表示方位的符号。如"〇，表示东方，太阳升起的地方；"⊃"表示太阳向西行进途中，位于南方；"∧"表示山峰，该山峰位于村子的西边，故代表西方；"✕"表示北方。这四个表示方位的符号，前三个有一定的象形性，但符号与它所代表的对象是间接的、抽象的。"东"以太阳之形表示，是因为"东"在太阳升起的地方；"南"是西行的太阳之形，位于南方，所以表示南；"西"是山峰之形，由于山峰在村子西边，故可以代表西。

B. 计数

如普米人的计数符号。基诺族的记账木刻采用十进位法。最小单位刻在木刻的右端，十倍和百倍于最小单位数依次向左。当右端最小单位数达到十个的时候，就用刀削去，在它的左方适当位置刻上表示十的刻痕；十位数达到十个时，也依此而行。这种定位和进位的方法与汉族的珠算有很

---

① 《西双版纳傣族社会综合调查》（二），云南民族出版社 1984 年版，第 126 页。《西双版纳傣族社会综合调查》（一），云南民族出版社 1983 年版，第 123 页。

② 严汝娴、王树五：《普米族简史》，云南人民出版社 1988 年版，第 122—123 页。

多相似之处。几乎所有木刻，都以刻道 |、‖、Ⅲ、ㄝㄧㄧ|、|||||、T、ㄇ、ㄇㄇ、ㄇㄇㄇ 分别表示 1—9 的记数，在基诺族有的村寨，还出现了代表千的特殊符号 | × |，不再单纯用刻痕的宽窄、竖斜和粗细表示不同位数的数字符号了。这可以说是文字产生的重要例证。[①]

东巴文中的计数符号有刻道的痕迹。

一 ⁊、二 ″三、‴、四 ″″、五 ‴″、六 ‴‴、七 ‴‴、八 ‴‴‴、九 ‴‴‴、十 ×。

C. 刻木记事

西南少数民族都不同程度地存在着刻木记事的方法。如新中国成立初期，中央慰问团到云南傈僳族山寨看望傈僳族同胞。傈僳族同胞回赠慰问团一枚木刻，木刻长 6.6 厘米，左端削尖，右端整齐。木刻左边刻了三道痕，表示来了三个人；中间刻了一个圆形和一个叉，圆形是月亮，叉表示相会；右边依次刻了长短不同的三道痕，代表三份礼物。整个木刻的意思是，中央慰问团来了三个代表，在月亮圆的时候，已经和我们相会，三包礼物分别送给大中小三位领导。这片木刻记录了事情发生的时间、人物、事件、结果，俨然是一篇简要的记叙文。

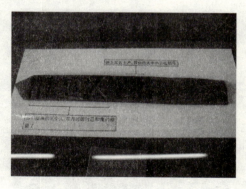

（2005 年摄于云南省民族博物馆）

东巴文中有刻木记事的遗留。

洛 549 ⌇ szï² 一代人。此符号也可读做 szï²-shěr¹。指长寿。

洛克认为头顶上的 ⌇ 符号是 szï² 表示一根木棍，每过一年就在其上刻一道痕。这实际上是一种记录一个人年纪的方法。是刻木记事的遗留。

2. 图画

图画也是对现实事物的模拟。普列汉诺夫在《论艺术》中提到这样一

① 肖鹏：《基诺人的"刻木记事"》，载《民间文化》1999 年第 3 期。

个例子："封·登·斯坦恩说,有一次他在巴西一条河的沙岸上看到了土人所画的一幅表现本地一种鱼的图画。他于是命令伴随他的印第安人撒下网去,他们便捞出了几条同沙岸上所画的鱼一样的鱼。"①说明此时的绘画是起着传达信息的作用的。

如岩画的创作,在当时至少有两方面的功能:一为宗教意义的岩画,与原始宗教有关系;二为记录性的岩画,它描绘人们的日常生活,记录所见所闻,含有记事之意。但其实二者并不是截然分开的,因为从功能上讲,同神的交流与同人的交流,在原始先民,大概并不会认为有什么本质的区别。

除了模拟实物以外,有些图画是对三维模拟物的平面模拟。

如鄂伦春族人死后,他们在家里刻制祖先的神偶,起初是以木雕刻的神偶。后来出现了布绘的神偶。如祖先神,是在布上画一个太阳,一个月亮,下边画一排人像,有头、上肢和下肢,这是最简单的祖先神。比较复杂的祖先神,是在布上画一男一女,前置供桌,桌上供酒和烧香,在其两侧各站一人,左为女,右为男,供桌前有两条龙。②绘的神偶其实是对木偶的模拟。

二、原始记事的局限性

1. 信息含量小

原始记事的自我描述功能不足。如绳结依赖于结绳者的记忆和口述,

---

① 普列汉诺夫:《没有地址的信》,载《普列汉诺夫美学论文集》(I),人民出版社1983年版,第438页。

② 宋兆麟:《最后的捕猎者》,山东画报出版社2001年版,第294页。

绳结所包含的信息仅仅是结绳者要表达的极少量信息，大量的信息储存在结绳者的头脑中。与文字不同，文字包含的信息可以做到比较完整，书面信息的交换不需要发送者和接受者同时存在。

陶云逵先生曾说到傈僳族的木刻。①

> 栗粟木刻分两种。一种是行政命令时用。用薄木片一个，长60公分，宽8公分，厚1公分，但亦有较大或较小者，其一端削尖如箭头，另一端削成柄，在汉官所发给栗粟的木刻，其两面写设治局名称并发刊之年月日及所令之事。此外在其两边刻以锯齿，在木刻近上端之锯齿表示长官，靠近把柄的锯齿表示百姓应办之事。如我们这次在怒江调查由贡山设治局长张焰鹏君刊传怒江一带，其木刻之上端，刻了两个锯齿是表示赵至诚君及作者2人，其下端刻5个锯齿是表示每村出5个人护送（当时共为4村）。但锯齿所代表的意思及事务很广，譬如上述的木刻下齿所代表的事务，与传送人讲明，以免弄错，虽然在汉官发的木刻上注写传刊事由，但土人不识汉字的。设如地方有事，由百姓报告长官也用木刻。因为不识汉字，自然不注刊由，只刻锯齿，并在上端扎鸡毛一撮及木炭一块，是表示紧急的意思。例如报告某地方发现土匪，有两个匪首，带了20个人，则在木刻之上端，刻两个锯齿，在下端之另一边刻20个锯齿。木刻在云南土族中，特别无文字的藏缅语系支族中，非常普遍。

在这种木刻中，除了刻齿，一定要"与传送人讲明，以免弄错"。说明原始记事的信息含量小。并且这是其根本的局限，后边的一些局限性都是由此派生出来的。

2. 信息歧义理解度大

原始记事的信息，有可能在不同的时间，不同的人理解得不一样。正如裘锡圭先生所言："同样是四道线或四个点，可能在某一场合代表四天时间，在某一场合代表四个人，在某一场合代表四头鹿，在另一些场合还可以代表四个别的什么东西。"②说明信息的歧义理解度大。

原始记事的自我说明性不强，要靠周边环境和当事人的诚信约束才能达到正常记事目的。如黎族的刻木为契，是以当时互相诚信为前提的。文献上有所记载：

《虞衡志》："与省地商人博易，甚有信，而不受欺绐。商人有信，则

---

① 陶云逵：《碧罗雪山之栗粟族》，载《民国时期社会调查丛编》（少数民族卷），福建教育出版社 2005 年版，第 327—328 页。
② 裘锡圭：《文字学概要》，商务印书馆 1988 年版，第 2 页。

相与如至亲。借贷所有不吝，岁望其一来，不来，则数数念之。"

《萧志》："生黎不欺，亦不受人欺。与人信，则如至亲，借贷不吝。"

《崖县现况》："苗黎极重信用，与人交易，直截了当。凡欠人钱，言定何时归还，至时卖妻鬻子，亦不足惜。"

随着生产力发展，私有观念的产生和膨胀，导致原始记事所依赖的诚信基石被破坏。对不断出现背信失约者加以处分即说明了诚信观念的松动。

《虞衡志》："或负约不至，自一钱以上，虽数十年后，其同郡人来，擒之以为质，枷其项，关以横木，俟其负者来偿，乃释。负者或远或死，无辜被系累数岁且死乃已。复俟其同郡人来，变如系之。被系家人，往负债之家痛诉责偿，或乡党率金欠为偿，始解。凡负一缗，次年倍责两缗，倍至十年乃岁。本负一缗，十年为千缗，以故人不敢负其一钱。"

《萧志》："或负约，见其人即擒之，以为质，械枷以横木，偿始释。凡负钱一，岁加一倍，十倍乃止。"

《崖县现况》："苗黎重义节，如受人之骗，则群起助被骗之人。"

甚至有的人还故意利用信息歧义进行欺骗。如迪庆藏族自治州维西县傈僳族农民汪忍波（1900—1965 年）因父母久病，请巫师祭鬼，后来父亲去世，又典当借钱，刻木为凭，但债主狡辩，将还他的钱充作利息，汪吃尽了没有文字的苦，下决心创造一套文字。他在自传中这样写到："傈僳族以前没有文字，山界地界用刻木来记录，银钱等物一两刻一道，十两百两也刻一道，时间一长，一两可以说成百两，为此傈僳族吃了不少苦头。人家有文字的人将情况记在书上，即使一人狡辩其他十人可以作证。傈僳说的话像空气无人记录，太不甘心了。正月初一埋我父亲时，向腊宝佐（人名）借了三块银元，过后用一头猪、一坛酒折价三块银元还了账。后来腊宝佐又来讨债，我拿着刻有三道的木片、带有三个结的绳子给腊宝佐看，他说我还了为什么没立下字据，这木板绳子怎么能说明问题，让我有口难辩。有好多人向我来讨新债旧债，我不相信会欠这么多的债，可他们都说自己手里有字据，不还不行呀，穷得连个核桃都吃不上，过年也没有油。"[①]

3. 约定俗成的面窄

原始记事约定俗成的面窄，有着很强的灵活性，如即使是生动的图画记录，仍只有参与其事的人和记得其事的人，或者是听到解释过每个图形的人，才能充分了解其意义。

即使是使用范围稍宽的记事方法仍具有明显的地域性，在此地约定俗

---

① 哇忍波：《祭天古歌·哇忍波自传》，云南民族出版社 1999 年版，第 874—875 页。

成的方式在彼地就不一定通用。

4．记事实物并非专用，易与同类实物相混和毁损

记事实物材料不规范，随意性很大；有的仅作简单加工，有的甚至不作加工。参与记事的实物与不参与记事的实物不加区别，容易混淆。借用记事的实物并不专用，同样也具有原物的功能，容易毁损。

如在澜沧县糯福乡曾发生过这样一件事情，合作社时，出工劳动要记分。有一位妇女因不懂文字，就用玉米粒来记工分。到年底统计工分时，她把装满玉米籽的竹筒端出来，一颗一颗的数，这时，正巧来了一只母鸡，把玉米籽啄吃了，她就算不清工分了。[①]

三、原始记事的发展及其为文字产生的准备

（一）原始记事的发展

原始记事的发展经历了这样几个发展阶段，图示如下：

```
          ┌ 实物记事
          │   实物本身
          │   实物部分，往往是取特征部位
          │   实物痕迹
第一阶段  ┤ 实物引申表义
          │ 以物之形表义
          │   以物之义表义
          │   物之音表义
          └   以物之数表义

第二阶段　实物模型记事
第三阶段　图画或符号记事
```

第一阶段：实物记事

实物记事中还可以细分成两个层次：一是实物表示实物，二是实物引申表义。

实物表示实物按照能指的不同，可以分为实物本身表示实物、实物部

---

① 和丽峰主编：《云南少数民族文字概要》，云南民族出版社 1999 年版，第 262 页。

分表示实物、实物痕迹表示实物。

在使用和创造符号之前，人们直接面对的是物体本身。如有人死亡时哀悼的时候面对的是尸体，跳舞时面对是真实的人群，仇杀时面对的是真实的敌人。

原始人配带的护身符最开始可能就是物体本身或物体的一部分。如南美洲查科地区的土著穆高维族男人以鹿蹄为护身符，他们将鹿蹄绑在足踝及手腕上，希望借助其魔力使自己能获得像鹿一样的敏捷能力。

实物所遗留下的痕迹，也是实物的一种延伸。

实物引申表义，根据能指和所指的关系，可以分为以物之形表义、以物之义表义、以物之音表义、以物这数表义。例如前述，不再赘举。

第二阶段：实物模型记事

实物制作有困难或不方便时，可以使用实物的模型，如由人殉发展到俑殉，人埋葬之后制作祖先神偶进行祭祀。

热尔曼·巴赞《艺术史》："原始人在制作的时候，深信是在真正地创造。在他们看来，形象不止是模仿。形象具有实物的同样活生生的技能，那是实物的雏形、化身。""早期形象的栩栩如生的自然主义，可以追溯到要与世界相等同的愿望，正是这种愿望将人和其他有生命形式区别开来。"[①]

第三阶段：图画或符号记事

实物模型不能适应记事的需要时，就采用更简洁的二维图画或符号记事。如前边所举例中鄂伦春族人祭祀祖先时，将刻制的祖先木头神偶，换做布绘的神像。在木板上不愿再刻缺口，只需要画几道道子。

我们这里重点谈一谈与文字起源关系更密切的图画的发展。

图画记事根据其发展序列可以分为独式图画、单幅的图画表意，连环画式的图画表意。

A．独式图画

独式图画指的是只有一个表意的图形，如刻在水塘边的鱼形。岩画中的独体岩画。

这种图画的图形符号往往是孤立的、互不联系的，而且通常是静止地描绘一个实物的图像。如：

纳西族的卷轴画：每幅主要绘一尊大神或战神，表现的是某个神祇及其所居的神界。东巴举行仪式时挂在临时设置的神堂上。东巴文中有些字符其实正是这些卷轴画的形象，如：

---

① ［法］热尔曼·巴赞：《艺术史——史前至现代》，上海人民美术出版社 1989 年版，第 10 页。

麼 2118  ［he³¹mi⁵⁵ndv³³dzɯ³¹］生翅膀之女神。

麼 2100 　 ［zɛ³¹］神名。近似龙王，亦司人间子女之事，以生角别于鬼，男性。

麼 2079 　 ［iʌ³³mɑ³¹］神名（优麻）。护法神也。画一狮头生翅之神象。

比较　　　　　　　优麻的木版画形象，此图片引自徐霁编著《丽江木版雕刻艺术》P25。

纳西族东巴教还有纸牌画，指画在多层厚纸黏合而成的硬纸牌的绘画。往往绘五方（东、南、西、北、中）等各战神，神鹏"休曲"斗恶"署"，金色巨型蛙、孔雀，各优麻神等和五幅冠，占卜打卦用的各类画等。

B. 单幅图画

单幅图画指形象超过一个，但又并不连续的图画。如纳西族东巴教的木牌画，这是东巴教很古老的一种绘画艺术形式。它用松木制作，长二十六厘米至四十厘米，宽四厘米至五厘米，用一种特制的刨子刨平后绘画。木牌画分尖头和平头两种。尖头形木牌一般绘神灵和被认为是善的大自然精灵"署"龙及其他精灵，辅之以日月星辰、风云山水、花草树木等，有的还以象形文字表明其内容；平头形木牌画各种鬼怪。木牌画用于东巴教的各种仪式，不同仪式都有相应配套的木牌画。木牌画多用矿物质或植物制作的红黄蓝等颜料涂色，平顶木牌则不着色，用东巴传统的自制竹笔绘成。

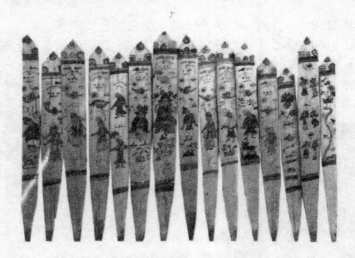

（杨福泉《走进图画象形文的灵境》P192）

　　上图是为殉情者举行祭风仪式上所用的木牌画，分别绘着爱神、五方殉情鬼首领、许多自缢殉情者以及殉情时所要佩戴的各种装饰品，每块木牌画顶部都绘着日月星辰、风和月。

　　C. 连环画式的图画

　　连续叙事的需要出现了连环画式的图画。如布依族的灵堂画，俗称"古案"。布依族在丧葬活动中使用的宗教画。主要流行于黔南的罗甸、惠水、长顺、平塘及黔西南的贞丰等地。用九幅画布组成，宽约一丈二尺，高约一尺。画面共分九层（组），内容各不相同，各地情况也略有差异。从下往上各层的内容一般依次为"苦海渡灵"、"莽原驱兽"、"战骑开路"、"比武放行"、"砍戛祭灵"、"送灵上路"、"千骑护灵"、"天桥斩鬼"和"登九重天"，描述亡灵一路进入仙界的情景。整个画面的内容非常丰富，一般共有人物一百五十多人、动物九十多只、器具一百八十多件。构思奇特，形象逼真。①

　　东巴教中也有连续性的东巴画，常以东巴教中的诸鬼神为绘画对象。最有名的布卷画当数《神路图》，"神路图"是纳西语"恒日皮（近音，下同）"的意译，其中"恒"意为"神"、"日"意为"路"、"皮"意为"评断"或"裁决"。"恒日皮"之意为"死者评断、指点通往神地之路"。神路图是由百余幅片断组成的长卷东巴神轴画，画面连续，构图场面相当宏大。整个画卷分为地狱、人间、天堂三个部分，画中有 370 余个栩栩如生的人物、

────────────

　　① 杨学政：《中国原始宗教百科全书》，四川辞书出版社 2002 年版。

神灵、鬼怪以及 70 余种奇禽异兽。东巴经师在举行开丧超度仪式时，以神路图为中轴线，左为鬼域，右为神区，通过颂经等具体仪式把死者的灵魂从地狱中拯救出来，并按照图中所指引的道路，送达神地，再返回祖先居住的地方，最后"转生"于人世。

（《神路图》片断，杨福泉《走进图画象形文的灵境》P201）

东巴将传统的木牌画进行记录整理，逐步产生了木牌画画稿或画谱。这些画谱也具有连续性图画的性质。这些图画经书也能按图读音解意。

如《东巴祭风木牌画谱》，它是纳西族东巴为人家举行祭风仪式而制作鬼神木牌画插地祭祀时所用的摹本，亦供青少年东巴平时学习木牌画之画谱。全书连封面、封底 44 页，共绘有 130 个不同形象的鬼神、人物及各种鸟兽坐骑。和志武收集到的这本画谱是丽江纳西族自治县黄山乡文笔村大东巴商尼才于清末民初所作。书长 29 厘米，宽 10 厘米，所用纸张为本地东巴特制的土厚棉纸，从左装订成册，略大于一般东巴经书。[①]

《东巴祭风木牌画谱》与其他文字经书相比，有封面封底、形制相同。封面上同样绘了八宝神座，并用东巴文与哥巴文混合写出"东巴祭风木牌画谱"。我们想这其实就是一整个祭风仪式经书的浓缩版。

《纳西东巴古籍译注全集》中收有《小祭风·木牌画稿·祭祀规程》（第 21 卷）、《祭风·木牌画稿·仪式规程》（第 21 卷）、《祭云鬼风鬼毒鬼仄鬼·木

---

① 和志武：《祭风仪式及木牌画谱》，云南人民出版社 1992 年版，第 1 页。

牌画稿·祭祀规程》（第 21 卷）、《关死门仪式·规程及画稿》（第 53 卷）、
《超度女能者·给女能者招魂·九座督支黑坡上的木牌画规程》（第 64 卷）、
《大祭风·木牌画画稿》（第 91 卷）等几种画稿画谱。

　　兰伟《东巴画与东巴文的关系》认为："为了便于使用和传授，东巴逐
步将传统的'课标'画进行记录整理，从而逐步产生了'课标'画画稿。
这些画稿在东巴长期使用和传抄过程中，所画内容及形象逐步向规范化、
线条化发展，形成一幅幅记事图画，这就是东巴文的前躯。"①

　　和志武先生也同意这个看法，认为东巴木牌画是东巴象形文字的前身。
"或者反过来换句话说，东巴象形文源于东巴木牌画。"②

　　我们认为，至少从现存的画谱看起来，有相当多的图象与东巴文字符
有联系，其中甚至还有东巴文与图像混合的现象，即有些木牌画还以非象
形的文字符号代替所要画的具体形象，如《东巴祭风木牌画谱》图九：

　　此处表示骑蛇骑蛙之飞鬼，左为骑蛇之飞鬼，中为骑蛙之飞鬼。但右
边则是用文字代替图画，表示飞鬼骑云骑风，飞鬼骑木骑石。

　　图二十二：

---

　　① 兰伟：《东巴画与东巴文的关系》，载《东巴文化论集》，云南人民出版社 1985
年版，第 426 页。"课标"是东巴木牌画的纳西语音译。
　　② 和志武：《祭风仪式及木牌画谱》，云南人民出版社 1992 年版，第 75 页。

此处表示猛鬼（饿鬼），第一个形象为林中搓铺鬼，中间形象为巨石旁之女饿鬼。值得注意的是女鬼手上有一小饿鬼，这个小饿鬼是用文字表示的。以下为五方五行五色之饿鬼。皆用文字表示图画，分别为东方白脸木饿鬼，南方绿脸火饿鬼，西方黑脸铁饿鬼、北方黄脸水饿鬼、中央花脸土饿鬼。

（二）原始记事为文字产生的准备

1. 符号的准备

原始记事为文字产生所做的准备可以分为符号形式的准备和符号规则的准备。

（1）符号形式的准备

不管是记事图画还是记事符号，经过信息传递的多次重复，使得某一符形与某意义产生固定的联系，形义关系具有了约定的性质。

如众多刻木上均采用"╳"作为相会的标记。

前述独龙族木刻，如果两人相约见面，就在木板两边刻上对等的格数，表示路上走的天数，也有的在最后一格的板心中间刻个叉，表示相会或相会于某地。

前述中央慰问团收到的傈僳族木刻，中间刻了一个圆形和一个叉，圆形是月亮，叉表示相会。

我们看东巴文中，亦有表示交会义的"╳"形符号。

　　麼 419 [æ^{31}] 打架。象二人以兵器相交之形，故为打架。此字有时只写作╳，略去双方之人形。

　　麼 550 [k'a^{33}k'a^{33}ʂə^{55}ʂə^{33}i^{33}æ^{31}] 发生口角并械斗。由 [k'a^{33}k'a^{33}] 吵架、骂和打架组成。

　　麼 432 做生意也。画二人口中交谈，手中有所比拟之形。

　　〖700〗 交谈、商量。

（2）原始记事蕴涵了同文字相似的表达规则

原始记事，同样是反映客观世界中的事物与行为，它也是一种符号系统，符号的所指和能指之间也存在着一种关系。汪宁生研究物件记事后认为物件记事已经具备了音、形、义三个文字的要素，而且物件记事未必比其他两种记事方式——图画记事和符号记事更为原始。他说："物件记事中已孕育着造字的基本原则。"[1]

王元鹿先生经过仔细比较，认为物件记事与文字之间，至少有两点是相同的。一是在记事物件与被记事物之间，可以找出某些联系。说明原始记事系统中存在着规则，并且这种规则与文字的规则并无二致。如以篝火的灰烬记录人踪，这是一种较为必然的联系。以箭头的方向指出路的去向，是一种稍为复杂的联系。南诏给唐送棉花表示"柔服"，送丹砂以表示"丹心"、送当归以表示"归附"等，已经包含有与语言有关的联系了。

裘锡圭先生认为："从画四头鹿或划四道线来表示四头鹿的意思，进步到用'三 鹿'这两个符号来记录'四鹿'这两个词，是经历了很长的时间的。"[2]裘先生说的是文字中字符的组合表意。在原始记事中，也有组合起来能够表达比较复杂意思的方式，如结绳中用不同颜色的绳来表示不同的事物，再加上表示数量的结，就能准确表达多少事物。如印加帝国的结绳中，红表"兵"，黄表"金"，白表"银"，绿表"谷"。再如刻木记事，在木刻上夹动物的毛，然后刻上张痕，意为这种动物几支。刻划表示数量，动物的毛表示动物种类，合起来就是记录多少动物。

又如假借，裘锡圭："要克服表意字和记号字的局限性所造成的困难，只有一条出路：采用表音的方法。这就是借用某个字或者某种事物的图形作为表音符号，来记录跟这个字或这种事物的名称同音或音近的词。"[3]他又说："从民族学资料来看，有不少还没有文字的民族，在利用实物表意的方法中也已经用上了谐音原则。"除了他所举的西非人用海贝的数量来谐音表意和景颇族的树叶信以外，原始记事中还有很多。

2．书写材料的准备

书写材料的准备主要是载体和书写工具的准备。

（1）符号载体

原始记事，除了三维的实物以外，二维的记事方式往往需要载体，如图画记事的画板，刻木的木片。这些载体后来也成了文字的载体。

---

① 汪宁生：《从原始记事到文字产生》，载《考古学报》1981 年第 1 期。
② 裘锡圭：《文字学概要》，商务印书馆 1988 年版，第 2 页。
③ 裘锡圭：《文字学概要》，商务印书馆 1988 年版，第 4 页。

最早的藏文文献资料，有刻在木简上、羊肩肋骨上，有写在皮张上，有刻在石崖、石碑上，有铸在钟鼎上，有写在贝叶上。一般是用黑墨或红墨抄写，也有用金粉抄写的。直到由内地传入造纸技术后，才开始写在纸上。

彝文古籍经历了甲骨、竹简、帛书、纸书的发展历程。

骨简：武自立先生从云南弥勒东山彝区收集到一件实物。

木质牍：彝文文献《水西大渡河建桥记》碑文载："慕块卧乍山，其下有宽广的庭院，木刻竹简，多如柴堆，载纳家的租赋。记租赋的来路。"汉文史料和有关地方志也有彝文木牍的记述："木刻……有所贸易，亦用于木刻书定于上，要誓于神，故不叛……唐徐度使南诏，以木夹遣还，上有夷字，其遗制也。"除史料记述外，现实生活中也常见有木牍彝文，如明、清时期的彝文雕版，现当代彝族祭祀时配合祭仪写在木板上的彝文。

竹简：据彝文文献记载："慕俄格一家，大握其权柄，木刻与竹简，积累如柴堆，阿额在中部，也杀牛聚宴。"[①]

皮书与帛书：彝族曾是狩猎或畜牧民族，在狩猎或畜牧时找一张皮子要比找一张纸容易得多，故用皮子来书写彝文文献是完全可能的。在彝族民间也有彝文皮书的传说，说明彝文皮书不仅可能而且存在过，至今毕摩的某几种消灾经必须写在皮子上才有神力。

石文：石文是指刻、写于碑碣上的彝文。石文在彝文的保存与发展方面曾起过重大的作用。

古壮字文献主要有石碑、木片、纱纸等载体。作为永久性的墓碑、张约碑等，均用青石板加工成扁平的长方形板块，然后让石匠在上面依书写笔划镌刻。也有的是刻于光滑山崖或岩洞壁上的摩崖石刻。刻写于木片、竹片上的主要是临时性的乡规乡约、结合团（民间村寨之间全民武装互助团体）公约、担歌。

据笔者 2007 年 1 月到水族地区考察，在贵州省三都县民宗局收藏有竹简水书，就是写在竹简上的水书。询问水书先生，说据老辈人讲过去都是写在竹简或木片上，但他们小时就没有见到。

据美国学者孟彻理先生对东巴文的调查。当地有东巴认为：象形文之所以叫"木石上的雕刻"，是因为在古代，纳西人在松木制作的薄板上雕刻上象形文字。[②]

---

① 毕节彝文翻译组编译：《西南彝志选》，贵州人民出版社 1982 年版。
② ［美］孟彻理著，杨福泉译：《纳西宗教综论》，载《国际东巴文化研究集粹》，云南人民出版社 1993 年版，第 95 页。

综上所述，说明过去文字的载体种类多样，与原始记事有共同之处。

（2）书写工具

纳西族画东巴画和写东巴字用的都是自制竹笔，颜料也相同。东巴兴之所致时，经常用颜料填满东巴经中字符的空白处。水书原用竹木枝条烧成炭条书写。说明他们以前绘画和写字均用相同的书写工具。

四、从原始记事发展到文字

文字由原始记事，特别是二维的原始记事发展而来。这个过程是一个缓慢得让当事人察觉不到的过程。原始记事符号的可重用性和可分析性，是演进为文字符号的必要条件。大量的原始记事符号被反复使用，并且固定地表达约定俗成的音义，那么它离文字符号也就不远了。在此过程中，符号的边界也越来越清晰，即可分析性也在不断增加。

当然随着可重用符号的增加，他们之间的搭配和组合也就自然而然地摆在了使用者的面前。组合规则的逐渐形成也就是书写规则的形成。

依据我们的分析，在此过程中，有几个比较关键的步骤。

一是符号达到一定的重用频率和约定俗成程度。

原始记事中的能指符号反复利用，并且逐渐固定在稳定的音义上，此时也就有了一定的约定俗成性。正如伊斯特林所言："随着社会、思维和语言的进一步发展，随着对规则的书信往来要求的产生，偶然性的图画文字就越来越清楚地分成一个个图画符号；于是这些符号无论在意义上还是形式上也越来越稳定下来。""每一个图画符号逐渐固定下来表示一定的意义，它语义上对应于某一组相近的词；每一个符号的确切形式也逐渐固定下来，符号书写的顺序也越来越同该语言中词的句法结构顺序相符合。"[1]

二是非具体事物的表达。

裘锡圭："人们最先需要为它们配备正式的文字的词，其意义大概都是难于用一般的象形方法表示的，如数词、虚词、表示事物属性的词，以及其他一些表示抽象意义的词。此外，有些具体事物也很难用简单的图画来表示。""在文字画阶段，已经开始用抽象的图形，或者用象征等比较曲折的手法来表意了。""人、鹿这一类具体事物的象形符号，大概是在'三'、'大'等类跟图画有明确界线的文字开始产生之后，才在它们的影响之下逐渐跟图画区分开来，成为真正的文字符号的。"[2]裘先生的注释还指出唐兰在《中国文字学》里说的"真正的文字，要到象意文字发生才算成功的"

---

① ［俄］B. A. 伊斯特林著，左少兴译：《文字的产生和发展》，北京大学出版社 2002年版，第 83 页。

② 裘锡圭：《文字学概要》，商务印书馆 1988 年版，第 2—3 页。

也有类似的意思。

在文字产生之前，除了一般的文字画之外，人们还曾使用过跟所表示的对象没有内在联系的硬性规定的符号，裘先生称之为"记号"，在文字形成过程刚开始的时候，通常是会有少量流行的记号被吸收成为文字符号的。

裘先生的文字产生过程简明易懂，"难于用一般的象形方法表示的词"造字是重要的环节。

三是表音的开始。

正如当画那只鸟不是为了表现真正的翠鸟，而是为了表现叫这个名字的人的时候，那么，我们就看到了向标音文字跨出的第一步。这种文字的原则，就在于用图形代替声音。①

古代的族徽，就其语词意义而言是族名。从这点看，族徽符号有形有音有义，已经具备了文字的基本因素。裘锡圭说："用象形符号表示族名，很可能是原始表意字产生的一个重要途径。"②

裘锡圭："在文字形成的过程中，表意的造字方法和假借方法应该是同时发展起来的。而不是像有些人想象的那样，只是在表意字大量产生之后，假借方法才开始应用。"③裘锡圭："要克服表意字和记号字的局限性所造成的困难，只有一条出路：采用表音的方法。这就是借用某个字或者某种事物的图形作为表音符号，来记录跟这个字或这种事物的名称同音或音近的词。"④

从原始记事起，就存在以音表义的规则，我们想，这也可以移植到原始文字中来。孙诒让指出："天下之事无穷，造字之初，苟无假借一例，则逐事而为之字，而字有不可胜造之数，此必穷之数也，故依声而托以事焉。视之不必是其字，而言之则其声也；闻之足以相喻，用之可以不尽；是假借可救造字之穷而通其变。"⑤

五、相关结论

（一）原始记事系统与文字系统的同构

符号是某一事物的代表。语言是一种符号系统，文字也是一种符号系统。同样，原始记事系统也是一种符号系统，它们都是事物或意义的代表。

---

① [英]爱德华·B·泰勒著，连树声译：《人类学——人及其文化研究》，广西师范大学出版社2004年版，第146页。

② 裘锡圭：《汉字形成问题的初步探索》，载《中国语文》1978年第3期。

③ 裘锡圭：《文字学概要》，商务印书馆1988年版，第5页。

④ 裘锡圭：《文字学概要》，商务印书馆1988年版，第4页。

⑤ 孙诒让：《与王子壮论假借书》。转引自梁东汉《汉字的结构及其流变》，上海教育出版社1959年版，第120—121页。

原始记事系统和文字同为符号系统，二者具有多种相似之处。

在功能上，二者均起着记录和交际的职能。原始记事系统与文字一样，往往也有帮助记忆、交换信息的功能。自己提示自己谓之助记忆，让别人理解为交际。结绳、契刻、实物、图画首先是帮助记忆的一种办法，在此基础上如果能让别人理解和领会，那就达到了交际的效果。

在能指上，原始记事中有三维的符号，如结绳，实物记事。但是也有着二维符号，如刻划符号、图画等。文字也是一种二维符号，作为二维符号，二者没有本质的区别。并且，原始记事中的图画和刻符为文字的产生提供了符号基础。这一事实也说明，原始记事中的图画和刻符与文字字符有很多的相同点。

在规则上，原始记事，作为一种符号系统，其所指和能指之间也遵循着相同的约定俗成关系。

在载体和制作工具方面，二者也有相似之处。

原始记事与文字的诸多同质因素，决定了原始记事蕴涵着文字的因素。在某种意义上说，原始记事系统与文字的差异只是符号系统的成熟度与表达效果的差异。

（二）从原始记事到文字产生

原始记事从发展上讲经历了三个阶段：

一是实物记事：包括实物本身记事、实物特征记事、实物痕迹记事、实物引申记事。

二是实物模型记事：这其中往往指的是三维模拟物。如雕塑、刻木等。

三是图画或符号记事。这一阶段的记事方式已经发展到二维平面记事。图画或符号即可以仿拟三维模拟物，也可以直接仿拟实物。

与文字起源关系最为密切的是二维平面记事。二维记事中的符号反复运用，以致于约定俗成，表达固定的音义，就会进入到文字系统中，成为其中的字符。

（三）记录的需求增长与原始记事功能缺陷之间的矛盾催生了文字的产生

1. 生产力的发展导致人类对记录的需求增长

生产力的发展导致物品的种类和数量的丰富，需要记录物品的多少。出现剩余财产时便会要求所有关系的标记。人们交换、借贷需要凭证。

人们日常活动的增多也会导致宗教方面的发展，如计算祭期的需要，祭祀内容的扩大，禳病消灾仪式的频繁进行。

2. 原始记事的缺陷不能满足人们增长了的记录需求

原始记事作为一种简单的符号系统，缺陷严重，根本缺陷是符号的信息含量小，导致自我的解释度不高、约定俗成面狭窄，记事交流的功能不能有效行使。于是就不得不要求功能更加强大、符号系统更为完善的文字出现。

第三节　文字系统的产生

只有形成一定数量的字符和字符的组合与构成规则，才能认为文字系统正式形成。形成一定数量的字符，这些符号可重用、可组合，而不是一次性使用就废弃。同时这些符号的组合规则及构成规则亦需要有一定的约定俗成性。也就是说，不是任何一个人都可以随意制造或改变，而必须所有的文字系统的使用者共同知晓并能共同使用这些规则。

文字符号看起来零零散散，好像只是一堆杂乱的材料。但是实际上它们相互间存在着规律性的联系，组成一个严密的系统。可以从两方面来认识这种系统：一是组成成分，即一个个的字符；二是组合表达规则和构字的规则。组合表达规则作用于字符的组合和运用层面，构字的规则作用于字符内部。本节我们重点讨论字符集的形成和表达规则的形成，构字规则我们放在第四节"字符的产生"中进行讨论。

一、原始文字字符集的初步形成

（一）字符集及其特征

字符集是一个文字系统中所有字符的总和，它是一种文字系统中具有特异性（idiosyncrasy）的字符的总和。字符集中的字符至少具有整体性、特异性和离散性三个特征。

1. 字符的整体性

文字系统中的字符是文字系统的基本单位，每一个字符是一个整体，在使用上不容许再切分，必须作为整体使用。

姚孝遂先生认为："作为记录语言的工具，文字是通过其整体形态而起作用的，是不能加以分割和支解的。任何一种成熟的文字体系，都是一个非常复杂的符号体系。中国的文字是由大约一百几十个基本形体，通过相互组合变化而形成的符号体系。而经常采用的基本形体不超过一百个。通过基本形体相互组合变化而形成的独立文字形体，只能视作一个完整的形态，从而也就具有了相对固定的音与义。这种完整的形态是不允许加以破坏的，否则将失去其应有的功能。中国文字有很多结构成份完全相同，但其整体形态却存在着差异，其音与义也就完全不同。这充分说明文字是通过其整体形态而起作用的。""我们必须反复强调，任何一个独立的文字形体，都是一个不容分割的完整整体。文字都是通过其整体形象而起作用的。这也是人们之所以能够辨识不同的文字形体，并加以正确理解的原因所在。作为文字的构成部分，其构成的条件、来源是多种多样的。我们可以对这些条件、来源加以考索和探讨，但这种考索和探讨应该在承认其整体性质下进行。"①

对汉知的认知研究表明"基于汉字基本属性，汉字视知觉规律，构成汉字认知领域研究的基本问题。汉字的认知特征，是结构整体性感知。就功能层次而言，汉字形体标记区别音义，是基于结构整体的规定。结构成分之间相互依存，相互规定，离开了结构整体联系，部件成分的功能则是无法实现的。"②

2．字符的特异性

字符的特异性指文字系统中每个字符的形状都与其他字符不同，也可以称为字符的相互区别性。

每一种文字系统的字符集都存在着阻断效应（bloking effect），阻断效应是指一个形式的不出现是由于有另一个形式的先期存在。如共时汉字系统中已经存在了表示名词性定语的"的"字，它就不会出现同样形状的"的"形字符。

字符特异性，也有学者将其称为"示差性"，如叶宝奎先生说："示差性也是文字的重要特点之一，在具体的文字体系中字与字或字母与字母之间必须在形体上保持一定的差别。示差性是保证文字正确记录语言的必要条件，也是维持文字自身存在的关键所在。文字符号相互间的差别甚至比具体的形体更为重要。"③

3．字符的离散性

字符的离散性指字符的边界可分，符号群不是模糊一团，而是可以离析的。

当然，字符的离散性是相对的。特别是在原始文字中，离散性有一个逐渐增强的过程，早期原始文字里存在着相当的"文字画"一样的整体表意符号，我们前边将它称为"准字符"。李霖灿在《么些经典译注六种序》指出：

　　　么些族的象形文字是一种图画文字，正在从图画向文字演变的过程中，所以在形字经典中还有简单的"图画"在遗留着。处理这项"图画"也使我们时常为难，巫师们把这看作"连环图画"，一口气念上几十个音节来解释个中情节。我们可就没有这么自由方便，无奈只有两

---

① 姚孝遂：《论文字形体的整体性》，载《吉林大学学报》1996 年第 5 期。
② 臧克和：《结构的整体性——汉字与视知觉》，载《语言文字应用》2006 年第 3 期。
③ 叶宝奎：《语言学概论》，厦门大学出版社 2002 年版，第 276 页。

种办法：一是从权拆割，把一幅图画的人物、动作、道具分别拆散放在正确音值的上面，让读者自己在情节上去联接拼合；另一种则是原封不动，把整个的简图放在这一段音标的最前面，使读者自己觉察到，这一简图的情节是需要下面那么长的一段读音的。所好的，这种图画的遗留不太多，不至于和上述的"天女散花"式的增补文句纠葛不清，所以还无大碍。[①]

李霖灿先生的研究说明东巴文中除了独立字符之外，还有着不易分割的连环图画式的准字符，并且这些准字符亦有离散性强弱的不同，有的可以"从权拆割"，有的则只能"原封不动"。当然这些准字符也存在离散性的问题，因为相对独立的连环画与其他符号或其他连环画之间也需要切分开来。

（二）字符集的初步形成

不同形体的符号必须要达到一定的数量，才能足够代表语言中的不同成份而不致于引起理解上的混淆，从而构成一个能有效记录语言的符号体系。所以文字系统的形成必须积累一定的可重用的符号。

原始文字字符集的来源从理论上分析有两部分：一部分是独立的图形或标记符号成为独体字，一部分是由文字画中逐渐分离出字符（准字符）。准字符是不易切的相对独立的连环画，它是类似于字符的文字画。准字符处在一个不断的发展变化中，由完全不可离散到逐渐能够离散。

我们将原始文字字符的形成过程作示意图如下：

---

① 李霖灿：《么些经典译注九种·么些经典译注六种序》，中华丛书编审委员会 1978 年版，第 8 页。

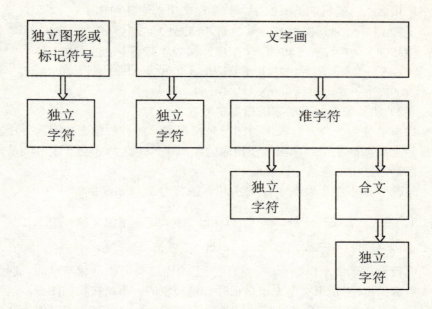

需要说明的是，原始文字系统因发展层次的不同，其字符集可能包含上述示意图中任何一个层次符号，而不是仅仅包含最后一层的符号。

下边我们对这个示意图中的各个层次的发展详细论述。

1. 孤立图形或抽象符号成为独立字符

伊斯特林认为："大部分无可怀疑的图画文字文物的最重要的外部特点是：它们不是一个个单独的孤立的图形，而是一组一组复杂的叙事性的图形，或者是一套一套彼此顺序相关联的图画，就像连环画故事一样。"[①]伊氏认为不可能有"一个个单独的孤立的图形"，至少也应是"一组一组复杂的叙事性的图形"。然而我们认为，单独的图形或抽象符号也具有记事表意作用，它们经过反复利用与意义和读音逐渐固定下来后亦可能成为独立字符。

此类情况可以分成一些象形的仿拟字形成、由抽象符号发展来的指事字形成、表示专有名物词的字形成三类。

（1）一些象形的仿拟字形成

一部分单独的孤立图形，率先成为采用象形方式的仿拟字。"仿拟"是我们借用到文字学上的一个新术语，指字符按照象形方式造字的机制，仿

---

① ［俄］B.A.伊斯特林著，左少兴译：《文字的产生和发展》，北京大学出版社 2002年版，第 51 页。

拟字是指运用仿拟机制造成的字。如东巴文中的一些动物字：

〖270〗 鸟；〖335F1〗 白鹤；〖335F2〗 孔雀；〖335F3〗 黄鹰；〖335F4〗 公雉；〖409〗 壁虎；〖409f1〗 虎；〖409f2〗 獐；〖409f3〗 羊；〖409f4〗 马；〖409f5〗 象；〖409f6〗 牛；〖409f7〗 鼠；〖409f8〗 麂。

（2）由抽象符号发展来的指事字形成

指事字分为纯符号指事字与加符号指事字。加符号指事字因为是在象形符号上添加抽象符号，应是在相应的象形字产生之后才会产生。纯符号指事字是则是由抽象符号发展而来。

纯符号指事字主要集中在数字和方位符号上，如汉字的一（一）、二（二）、三（三）、四（四）、二（上）、二（下）等，东巴文的一、二、三、四、五、六、七、八、九。

纯符号指事字不以象形字为基础，它的出现有可能是相当早的。唐兰先生以前指出："指事文字原来是记号，是抽象的，不是实物的图画，这些记号可能产生在文字已兴以前，早就有了，在文字发生时，同时作为文字的一部份。"①蒋善国先生也认为："象形字和指事字创造最早，会意字和形声字多在这两种字以后创造的。"②

（3）表示专有名物词的字形成

文字产生过程中，一些表示专有名称的符号或图腾也可能率先进入文字系统。陈梦家先生曾经指出："用图画来发挥文字的功用，起于二件事：一是以画记名，一是以画记史。以画记名者，古人往往在用器、祭器和明器上绘下作器者的族名，以表示器物的主权所属，祭统所谓'夫鼎有铭，铭者自名也'，铭的初义就是名字。最初只有族名或官名，后来渐渐在祭器上铭以被祭祖先或其氏族的名号，以及祭者或作器者的名号。"③陈先生指出了以画记名是较早的用图画来发挥文字功用的方式。

摩梭人的达巴文经书中的符号大都表示专名。

---

① 唐兰：《中国文字学》，上海古籍出版社 1979 年版，第 70 页。
② 蒋善国：《汉字的组成和性质》，文字改革出版社 1960 年版，第 59 页。
③ 陈梦家：《中国文字学》，中华书局 2006 年版，第 19 页。

（杨福泉《纳西文明》，四川人民出版社，2002 年）

达巴择日卜书是用来看日子的，也就是是用来判断日子吉凶，利于或不利于做某事。图中每一页代表一月三十天，每格代表一天，用一符号表示二十八宿名称。二十八宿是古人用于观测日月星辰运行时作为坐标的 28 组星座，由于它们固定环绕于天际四周，很象日月五星的栖宿之所，故称为二十八宿。摩梭人根据二十八宿与月球运动来判断日子吉凶，月亮在天球恒星背景上运行，每日移居一宿，则每日行事之吉凶宜忌亦因月所在宿之不同而异。

下边试根据杨学政、宋兆麟等先生的研究解读此图片中下边一页的第一行的前三字。

绘一圆圈，上有一对羊角，读音为"要哭"，汉意为羊上身，该日不能卖羊。属"织女阴"星。

绘一圆圈，下有一对羊角，汉意为羊下身，该日不凶不吉。属"织女脚掌"星。

读音为"拍米"，为人头之意，该日一般。为"豪猪星"。他本有时作　或　。

2．由文字画中分离出字符（准字符）

记事图画可以表现复杂的内容，记录较为复杂的事件。文字画中最常用、反复出现的符号可能率先成为字符（准字符）。

（1）文字画中分离出字符

　　文字画中独立性强的图形符号可能较早分离出来，成为独立字符，试看一幅东巴文图谱上的图画。

（和志武：《祭风仪式及木牌画谱》，云南人民出版社，1992 年。）

　　图右边为风神命达勒阿萨命。左边为她的嫁妆。依次为：

　　头帕　　[gɤdziꜜ]①，插花表示新而美。与过去丽江姑娘头上戴的三角形土布头帕相类。麼 1380　，　，么些妇女结婚时所戴之三角小帽也，上多饰以银扣，今日乡村中尚多有之。麼 823　、　[kɤ³³dzi³¹]、[dzi³¹p'y³¹]。

　　云　　[tɕiꜜ]，〚11〛　、　、　[tɕi³¹]

　　风　　[hər] her，〚24〛　旋风

　　银手镯　[ŋɤꜜlaꜜdzuꜜ]，〚835〛　[dzy³¹]

　　银领扣　[ŋɤꜜɯ]，插花表示新而美。〚832〛　[ŋɤ³¹z̩³³]

　　新衣　　[dʐizi]，开口圆领女上衣，衣上有花，表示新而美。〚805〛　[ba³³la³¹]

　　新裙　　[t'ərꜜʂɯ⁵⁵]，〚813〛　[t'ər³¹]

　　靴子　　[zanaꜜ]，〚828〛　[ho³¹za³³na³¹]

　　绣袋　　[ɕuꜜk'utsʰɯ]，〚1036〛　小布袋 [k'ɯ³³tsʰ̩³³]

　　兽角，　[koloꜜ]，麼 858　

　　竹笛　　[p'iliꜜ]，〚1106〛　[pi³³li³¹]

　　口弦　　[k'uəkuəꜜ]，〚1104〛　[k'y³¹]

　　左边这些图形与东巴文中的字符完全一样，他们应该是直接从图画中独立出来的。

　　画面的各个部分像绘画那样组织成一个整体。在长期的使用、流传过

――――――――

① 原书标音采用的是解放后新创的纳西文，我们改为对应的国际音标。下同。

程中，图画中重要的或反复出现的图形如表示名字、数字、时间、动植物的符号以及族徽、图腾等符号逐渐固定使用，这些符号因为出现频率高，熟悉的人较多，因而形体固定并较早得到公认。

不管是独立的图形成为独立字符，还是文字画中的部分符号成为独立字符，都属于李霖灿先生所谓的"天女散花"式的符号。

> 原来么些象形文字经典的文句组织很不完备，它只是一些零乱的符号堆在那里，巫师们只是用这些疏落的号志来协助他的记忆的。所以我曾戏呼这种文句组织是"天女散花"式的。一个完整的文句，本来需要三十个字来记录的，么些巫师却在经典中只写七八个形字便休，其余的仍原封不动藏在他们的肚皮中；等到你请他们念经的时候，他一看见那疏疏落落的七八个形字，就把那三十个字的一段文句全念出来了，于是就形成了那种音多字少的怪现象。[①]

（2）文字画中分离出准字符

我们这里先详细谈一谈准字符。

准字符的特征是：

甲、有有词无字或字序和词序不对应的特征。

乙、符号整体记录语段，即使可以勉强分析出构成组合的"字符"或符号，但这些"字符"或符号的形体往往与独立成字的本字有所不同，即这些所谓的字符或符号不能单独成字。

丙、凭借"字符"和符号的方位表达和区别意义。

准字符与合文的区别与联系是：

合文是指将两个以上的字合写在一起，形式上仿佛是一个字，但实际上却是多个字符的书写省简方式。合文可以分离出独立字符，而且字符之间的音义关系严格对应。因为合文的性质实际上是独立字符的组合，只是书写上貌似一个字形，所以合文往往有相对应的分开书写形式。当然，合文也有自己的发展过程，早期合文共用笔画很多，凭借方位表义，比较接近准字符，而发展了的合文比较接近两个独立的字符。

准字符是合文之前的一个状态，不能明确分析出独立字符；分布上作图画式的排列；音义与字符的对应关系不严格，存在有词无字或音节不完整的现象。因为不能分析出独立字符，所以往往没有对应的分开书写形式。

我们看一个准字符的例子，如下图：

---

① 李霖灿：《么些经典译注九种·么些经典译注六种序》，中华丛书编审委员会1978年版，第8页。

（李霖灿《么些经典译注九种·菩赤阿禄的故事》P306）

意译：马受惊一跳，菩赤阿禄（人名）跌了下来，飞来了三只乌鸦，衔去了他的三根头发。[1]

解说：画面上虽有马（加曲线表示颤抖，受惊）。三、鸟、菩赤阿禄。但"（马受惊）一跳"，"（菩赤阿禄）跌"没有对应的符号，"跌"也没有通过位置关系表达出来，鸟衔三根头发则全靠图画式的排列来表示。

这种准字符类似于图画，很难分解成单字而作线性排列。因为一旦分解，便会"字不达意"。正如李霖灿先生所说："象形文字可以个别读音，而故事画是直画情节说一段戏剧性的故事而没法逐字拆散，在文字发展史的程序上比象形文字还要原始。"在文字发展史的这一阶段，"当事人没有严格的区分却有更大的自由，图画和文字还在左右逢源有通家之好的阶段当中"[2]

随着原始文字的发展，准字符中的符号大致和语言中的名物实词相对应，只是有些动作还需要靠名物间的位置关系来意会。试看下边几个例子：

例一：

（《纳西象形文字谱·人类迁徙记》P508）

直译：

$\eta\gamma^{33}$　$l\gamma^{33}$　hu^{55}　$n\vartheta^{31}$　$k'\mathrm{uu}^{55}$

雪山　　胃　里　装

---

[1] 李霖灿：《么些经典译注九种·菩赤阿禄的故事》，中华丛书编审委员会 1978 年版，第 306 页。

[2] 李霖灿：《么些经典译注九种》，中华丛书编审委员会 1978 年版，第 302 页。

dzɿ³³　le³³　guɯ³³　mə³³　t'ɑ⁵⁵　me³³　tɕ'y³³
吃　　了　饱　　不　可以　的　种族
i³³bi³¹　k'u³³　nə³¹　tso³¹
江　　口　　里　套
t'ɯ³¹　le³³　no³³　mə³³　kɣ⁵⁵　me³³　tɕ'y³³
喝　　了　感觉　不　会　　的　种族

意译：雪山吞下肚而吃不饱，江水灌入口而不解渴（的种族）。

解说：🕊 [dzi³¹] 水，象泉源出水，这里读作 [i³³bi³¹]，表示江，🦅 [k'u³³] 嘴，[i³³bi³¹k'u³³nə³¹tso³¹] 江水套入嘴。🔺 [dʐy³¹] 山，从山有草，这里读作 [ŋɣ³³lɣ³³] 表示雪山，把山🔻写斜，放在丽恩🏃 肚子边，读成 [ŋɣ³³lɣ³³hu⁵⁵nə³¹k'ɯ⁵⁵] 雪山吞下肚。👁 代表 [mə³³t'ɑ⁵⁵] 不可以，[mə³³kɣ⁵⁵] 不会。

图中名物词：雪山、江（水）、崇则丽恩（人）、虚词"不"得到了表达。"口"通过画出崇则丽恩的嘴部也得到了表示。其他"胃里装"是通过将雪山放在丽恩肚子边，"口里灌"是通过丽恩嘴里在喝水（代表江），表示。另外，此处的"不"写一次，读两次。

例二：

（李霖灿《么些经典译注九种·么些族的洪水故事》P 32）

我们看  部分：

直译：

ro³¹　mbɛ³³mbɛ³³　nu³³　k'o⁵⁵　mo³¹　k'o⁵⁵　so³³　mba³¹　nɛ³¹
洛神　斧头　　来宰　牛　宰　三　吼　下
意译：洛神用斧头把他来宰了，牛被宰的时候吼叫了三下。

解说："宰"后来写作 🐟，但因为这个地方首先是洛神宰牛，所以要画出洛神，然后是用"斧头"宰牛，所以又要画出斧头，并且是人持斧

头砍向牛。牛在被砍的时候的还要叫三下，所以用线条表示牛吼。此处的
就是一幅文字画，如勉强分开成"人（洛神）"、"斧头"、"死牛"，那动词
"宰"也只能通过人手持斧头向牛头来表示。

例三：

（《菩赤阿禄的故事》，李霖灿《么些经典译注九种》P306）

意译：菩赤阿禄骑着一匹黑马，后面拉着一匹白马，到蒿草的小水沟
边去饮马。

解说：图中有菩赤阿禄、黑马（马身上有一黑点）、马（白马未表示出
来，也可能是通过与黑马的对比而意会），水。但骑马、牵马是通过人、马
之间的位置来表示，饮马的意思勉强可以说是通过马朝向水的位置表示出
来了。

再进一步发展，可能表示动作的词语也得到表达，如以下几个例子：

例一：

（李霖灿《么些经典译注九种·菩赤阿禄的故事》P308）

意译：多巴神罗由十八层天上降下，来保佑菩赤阿禄的家。

解说：图中符号有十、八、天、多巴神罗，下降、菩赤阿禄、房子、
保佑形符号。动作"下来"、"保佑"已经写出了。

例二：

（李霖灿《么些经典译注九种·菩赤阿禄的故事》P308）

意译：去到巨那茹罗山上去请多巴神罗，在他面前磕了三个头。

解说：符号有巨那茹罗山，山顶，多巴神罗（肉作为标音符号），人跪下磕头，三。动作磕头也得到了表达，但"在他面前（磕头）"是通过位置关系来表现的。

再发展下去，出现了可以勉强离析出字符的合文。但此时字的位置常有表义的作用，其排列必须合乎事理。如说宝石串挂在小伙子颈项上，字作 （字从人突出耳朵）；挂在姑娘腰上，字作 ，宝石串的位置不能错乱。①

3．准字符的发展

准字符进一步发展，部分字符可能先期独立，成为独立字符，还有部分则发展为符号与词语的对应关系更加严格的合文。

上边我们较为详细地介绍了准字符这一概念，也说及准字符的发展。下面我们只再略归纳一下。

（1）准字符中分离出独立字符

下边一些字符，可以分离出一些独立字符。

麽 1469 　读作［wɑ³³ndɑ⁵⁵ʈur³¹kʼʌ³³sɛ³¹］，砍骨头把俎板都砍裂了。画以刀砍骨，俎板破裂之形，此乃《开丧经》中常见之语。

此符号可以离析出［wɑ³³］ 骨、［ndɑ⁵⁵］ 砍。下边 是俎板开裂，画俎板下边两条线，作开裂之状。

〖1285〗 ［le³³bʏ³³bæ³¹mæ³³to⁵⁵］白族掷海贝卜。

图为白族人拿贝占卜状，可以分离出 ［le³³bʏ³³］白族， ［bæ³¹mæ³³］贝，其中的［to⁵⁵］掷、占是通过组合关系表现出来的。

我们再看下边一个例子：

（傅懋勣《丽江么些象形文'古事记'研究》P48—49）

意译：在一棵很大的黑杉树下，金黄的小山羊在喵喵地大叫，便问道："你为什么要这样叫？"羊说："我小时给我青草吃，大时不给我草吃，地上的青草叶也不知都到哪儿去了？没有草要我草，我是为这个叫的。"金黄

① 《鲁般鲁饶》，载《纳西东巴古籍译注（一）》28 页、32 页，云南民族出版社 1986 年版。转引自喻遂生：《纳西东巴文研究丛稿》，巴蜀书社 2003 年版，第 99 页。

的小狗也在汪汪地叫，勒额便问："你为什么要这样叫？"狗说："我小时给我甜乳吃，大时不给我乳吃，则狗的甜乳汁，不知都到哪儿去了？没有乳要找乳，我是为这个叫的。"金黄的小鸡也在喔喔地大叫，勒额便问："你为什么要这样叫？"鸡说："我小时给我白米吃，大时不给我米吃，舂得很细的白米，不知都到哪哪儿去了？没有米要找米，我是为这个叫的。"

解说：图中出现了符号杉树、羊（口中有线示叫）、没、小、草；黄、狗（口中有线示叫）、没、乳；鸡（口中有线示叫）、小、没、米、白。其中的羊叫、狗叫、鸡叫均直接用 $\unicode{x1F426}$、$\unicode{x1F426}$、$\unicode{x1F426}$ 表示。同时读成 $[ts'\text{ŋ}^{55}t'\text{ɔ}^{31}]$（山羊）$[mb\varepsilon^{31}]$（山羊）叫。$[k'\text{w}^{33}\text{ȵi}^{33}]$（小狗）$[\text{ɭu}^{31}]$（吠）；$[\text{ɦa}^{33}ts\text{ŋ}^{31}]$（小鸡）$[t\text{ɕy}^{31}]$（啼）。后来则分离成为字典中的〖354〗 $\unicode{x1F426}$ $[ba^{31}]$ 吼。象牛吼、〖273〗 $\unicode{x1F426}$ $[t\text{ɕy}^{31}]$ 啼，鸣。从鸡出声。

（2）准字符向合文发展

符号与词语的对应关系更加严格，则可能逐渐发展成合文。位置表义的因素逐渐减少。

如下面一个就是由位置表义发展到位置不表义，而音义对应更加严格。

洛 525 $\unicode{x1F426}$、$\unicode{x1F426}$ $ssī^2$ $ndzī^2$ 尝到了贫困、悲惨的滋味。符号 $ssī^2$ 表示一个头发蓬乱的穷人。

按：第一个符号是吃穷人的符号，符号组合具有方位性，原则上不可分开，变成了两个独立的符号"穷人"和"吃"。

我们再看下边一个例子：

（《纳西象形文字谱·人类迁徙记》P4）

意译：第二天早上，斑鸠不会停，停到丽恩园子里头来。崇则利恩呀，带上弓和箭，想射瞄三次，犹豫了三下。衬恒布白命，正织布当儿，黄梭狠触丽恩手拐肘，说时迟，那时快，刚好射中斑鸠胸脯上，找出剩下三颗粮。

按：$\unicode{x1F426}$、$\unicode{x1F426}$、111、$\unicode{x1F426}$、$\unicode{x1F426}$ 可独立分开。

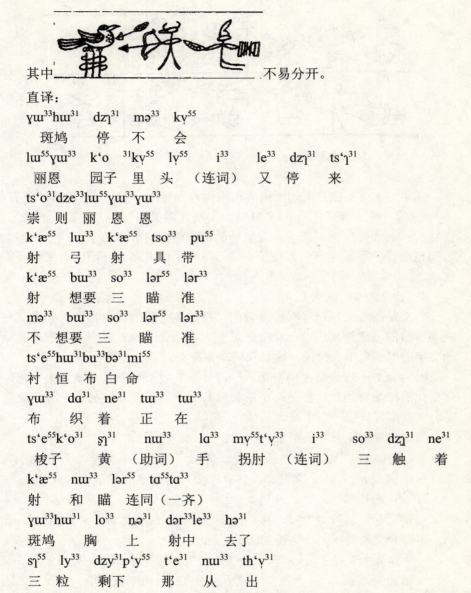

其中————————————不易分开。

直译：

γɯ³³hɯ³¹ dzɻ³¹ mə³³ kγ⁵⁵

　斑鸠　停　不　会

lɯ⁵⁵γɯ³³ k'o³¹kγ⁵⁵ lγ⁵⁵ i³³ le³³ dzɻ³¹ ts'ɻ³¹

　丽恩　园子　里头　（连词）又　停　来

ts'o³¹dze³³lɯ⁵⁵γɯ³³γɯ³³

　崇　则　丽　恩　恩

k'æ⁵⁵ lɯ³³ k'æ⁵⁵ tso³³ pu⁵⁵

　射　弓　射　具　带

k'æ⁵⁵ bɯ³³ so³³ lər⁵⁵ lər³³

　射　想要　三　瞄　准

mə³³ bɯ³³ so³³ lər⁵⁵ lər³³

　不　想要　三　瞄　准

ts'e⁵⁵hɯ³¹bu³³bə³¹mi⁵⁵

　衬　恒　布　白　命

γɯ³³ dɑ³¹ ne³¹ tɯ³³ tɯ³³

　布　织着　　正　在

ts'e⁵⁵k'o³¹ ʂɻ³¹ nɯ³³ lɑ³³ mγ⁵⁵t'γ³³ i³³ so³³ dzɻ³¹ ne³¹

　梭子　黄　（助词）手　拐肘　（连词）三　触　着

k'æ⁵⁵ nɯ³³ lər⁵⁵ ta⁵⁵ta³³

　射　和　瞄　连同（一齐）

γɯ³³hɯ³¹ lo³³ ŋə³¹ dər³³le³³ hə³¹

　斑鸠　胸　上　射中　去了

ʂɻ⁵⁵ ly³³ dzy³¹p'y⁵⁵ t'e³¹ nɯ³³ th'γ³¹

　三　粒　剩下　那　从　出

　其中的"射弓射具带"、"射想要三瞄准"、"不想要三瞄准"、"射和瞄连同（一齐）"都是补充出来的，并且"梭子黄（助词）手拐肘（连词）三触着"、"斑鸠胸上射中去了"是通过位置关系来表达的。

　我们试看傅懋勣先生所翻译的版本《古事记》。《古事记》即《人类迁徙记》，二者名字不同，其实为同一部经典。

（傅懋勣《丽江么些象形文'古事记'研究》P59）

其中第 122 节就是上边所引的相同内容，对比一下，多了符号"没有、不"、多了一张弓箭、多了一个斑鸠，牛虻（假借表动作"放箭"的放）。前边的⤛⤳仅用来表示射，与后边的箭射中斑鸠分开来了。这两个箭的方向也已经并不朝同一个方向了。这当是一个由准字符逐渐向合文演变的例子。

4. 合文的进一步发展

合文是指音义和符号对应得较为严格的字符组合。因为它比起音义对应不严格的准字符来说，已经前进了一大步。合文的发展将在第三章"原始文字的发展"中去讨论，这里我们略为提及。

因为合文不适合文字精密化、一符一词的要求，于是逐渐发生变化，它变化的结果有两种，一是两个字符分写，一字记一词。另外一种结果就是合文逐渐发展成一个字符。

我们先看合文分写的例子：

麽 79 ⟨符号⟩ [zɣ³¹he³³]，意为星⟨符号⟩之耳，两字合写共享中间一个圆圈，或写作⟨符号⟩，少了耳朵上的线条。但有时也分开写作⟨符号⟩。

由⟨符号⟩发展到⟨符号⟩，耳朵已经类化，后来写作⟨符号⟩。

再看合文发展成一个字符的例子：

洛 423 ⟨符号⟩ndzi²-mun³ 年老的头人。人形符号下面的马蝇表示 mun³（年老的）。mun³ 这个音节一般不读出来，只用来说明第一个符号，因为村里的头人通常多为年长者。

符号⟨符号⟩读 ndzi²-mun³ 时是合文，但因为头人通常为年老的人，故可以将表示老的 mun³ 省略不读，此时就变成了一个字符。

小结：

图画中不能被拆分的为准字符。图画中单个的符号首先被离析出来（与音结合）成为独立字符，一些独立的抽象符号亦成为独立成符。

准字符发展，逐渐分离出独立字符和合文。

合文的发展，有的合文分开成为独立的字符；有的合文凝固成一个字符。

（三）原始文字的字符集的特征

1. 字符小于语言的词汇系统

当文字刚产生时，总是不敷应用。文字系统中的字符远远少于语言中的词。

文字字符是不断增加的，陈梦家早就指出汉字字符逐渐增加的"规则"，他说："商周文字到近代文字，其演变不外循着两个规则：一是字体的趋简，一是字数的增多。……字形的趋简，字数的增加，基于两个原因：一是人事的日繁，一是书写工具的进步。"①我们觉得除此之外，还有一个重要的原因是文字的自繁衍和自进化，不断推出新的异体字，也导致字符不断增多。

陈炜湛、唐钰明也指出："语言的产生和发展是渐变的，文字作为语言的书面形式，它的产生也同样经历了漫长的岁月，经历了从无到有、由少到多、由简单到复杂的渐变过程。"②很明显，伴随着文字系统的简单到复杂，字符也必将由少到多的增加。

我们可以从各原始文字的大体字量可以看出这个现象。越是早期的文字，其字符总量越小。如达巴文据迄今刊布的材料总结，只有几十个字符，而东巴文则达上千字符。尔苏文的字量则介于二者之间。

2. 表意字占优势

早期东巴经典一般只记录主要词语，得到记录的主要是具体词汇，许多虚词和抽象词汇没有得到记录。因为具体词汇有形可象，易于用表形造字法表示。

东巴经《古事记》讲述的是自然界万物起源和人类起源、纳西族来源的神话故事，是一部产生形成的时代比较早的东巴经典。傅懋勣《丽江么些象形文'古事记'研究》一书翻译研究了这部经典，傅先生在翻译分析整部经典后总结了该部经典文字的九个特点，其中一个特点是"象形会意字多而形声字较少，本经中大部分是普通所谓象形指事会意字，而形声字不多。"③我们试看其中一段：

---

① 陈梦家：《中国文字学》，中华书局 2006 年版，第 18 页。
② 陈炜湛、唐钰明：《古文字学纲要》，中山大学出版社 1988 年版，第 13 页。
③ 傅懋勣：《丽江么些象形文'古事记'研究》，武昌华中大学 1948 年版，第 6 页。

（傅懋勣《丽江么些象形文 '古事记' 研究》P20）

直译：

$\textrm{d}\textrm{z}^{33}$ $dz\textrm{z}^{31}$ $p\textrm{u}^{33}pa^{33}$ $b\varepsilon^{33}$ $\textrm{o}^{31}$ ne^{31} he^{31} $t\textrm{'}u^{33}$ $h\Lambda^{31}$

一　　对　　化育　做　神名　和　神名　出　（助）

$\textrm{d}\textrm{z}^{33}$ $dz\textrm{z}^{31}$ $p\textrm{u}^{33}pa^{33}$ $b\varepsilon^{33}$ lo^{31} ne^{31} se^{33} $t\textrm{'}u^{33}$ $h\Lambda^{31}$

一　　对　　化育　做　神名　和　神名　出　（助）

意译：一对（蛋）孵化为奥神与亥神，一对（蛋）孵化为阳神和阴神。

解说：经书说额玉额玛下了九对白蛋，其中一对蛋孵化为奥神与亥神，一对（蛋）孵化为阳神和阴神。其中得到记录的符号有：

⬭ ⬭ ［$\textrm{d}\textrm{z}^{33}$ $dz\textrm{z}^{31}$］，义为"一对，一双"，因为说的是蛋，故画一对蛋形。

读 ［$\textrm{o}^{31}$］ ［he^{31}］，皆神名。

阳神，读 ［lo^{31}］。 阴神，读 ［se^{31}］。

按：此语段只写出了实词：一对蛋，四个神。其他如化育，助词等均未写出。

3. 字符集中的字符（准字符）音义附着灵活

第一章我们已经提出字符的音义附着这一术语，它是指一个字符所对应的意义和读音。理想的符号系统是形式（字符）与内容（词的读音、意义）一一对应，文字系统越发达，就越接近于理想的符号系统。而原始文字的字符，形式与内容的对应并不严格，形式（字形）与内容（音义）的对应较为灵活。同时，原始文字中还有部分准字符，亦有音义对应的问题。我们亦一并讨论。

原始文字中的字符（准字符）的音义附着灵活表现在一个符号有多种读音或多种语义，甚至有时有交叉现象。

（1）一形多音（同义）

一个符号读几个不同的读音，并且意义相同。排除古今异读和方言异读这两种实际上不处于同一时空的文字使用情况，其他的异读都证明了原始文字中跟符号相附着的读音是较为灵活的。

麼 874 [kæ^{33}ṣwa^{31}] 前腿。画动物前腿之形。又读 [la^{31}p'i^{31}]，动物上肢相当于人之手，故以 [la^{31}] 称之。

麼 23 [mba^{31}p'o^{55}] 或 [mba^{31}ŋgɛ^{55}p'o^{55}]。阳坡，太阳常时照到之处。[ŋgɛ^{55}] 为晒、烤火，[mba^{31}ŋgɛ^{55}] 为晒太阳。

麼 12 天地之中央 [muɯ^{33}nɯ^{33}dʏ^{31}lʏ^{55}gʏ^{33}]，或读 [muɯ^{33}lɛ^{33}dʏ^{31}zʏ^{55}gʏ^{33}]。

洛 401 ndi^{1} 蕨类植物（拉丁名 Pteridium aquilinum），用以标音。也读做 ndü^{1} 或 nddü^{1}。

（2）一形多义（同音）

一个符形读相同的读音，但表达的意义却不相同。如下边这些例子：

洛 576 t'o^{2} dzu^{1} mbu^{1} 生长在山上的一棵松树；长满松树的山坡。

洛 587 tsä^{1}-wuà^{2}-nyi^{2} 一个月的第 15 天（满月）。也可以表示第十五天。

洛 3 'a^{1} 争斗；两人舞棍。

麼 7 [ndzæ^{31}] 泥。画泥 之形，以雀 注音。也作"花斑色"解，杂色，以 示花斑色之意，以雀注其音。"此字见于鲁甸，可有泥及花斑色两种解说，因其图意皆可通释，又其读音，完全相同也。"

麼 752 [dzʏ^{31}] 蛋欲孵化成生物，或蛋变坏而不能用。

洛 594 ts'u^{2} 上吊自杀；吊死鬼。

洛 34 bö^{2} 麦面粉；肿大，像一只肿大的手腕。

洛 299 lä^{3} p'a^{2} k'o^{1} 拴牛桩；把牛拴在桩子上。

洛 580 ts'a^{2}-mba^{1} 流浪汉；漂泊者。一个牵着骡子四处漂泊的藏族者。

洛 64 ch'wua^{1} 挤奶；乳牛。

（3）一形多音义

一个符形读不同的读音，意义也不相同。如下边这些例子：

麼 862 [tṣuɯ^{31}] 爪。画猛兽之爪，亦常读为 [la^{33}tṣuɯ^{31}] 虎爪。

洛 23 bbū^{1} 给；赠送；供给；bbū^{3} 握在手中。

洛 283 dze^{2} la^{3} 脱麦粒，也可以读成 la^{3} 脱粒。

麼 1494 [ṣæ^{33}mbæ^{31}]，毒箭头。[ndv^{31}]，毒。

〖1304〗 [lɯ^{31}k'ɯ^{55}] 划船，又读作 [tsa^{55}] 划。

麼 1 [mɯ^{33}] 天，但鲁甸一带之巫师有时将此字读为

[muɯ³³ʂwa³¹]，表示天高。

麽 4 ⊕ [muɯ³³t'v³³] 天晴。象日出天晴之形。在占卜经典中常读作 [n̠i³³me³³muɯ³³bv³¹gʌ³¹le³³]，意为太阳由天下出来。卦象之一，吉卦。

麽 29 ⊕ [nda³¹] 日落之光或晚霞。象日落时内无光耀外有斜晖之形；又读为 [n̠i³³me³³gv³¹nda³¹] 西方晚霞。

麽 34 ⊕⊙ [mbo³³]，亮。[n̠i³³me³³he³³me³³mbo³³dɯ³¹rv⁵⁵la³³]，日月光明照耀。

洛 585 ⊖ts'a²-k'o² 一股泉水；井，一般指不冒水的井。也可以读为 gyi¹-k'o²，指喷泉。按：此处意义有联系。

麽 1311 ♀ [ma³¹ndzʌr³¹] 酥油融化。此指其自行融化而言。如读为 [ma³¹ndzʌr⁵⁵] 煎化酥油。按：这是一种分化字义的方式。

麽 1162 ⍩ [tʂwa⁵⁵] 隔。以"门"示意，以床 ⋀⋀ 注音。或读 [tʂwa⁵⁵k'o³³]，内房门。

洛 145 ～、～，当读ěrh²-bbǔ²时，表示铜锅，也可以读为ěrh²，表示铜。

麽 631 ～ [ho³¹]，赶一群牲口。画一棍 ～ 以示赶吆牲口之意，下画一肋骨 ～ 以注其音，此亦一较古之音。此字见于鲁甸，亦读[ho³³]，拦截。一个形的两种理解，还有如麽 301 请和赶。

洛 47 ～读 bu¹ 时，表示猪、野猪，读 bu¹-ba² 时，表示肥猪。

〖1136〗 ～ [dγ³¹lv⁵⁵] 饵块；[dze³³dγ³¹] 麦饵块；[ɕi⁵⁵muɯ³³dγ³¹] 米饵块；[muɯ³¹zŋ³³dγ³¹] 燕麦饵块。

麽 956 ～ [ndzʌ³¹wa³³] 树干，或读为 [sʌ³³wa³³]，则为"木干"。符号的音义附着灵活也导致字符的边界不清晰，因为有时候符号既可以表示准字符，也可以表示合文，也可表示独立的字符。如麽 1162 ⍩ [tʂwa⁵⁵] 隔，以"门"示意，以床 ⋀⋀ 注音。或读 [tʂwa⁵⁵k'o³³]，内房门。此符形如读双音节，则是合文，如读单音节，则是独立字符。

4. 字符的意义概括度不够

因为原始文字所对应的语言抽象度不够，所以字符所表示的意义概括度也不够。有较多的随使用环境而变化字形的异体字。有人将这种异体字称为"情境异体字"，[1]认为是异体中的一种，亦有人称之为"随文改字"。[2]

---

① 秦桂芳：《纳西东巴文与甲骨文情境异体字比较研究》，华东师范大学硕士学位论文，1999 年。
② 范常喜：《甲骨文纳西东巴文会意字比较研究初探》，西南师范大学硕士学位论文，2004 年，第 28 页。

我们认为其实质都是因为意义的概括度不够造成的。我们看下边的例子：

洛 579 $ts^{\cdot 3}$ 或 $ts^{\cdot}\check{e}r^3$ 割、砍，用以表示割、切谷物以外的其他物体。主要用于软的东西，如切断绳子。砍硬物用 $ndaw^3$ ；切肉或蔬菜用 $h\check{a}r^3$（砍、切片），即汉语的"切"；$k^{\cdot}o^2$ 指劈、砍物体 。砍不同的东西所用字符也不同。

洛 530 ssu^2 绵羊毛。它也用以表示牦牛和山羊的毛，但不用以表示其他动物的毛。其他动物的毛称做 $ff\check{u}^2$。洛 147 $ff\check{u}^2$ 毛发，除了羊、牦牛和山羊之外的所有动物的毛发都称为 $ff\check{u}^2$，鸟的羽毛也这样称呼。

洛 23 $bb\check{e}r^2\text{-}bp\check{u}^3$ 同村来的客人。洛 23 绳子 $bb\check{e}r^1$，假借为 $bb\check{e}r^2$ 来自远方的客人。

洛 482 $p^{\cdot}a^2$ 绑起来； $p^{\cdot}a^2$ 把一个人绑起来。

二、组合表达规则的初步形成

文字的组合表达规则是指用文字的组合进行表达中的习惯和规范。表现在书写上则包括篇章形式、段落及句子的分隔形式，以及文字行款，我们依次讨论这些问题。

（一）篇章形式的形成

文字记录的内容最大的单位是篇章。原始文字书写的文献篇章已经成形。如东巴经已经形成贝叶经形式，左端装订，写法和读法都已经固定。前哲时贤在研究中已经注意到这些现象。如：

李霖灿《么些经典译注六种序》：[①]

> 形字经典通常都是横行式，像贝页经的形式而在左端（有时则在上端）用线来订起来。三行式的居多，读法自左向右。四行本六行本都有发现，在这里选译的五则则都是三行式的。

李霖灿《么些族文字的发生与演变》：[②]

> 么些经典的形式很好看，和喇嘛教所用的经典一样，都是横长竖短的格局，其比例约为三与一，平均的尺寸是竖约九公分，横约二十八公分。
>
> 么些巫师所用的则装订成册，普通的么些经典，在左手边订牢，而占卜的经典则多在上边订牢，有点像画册页中推蓬装的样子。

---

① 李霖灿：《么些经典译注九种 • 么些经典译注六种序》，中华丛书编审委员会 1978 年版，第 8 页。

② 李霖灿：《么些族文字的发生与演变》，载《么些研究论文集》，台湾故宫博物院 1984 年版。

和力民《纳西象形文字字帖》：[①]

在长期的书写实践中，各地东巴根据东巴文字象形的基本特征和运笔书写的习惯顺序，逐渐形成了一些基本的书写方法和布局格式。譬如，在抄写经文时，基本上是从上到下，从左到右的书写格式。每写完一句或一段，就用竖线隔开。在一页纸面上分三行或四行，先从左到右书写第一行，再写第二行，依次书写。写完正页，再书写背页，如此循环。在每一格里，文字布局也有讲究，一般是根据经文内容的诵读方便和视觉美感，以及省略书写的要求来安排布局。一般的书写和诵唱顺序还是从上到下从左到右。

我们还注意到，甚至有的经典出现了所谓全篇的提要。如：

这是用图画文字写成的整本《白蝙蝠取经记》的"提要"。放在经书的封二。

其他原始文字如达巴文的占卜书也已经形成了贝叶经形式。历书的内容都是按时间有序排列的。其排列形式多样，可以分成两类，一类是有规律排列，如三家村抄本为 12 页，每页为 5 列 6 行，即每页为 30 格，表示30 天。屋脚抄本也为 12 页，每页 6 列 5 行。每页 30 天，纳西文明本残页每页 10 列 3 行，每页 30 天。另一类是无规律排列，如利家嘴彩绘本 12 页，第一页和第十页每页 8 列 5 行，每页 40 格，而其余页为 8 列 4 行，按着日期顺序往下写，最后一页则没有写满。

尔苏沙巴文写成的《母虎历书》"呈横开本，折页。长 26、宽 14 厘米。除封面、封底外，由于用'十二兽'记日、记月、记年，一年十二个月，每月一篇，两面书写，一面一页，共廿四面。"[②]《母虎历书》除了正文外，亦有封面、封底。

（二）分隔符号的使用

---

① 和力民：《纳西象形文字字帖·序言》，云南民族出版社 2003 年版，第 1 页。
② 刘尧汉、宋兆麟、严汝娴、杨光才：《一部罕见的象形文历书——耳苏人的原始文字》，载《历史博物馆馆刊》1981 年第 3 期。

文字的组合表义，需要使用一些间隔符号。原始文字达巴文写成的达巴卜书采用分格书写，每格一符；尔苏沙巴文写成的《母虎历书》也是每页打成三排方格，每排五格，共十五格，一格一天，正好半个月。下边我们具体看东巴文写成的东巴经中分隔符号的使用。

1. 语段间的分隔

东巴经中语段分隔使用专门的符号，如，这些符号不读音，只起间隔语义段的作用。

这些符号可以用在语篇的开头，表示一篇文字的起始，如：

上图最左边的符号就是《白蝙蝠取经记》中开篇的符号。

这种分隔符号也用在文中新段落的开始，如下图：

（《纳西东巴古籍译注全集》第 27 卷《禳垛鬼仪式·施放作为替身的七个蒙梭木偶》P153）

上图第三行第二部分前有双竖线，有分隔符字，因为前边说完了一段情节，这里要说另外的开天辟地的时候。这相当于一个新的段落。因此也用此符号。

（《纳西东巴古籍译注全集》第 27 卷《禳垛鬼仪式·镇压属相相克的鬼的灾祸鬼》P85）

上图是经书的末尾部分。最后双竖线部分是经书的跋语。许多东巴经的末尾有类似跋语性的文字，这些文字是东巴抄写完经文正文后，在末尾附上的话。内容大多是抄写人的名字、年龄、居住地、抄写时间、经书来源、抄写经过、抄写人的祝愿等。跋语和正文应为不同的段落，故在跋语前也用双线与前面的经文隔开，并加上分隔标志。

过去有学者认为这种符号仅仅用于语篇的开头，是不全面的。如我们举的后二例，均只是语段的开始。

一般认为这是从藏族文字借来的。李霖灿《么些象形文字字典》："字头也。在写文字之先，必须先写此一符号，当地人称之曰'字头'。么些经典之开头，例有此字，每新起一段时，亦常用之。此字不读音，只作一经文开始之符号，其字源颇似由藏文字头 ㉑ 演变而来。"[①]杰克逊："著名的 Ａ１ 东巴（优秀的插图画家）也像写藏族书籍一样，把藏音节'阿'置于文章开头。"[②]

藏文中确实也使用此类标点符号，表示文头的 和 ， 称"单书头符"，实际运用不多。 称"双书头符"，书写时，为了美观起见，一般在前者的旁边加上单垂符，写成 '或 ‖， 一般用于密咒之语的开头，是一种表示吉祥的特殊符号，也是"书头符"的一种原符形式。[③]说明东巴经中的篇首符号可能正如李霖灿等学者所推测的，来自藏文的书头符。我们要指出，东巴经中的这种分隔符号已经有所发展，不仅符形发展得更为多样，而且功能也有所变化，不仅仅用于经书的开头。

另外，东巴经后来甚至还有使用文末（段落末）符号的趋势。如李霖灿《么些象形文字字典》所言，"近日曾见以 、 等符号写于经文之末者，盖倒 字头为'字尾'之用也。"

2.语句间的分隔

东巴经表达完一层意思之后用竖线隔开，相当于一句话。

李霖灿先生《么些经典译注六种序》："区分了行，还要区分行中的小格，形字经典一行中常有两格三格到五格不等，这原是他们的句读，一小格就等于一个完整的文句，不过不够严格。在行列中这么垂直地划上一竖

---

① 李霖灿：《么些象形文字字典》，国立中央博物院 1944 年版，第 131 页。
② ［英］安·杰克逊：《纳西仪式之两个关键问题：书目及卜书》，载《玉振金声探东巴——国际东巴文化艺术学术研讨会论文集》，社会科学文献出版社 2002 年版，第 314 页。
③ 扎雅·洛桑普赤：《藏汉标点符号流变及异同比较》，载《西藏研究》2004 年第 1 期。

'丨'。"①

要说明的是藏文中也有这种分开句子之间界限的符号「，称"单垂符"、"分句线"或"句读标号"。但二者是否有借用关系，目前我们还不能判断。

（三）书写行款开始脱离图画的写实性原则

图画，特别是早期图画，往往是秉承写实的原则，按照事物的本来面目安排布局。但如果进入到了文字阶段，虽不一定有如现在规则的行款，但已经脱离了写实的框框，逐渐按照线性原则排列书写符号了。

如尔苏文，其经书《虐曼史答》的经书呈横开本，折页。除封面封底外，用每月一篇，两面书写，共二十四页。每页打成三排方格，每排五格，共十五排，一格一天，正好半个月。每格中央画一个属相动物，四周再配上其它表示天象、气候以及禁忌或吉凶的文字。②

如东巴经。经文书写在横长形的纸张上，从左侧或上端装订成册；每页被直线划分为3－5个横行；字序是若干字上下叠置，然后向右排列，表达完一层意思用竖线隔开；行序从上到下。这是东巴经书大致的序列规则。

但是原始文字的早期，这种行款毕竟刚刚形成，还没有完全形成现代成熟文字的直线行款。

如尔苏文的行款是先中间再四周。

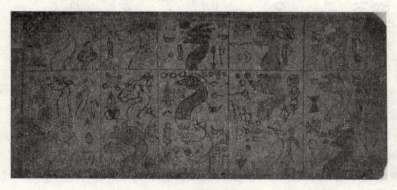

（《虐曼史答》片断，宋兆麟：《耳苏人的图画巫经》）

---

① 李霖灿：《么些经典译注九种·么些经典译注六种序》，中华丛书编审委员会1978年版，第8页。

② 刘尧汉、宋兆麟、严汝娴、杨光才：《一部罕见的象形文历书——耳苏人的原始文字》，载《历史博物馆馆刊》1981年第3期。

其中第九格孙宏开先生曾经译释过[①]，我们看其译释的结果。

（1）狗头，表示这一天属狗，涂成红色表示这一天属五行中的"火"。（2）左下角的符号表示这一天早晨有雾。（2）左边中间是一个带把的陶罐，涂成红色，表示这一天有酒喝（陶罐是盛酒的器皿），同时也预示着这天是个比较好的日子。（3）左上角有三颗星，，其中两颗涂黑，表示它不发光了，只有一颗为白色，还在闪光。（4）右上角的符号是太阳，但它的中间画了个╳，表示太阳带上了枷锁，预示着天气不是很好。（5）右边中间为一法器。（6）右下角为一宝刀。法器和宝刀均为镇妖之物，故整天不会出现太大的意外事件。读经的顺序也是先中间，再左下角→左上角→右上角→右下角的顺序。说明尔苏文的虽形成一定行款，但是不是线形，而是先中间，再四周的行款。[②]

东巴文亦有此种行款，我们看下边这一例子：

（和发源《纳西族图画象形文字的起源问题》）

这是《白蝙蝠取经记》中的一段，据和发源先生分析，（1）（2）为居那若罗神山顶上；（3）太阳；（4）左；（5）月亮；（6）右；（7）（8）（9）（10）为三十日；（11）（12）为相见，（13）（14）（15）为分离，全句意为：在居那基神山上，左边出太阳，右边出月亮，三十晚上它们在山顶见面，初一那天在山顶上分离。[③]这一段经文的行款顺序也是先中间，再左右两边。

木琛在总结"记言式"东巴经的写法时也说："每一横行中，字符提示语段的顺序是从左到右，但语词的位置不一定完全按照语言中出现的先后来安排。尤其是以表形图画为主，表意、表音为辅的记录中，辅助的文字

---

① 孙宏开：《尔苏沙巴图画文字》，载《民族语文》1986 年第 6 期。
② 王元鹿先生称之为"环形行款"，见王元鹿：《尔苏沙巴文字的特征及其在比较文字学上的认识价值》，载《华东师范大学学报》（哲社版）1990 年第 6 期。
③ 和发源：《纳西族图画象形文字的起源问题》，载《中国民族古文字研究》（第二辑），天津古籍出版社 1993 年版，第 164－165 页。

围绕或附着在主体图形旁，有时上下叠置，有时左右并列。这样大大小小的符号参差错落地出现，疏可走马，密不容针。"①说明早期的记言式东巴经的特征是"语词的位置不一定完全按照语言中出现的先后来安排"，"大小小的符号参差错落地出现"。

三、小结

本节我们主要讨论了以下问题：

1．文字系统的产生主要表现在字符集的初步形成和字符的组合表达规则与构字规则的初步形成。原始文字的字符集不仅包括独立字符，还包括不能拆分的准字符。字符的构字规则我们将在下一节讨论，本节我们主要讨论了字符的组合表达规则的形成。

2．字符集中字符的形成可以分作独立式图画发展成独立字符和文字画发展成字符（准字符）两种情况。文字画分离出准字符和准字符的发展是个复杂的问题。

3．原始文字的字符集具有以下特征：字符小于语言的词汇系统；表意字占优势；字符（准字符）的音义附着灵活；字符的意义概括度不够。

4．准字符与合文有区别。准字符的音义对应不严格，存在有词无字的现象。合文则音义对应严格，只是书写上合写。准字符可能逐渐发展成合文。

5．关于原始文字的组合表达规则形成。我们讨论了表现在书写上的篇章形式的形成、段落及句子的分隔符号的使用以及书写行款开始脱离图画的写实性原则。

6．东巴经中的字头符号不仅用于语篇的开头，只要是语义段的开始，均有使用。

7．东巴经中还出现了使用文末（段落末）符号的现象。

---

① 木琛：《纳西象形文字》，云南人民出版社 2003 年版，第 52 页。

第四节　字符的产生

文字系统由字符组成，本节我们将研究字符是如何产生和累积这一重要问题。

一、几个需要说明的概念

1．文字的造字分析与文字的结构分析

以前谈得较多的文字的结构分析，不管是按照六书理论、还是字素分析方法，都是把一个业已存在的字符进行结构分析，观照角度是从后往前看。

文字的造字分析是分析字符是如何产生。观照角度是从前往后看。作图示以对两者进行比较：

字符——→

——→字符

我们在分析字符的产生是采用的字符的造字分析。

2．文字字符产生具有层次性

文字系统中的各个字符不是同时产生的，而是有先后次序。也就是说，文字字符的产生是分层次的。我们叫做文字字符产生具有层次性。

许慎在《说文解字叙》中认为："仓颉之初作书也，盖依类象形，故谓之文。其后形声相益，即谓之字。文者，物象之本；字者，言孳乳而寖多也。"许慎这段话表明了汉字的造字阶段，即先有依类象形的文，然后再有形声相益的字。这种两分法，为探讨造字作了很好的理论准备。其实，许慎汉字造字两分的论述对于其他文字同样适用。

3．初造字与新造字

初造字是模拟事物或图画，而未参照任何已有字形造出的那部分字。

新造字是参照已有字符并按照一定参照规则造成的字。

文字系统中产生部分模拟事物的新造字后，再造新的字符，要考虑到已经存在的这部分字符，可以选择继续按照仿拟的原则造字，也可以根据已经造出的字符参照一定的规则造新字。

4．仿拟机制与参照机制

仿拟机制是指按照象形方式进行造字的方法和原则。初造字的造字机制就是按照仿拟的原则进行的。

参照机制是参照已有字符运用变换、合成等方式构字的方法和原则。新造字的造字机制就是参照机制。

5. 参照基字与参照字

参照基字是指新造字在造字时所参照的字符。

参照字是相对参照基字而言，在参照基字基础上按照参照机制造的新字符。

参照基字是造新字所选用的基点，如 ⌒ 繁星、⌒ 陨星、⌒ 晴，都有一个已知事物天 ⌒ ；⌒ 日出、⌒ 日没、⌒ 月出、⌒ 月没，都有一个参照点山坡 ⌒ 。又如活鹿 ⌒ →死鹿 ⌒ ，死鹿是在活鹿的参照下改换方位，去掉眼珠而成的。作为参照物的字活鹿 ⌒ 是造新字死鹿 ⌒ 的参照基字。

二、初造字的产生

我们试分析西南几种原始文字的初造字。

（一）水文的初造字

水文的自源字中有大量初造字。按照所仿拟的自然和社会生活的内容，大致可分为以下几类。

1. 自然：

日 ○ 、 ⌒ 、 ⌒ ；月 ○ 、 ○ ；星 ○○○ 、 ⌒ 、 ⌒ ；云 ⌒ 、 ⌒ ；风 ⌒ 、 ⌒ 、 ⌒ 、 ⌒ ；雨 ⌒ 、 ⌒ 、 ⌒ ；

山 ⌒ ；坡 ⌒ 、 ⌒ ；泉水 ⌒ 、 ⌒ ；田 ⌒ 、 ⌒ 、 ⌒ 、 ⌒ 、 ⌒ 。

2. 动物：

鸟 ⌒ 、 ⌒ ；乌鸦 ⌒ ；天鹅 ⌒ 、 ⌒ 、 ⌒ ；燕 ⌒ 、 ⌒ 、 ⌒ ；鹅 ⌒ 、 ⌒ ；鸡 ⌒ 、 ⌒ 、 ⌒ 、 ⌒ ；

牛 ⌒ 、 ⌒ 、 ⌒ 、 ⌒ ；马 ⌒ 、 ⌒ 、 ⌒ ；羊 ⌒ ；猪 ⌒ 、 ⌒ 、 ⌒ 、 ⌒ ；狗 ⌒ 、 ⌒ 、 ⌒ 、 ⌒ 、 ⌒ 、 ⌒ ；兔 ⌒ ；虎 ⌒ 、 ⌒ 、 ⌒ 、 ⌒ 、 ⌒ ；豹 ⌒ 、 ⌒ ；猴 ⌒ 、 ⌒ （疑为猴皮）、 ⌒ 、 ⌒ ；竹鼠 ⌒ 、 ⌒ ；蛇 ⌒ 、 ⌒ ；獭 ⌒ ；

蟹 ⌒ 、 ⌒ ；螺蛳 ⌒ 、 ⌒ ；虾 ⌒ 、 ⌒ 、 ⌒ ；鱼 ⌒ 、 ⌒ 、 ⌒ 、 ⌒ 、 ⌒ ；鲫 ⌒ 、 ⌒ ；鲶 ⌒ 、 ⌒ ；鳞 ⌒ ；

虫 ⌒ 、 ⌒ 、 ⌒ ；蚯蚓 ⌒ 、 ⌒ 、 ⌒ ；蜘蛛 ⌒ 、 ⌒ 、 ⌒ 、 ⌒ 、 ⌒ 、 ⌒ ；黄蜂 ⌒ 。

3. 植物

花 ⌒ 、果 ⌒ 、 ⌒ ；草 ⌒ 、 ⌒ 、 ⌒ ；穗 ⌒ 、 ⌒ 。

4. 人体

头 ⌒ 、 ⌒ ；脸 ⌒ ；目 ○○ 、 ⌒ ；耳 ⌒ 、 ⌒ 、 ⌒ 、 ⌒ ；鼻 ⌒ 、 ⌒ ；口 ⌒ 、 ⌒ ；腰 ⌒ 、 ⌒ 。

5. 人事

人、、、妇女、、；子⑴。

6. 房屋、器具

屋；铃；叉；桌、；耙、、；梯、、、；

伞、；笔；线、；箭、；弓、；、；刀、、斧、、；镰、、、、；棺；官印、、、；钟。

7. 食物

酒、；肉。

8. 宗教

祭；巫师、、。

9. 假想物

怪物、；

龙、、、、、。

（二）水文初造字的特点

1. 水文初造字的象形程度不高

水文初造字已经经过了相当程度的符号线条化，所以有些只是略具轮廓而已。和东巴文比较，这一点就显得很明显。

汉义	水文	东巴文
云		
坡		
鸟		
羊		
螺蛳		
虫		
花		
目		
子	⑴	
钟		
耙		
巫师		巫师给人完婚
龙		

2．水文初造字字形不规范

水文初造字的字形就不整齐统一，而是显得随意，这奠定了水文文字系统的符号体态基础。这可能与水书先生的文化水平和造字意图有关——只求自己能识读就可以，不求统一规范。

3．水文初造字中既有独体象形，也有合体象形

独体象形就是画出所像事物的形象。如：

脸 ☺；目 ◦◦ 、◔；耳 ₱、 ฿、 ⌡、 ⌐；鼻 σ 、ᗩ；口 ᗡ

合体象形就是除了画出字义所要表达的事物，还画出与所像事物相关的事物。如：

日 ，除画出太阳以外，还画出太阳所参照的大地。

目 。

梯 ，除画出梯外，还画出梯所处的地方。

4．水文初造字中有些已经有词义的引申

酒 、 ，画出酒壶，以代指其中的酒。

祭 ，画出供桌上有祭品，表示祭祀。

（三）东巴文的初造字系统

1．按义类分

（1）人体

〖446〗 人；〖705〗 身体；（按：《谱》："身体也，从人扩大身部"，这是画写实形。）

〖708〗 头；〖710〗 耳；〖711〗 眼；〖713〗 口；〖715〗 齿；〖716〗 白齿；〖719〗 须；〖720〗 毛发；〖721〗 颈，像颈有项圈；〖722〗 手；〖728〗 足；〖731〗 心；〖732〗 肺；〖738〗 肠；〖742〗 骨；〖745〗 骨架；〖746〗 肋。

（2）动物

〖270〗 鸟；〖335F1〗 白鹤；〖335F2〗 孔雀；〖335F3〗 黄鹰；〖335F4〗 公雉；

〖409〗 壁虎；〖409f1〗 虎；〖409f2〗 獐；〖409f3〗 羊；〖409f4〗 马；〖409f5〗 象；〖409f6〗 牛；〖409f7〗 鼠；〖409f8〗 麂；

〖410〗 虫；〖414〗 蜈蚣（《谱》："全身细毛"，按：此是多足）；〖415〗 蜘蛛、〖427〗 蚂蚁；〖428〗 蚤；〖429〗 牛虱；〖430〗 蚀木虫；〖431〗 粪虫；〖440〗 蛇；

〖416〗 蜜蜂；〖418〗 螯；〖419〗 蝶；〖420〗 蛾；

【421】蝗；【422】蜻蜓；【424】蝇；【425】牛蝇；【426】蚊；

　　【432】鱼；【434】蚂蝗；【436】白海螺；【438】贝；

（3）自然（天文地理）

　　【8】北斗；【13】虹；【19】电；【127】土；【92】坡；【124】渠；【125】海；【132】石；【143】火；【1132】叉路口

（4）植物

　　【170】树；

　　【178】花；

　　【246】小麦；【260】南瓜。

（5）建筑

　　【972】屋；【975】楼；【992】村寨；【1018】城；【1019】塔；【1022】庙；【1024】王城

　　【981】墙；【1005】门；【1010】梯。

（6）用具

　　【787】剪刀；【839】箆子；【900】筷篮；

　　【847】犁头；【947】斧头；【955】锯子；【1099】秤；

　　【1048】笔；【1106】笛子；

　　【1143】船；

　　【1071】矛；

　　【254】法杖。

（7）食物

　　【865】谷堆；【928】米；【929】面粉；【932】油；【933】奶渣；【747】肉；【935】琵琶肉；【942】饵块。

（8）服饰

　　【805】衣；【807】披毡；【810】裤。

（四）东巴文初造字的特点

　　东巴文初造字都是依物画形而成，均采用象形的方式。如人，就画一个人正立之形。马，就画一个马形。正如"东巴文"在纳西语中称为"森究鲁究 [sər³³tɕə⁵⁵lɣ³³tɕə⁵⁵]"，[tɕə⁵⁵]，即痕迹，亦即文字；[sər³³]为木，[lɣ³³]

为石，意即见木画木，见石画石，是以图像的方法写成文字。

1. 体态上的特征

东巴文符号体态往往比较繁复。细致而逼真的描摹，酷似一幅幅简单的图画。这一方面表现在早期文字的符号书写比较注意"画成其物，随体诘诎"，对其构件的简化较少。如〖11〗 云、〖178〗 花、麼 761 虎、麼 765 豹、麼 771 獐、麼 774 狮、麼 778 鹿、麼 779 母鹿、麼 781 熊、麼 783 野猪、麼 795 猴、麼 796 崖羊、麼 801 水獭、麼 805 象、麼 854 鼠、麼 976 栗树、麼 977 杨柳树、麼 980 杜鹃树、麼 981 冷杉、麼 989 楷木。

为了区分比较细微的差别，所以画得都很细致。

早期文字系统中字形的大小，也不划一。其原因在于早期文字只是刚刚形成的符号系统，这个符号系统在构形上照顾到字形与它们记录的实物上维持正比例。

2. 反映角度符合常见观察角度

反映角度多数是跟观察角度一致的。如东巴文人形多为正面立形，睡觉的、生病的、死去的都躺下了。正面坐形的表示受人尊崇的人。

动物都是四足着地，不管是繁体画全身，还是简体画头部，多数是侧面之形，只有麼 853 猫画了一个正面的头。

3. 文字组合上的事理性

组合上以事物的本来顺序为序。

麼 32 ［ȵi³³me³³tɕ³¹nɯ³³rv⁵⁵］，云绕着太阳。云本作 ，在此因绕太阳遂成环形。

麼 50 ［he³³rwa³³pa³¹dzɯ³¹］，云围绕月亮。

4. 字形的区别特征不强，经常误用混用

因为反映事物力求精细再现，但现实生活中又有着许多很接近的事物。于是造成很多初造字的区别特征不强，导致误用混用现象的发生。

麼 1352 ［dv³¹pʻɛ⁵⁵］饭团。此字在鲁甸一带常见，以尖形者为饭团，以圆顶为酒药 ，在他处此二字常作情况需要而活用之。

如"看"作 ，"见"作 ，在字典中略有区别。但实际上在经书二字的使用异常混乱。有人以视线短者为看，长者为见；有人在视线下加两短横表及物为见，无短横者为看；有人二字混用，是看是见在诵经时由上下文推断。为了分化，后来"看"字加声符成麼 586 ， 字注其音。

同样的东巴文中一般十作乂，百作十，但经典中经常混用，如"三百"用〇 [suɯ³¹ɕi³³] ①。麼 1544乂 [tsʻɛ³¹] 十也。由一至九，皆以划记数，至十遂变一符号。此字常与百字之十相混用，由古本及⊠（盐）字字源之考证，知斜交叉乂为十，正交叉十者为百，唯今日各多巴多杂乱用之，即依情况需要，读之为十，或读之为百，乂十二字之严格区分，彼等不甚注意也。

麼 1020〇 [ɕi³³] 百，〇以记音，乂以记数，本当做十，依理当写为丰，"然么些多巴乂、十二字混用，视经典中情况而随时变动其音读。今写之为〇，约定俗成亦不知其字源有误也。此字见于鲁甸一带。"

麼 1320⊠ [tsʻɛ³³] 盐。画食盐一块，又以乂字注其音，乂之意为十，音 [tsʻɛ³¹]。

麼 459〇 [o³¹] 奴隶。〇原为一名，在此注奴隶之音。此字见于鲁甸，指男仆。

麼 460〇 [o³³] 自己。画一人反身自谓之形，又以〇其音，此字亦见于鲁甸，以其手之姿势与上一字之"奴隶"相区分，有时此二字亦相混用。此字或读为 [o³³to⁵⁵o³³]

麼 687〇 [mbi³¹] 飞，麼 688〇 [dɑ³¹] 飘翔。画鸟不动翅尾飘翔空中之形。有时与上一字相混用，盖么些文活动性甚大，又彼此不全相同，须变通而用之。

麼 692〇 [æ³¹]，也可写作〇或〇，关于雄鸡雌鸡之别，多巴有各种说法，一云可以冠之大小分，以〇为雄，以〇为雌；一云以鸡腮之肉缫分，〇为雄，〇为雌。现经常见之分法，仍为注音，即以〇 [æ³¹mɛ³³] 为雌鸡，以〇丰 [æ³¹pʻur³³] 为雄鸡，唯此字若读为 [æ³¹pʻur³¹]，亦可作"白鸡"解。

麼 1081〇 [tsʻo³¹kv⁵⁵] 锄头。画锄头之形，此字常与〇相混，有时写作〇，须注意其内刃之曲度，与锄头之〇，仍不相同。麼 1085〇 [tsɑ⁵⁵kʌ³¹] 或写作〇，以其内刃之曲度与锄头可相区别，然多巴亦常混用之。

麼 1114〇 [ndɑ³¹] 镰刀。

麼 1115〇 [kʻv³³] 割。以一断曲之线，示其割意。此字与上一字有时相互混用。

麼 1111〇 [tv³³] 舂。画以地臼米之形。比较 1113〇 [tʂæ⁵⁵]

---

① 李霖灿：《么些经典译注九种》，中华丛书编审委员会 1978 年版。

115

轻舂。画碓中有米之形，指米将熟而轻舂之使白。与 ⟋⟍ 字亦常混用。

麽 1624 𤎼 [kæ³¹] 光亮。此字与 94 号之 ⟋ 字有时相混用。

洛 178 ☺ gkv² 头，洛 481 ☺ p'a² 脸，也可读做 gkv²（头）。

麽 46 ⌒ [ho³¹] 夜。像月出夜深之形，以月中黑点示意。常与 ⌒ 晚上字形混用。

三、运用参照机制产生部分新造字

文字产生之初，除了主要采用仿拟机制造初造字以外，还运用参照机制造出部分新造字。不过即使是新造字，字符仍带有很强的仿拟特征。有时候甚至不容易从实践上区分它们是采用仿拟机制还是采用参照机制。这说明了这部分字的仍具有极强仿拟性，以至于混淆。

（一）变化参照基字

在参照基字的基础上加以变化造成了一些新字。虽然有参照，但仍带有模拟事物的性质。

如涂黑：

〖1049〗 ⬤ 墨；〖147〗 ⬤ · ⬤ 炭。

〖300y1〗 ⬤ 乌鸦。

〖132f3〗 ⬤ [lv³³na³¹] 黑石。

前两个字符其实正是客观事物的写实性表现，实际上仍是仿拟。第三个字符也是仿拟，只是客观上与鸟字符形成参照。第四个字符应是参照白石 ⌒ 而成，但仍具有仿拟特征。

倒置：

最早的倒置仍然是仿拟客观事物，如 ⌣ 碗，倒将过来则成了 ⌢ 覆，像碗倒扣之形。此时应是一种仿拟，与正立的碗形成无意识的参照。表现的是客观事物中的相反相对事物或关系的表达。麽 236 ⼈ [ndo⁵⁵] 跌下来也。象人倒立跌下之形。

缺损笔画：

日 ⊕ → ⊖ 日蚀、月 ⌒ → ⌒ 月蚀。

扭曲：

〖24〗 ⌇ 旋风。[hər³³to³³lo³¹]。参照〖23〗 ☰，风 [hər³³] 扭曲而得

（二）会合部件或字符

主要是图形式会意字，这种字分析起来是会合两个或两个以上的表形构件组合在一起，但他们仍具有极强的象形特征，而且符号的分布亦与物象的实际位置相合。如以下这些例子：

〖40〗 ℓ☼ 晒；〖352〗 ⼷ 涉；〖355〗 ☌ 天撞。

东巴文中的 ，表示"完婚"。

造字取象是一个东巴拿酥油在结婚的新郎新娘额头上擦，正如纳西族婚礼的风俗图。我们看一幅描绘纳西族人结婚的图画：

（摘自宋兆麟、冯莉《中国远古文化》，宁波出版社，2004 年）

图中所绘正是一对新人跪在巫师面前，巫师用酥油抹他们的额头。

四、字符（准字符、合文）的构造规则和书写规则形成

字符，包括准字符和合文的构造规则在原始文字中已经基本形成，表现在书写上亦有相应的字符书写规则。

（一）构造规则形成

初造字以仿拟为原则进行构字。新造字在参照基字的基础上进行变化、增删或组合进行构字。说明他们已经形成固定的构字规则。我们看一些形成构字规则的例子。

例一：用倒转符号表示人或动物处于死亡或虚弱状态。

麼 760 ［hɣ^{33}］野兽。泛指一切非家畜之兽类，画一野兽之头，似獐而无牙，以此为识别，其耳须长大，方能形似，若倒写作 ，则示死亡之意，其他兽亦同。

"其他兽亦同"说明了此规则也同样适用于其他动物。

例二：用许多点来表示某一类别的复数形式。

〖29〗 繁星；〖89〗 草满大地；〖102〗 树木满山；〖171〗 林；〖245〗 五谷；〖362〗 满；〖556〗 你们；〖554〗 我们；〖686〗 聚。

纳西东巴文中的三点已抽象为"多数"义，但尚不太稳定。例如[4] 星，[15] 露，[16] 雹，[17] 雪等许多字都是用了"三"这一数目来表示"多数"的意义的。但这种意义似乎并未完全稳固下来，如[171] 林；[188] 落叶。纳西族人在画出三棵树、三片落叶来表达"林"和"落叶"的意思的同时仍旧还要加许多点来强调"多数"义。

可见在纳西东巴文中"三"的"多数义"尚欠稳固。

例三：抽取共同部件然后再加区别性特征构成一类字。

抽取事物的共同部分，形成字符的共同部件，再加上一定区别性特征，可以造出一类字。此时造字能力已经大大强化，如东巴文"鬼"字，用三根竖立的头发来把人和鬼分开，抽取出了鬼的基本特征。再加上翅膀或其他区别性特征，可以表示纳西先民观念中上百种的鬼。又如下边这一例：

麼 864 〈图〉［la³³ɯ³³］虎皮。一切动物均可依此法而画其皮，空其目，存其特征即可。麼 863 〈图〉［ɯ³³］皮。画动物之皮。

说明画各种动物皮都可以采用这种方法。

例四：新造字在参照构字时既可参照基字的形义、也可以取音义，如：

1．取形义。取参照基字之形及所示之义。

（1）日〈图〉→〈图〉日蚀、月〈图〉→月蚀〈图〉。

（2）〈图〉人→〈图〉子、男、丈夫、〈图〉女、妇、妻、〈图〉叟、祖父、〈图〉妪、祖母。

（3）〈图〉母鸡→〈图〉母鸡；〈图〉岩→〈图〉岩。

（1）是取原字之形，在原字上缺损而成新字。（2）是在原字形上增补区别性特征。（3）是在原字上加声符。以上三例的共同之处是取参照基字的形义。

2．取音义。构新字时取参照基字的字音及字义。将参照基字作为构成新字的音符，如：

〈图〉［me³¹］纳西族古氏族名买氏→〈图〉［me³¹］

买氏本用假借字〈图〉表达，后来再加上形旁人而形成形声字〈图〉，〈图〉是构新字的参照点。新字〈图〉是取的假借字〈图〉的字音及假借义。其他如：

〈图〉［ho³¹］肋，假借为何氏→〈图〉［ho³¹］纳西族古氏族名何氏

〈图〉［sl⁵⁵］茅，假借为束氏→〈图〉［sl⁵⁵］束氏

〈图〉［iə³¹］草名、烟叶，假借为叶氏→〈图〉［iə³¹］叶氏

〈图〉［n̠i³³nv³¹］黄豆，假借为你→〈图〉［nv³¹］你

〈图〉［u³¹］献饭，假借为臣→〈图〉［u³¹］臣

〈图〉［kv̠⁵⁵］蒜，假借为能者→〈图〉［kv̠⁵⁵］能者

这些字都是假借字加形符而形成的形声字。在形声造字之前，借假借字的音义来表达整字的意义。这些假借字是新造的形声字的参照基字，新造形声字是取的原假借字的音义而造出新字来的。

（二）字符的书写规则基本形成

字符的书写规则主要指笔顺。前贤时哲已经指出东巴文字符已经形成

了书写笔顺。

李霖灿《么些族文字的发生和演变》：①

再进一步到了第三个阶段，这可以说是正式入了文字的疆域，不但写法有了定则，笔顺也大致成立。我从么些巫师学写形字时，见到他们对动物的"头架"，已归纳出一套公式，大多是先画上一个圆圈点上一点，这是眼，在眼之上像写阿拉伯字"3"一样的括上一笔算是头颅、鼻子、上唇的侧影（么些形字的动物大多取侧面的看法），然后又在下面应上一笔算是下唇同下巴，再加上两双耳朵，大约六笔就可以画出一个动物头部的轮廓，以此为"基本式"，加上特征的部份，很容易的就可以写出全部动物的"文字"。到这里我想是可以算成正式的"文字"了。

举动物作例为的是阶段清楚容易明白，其他门类的字大都可以类推，当初大多是老老实实的图画，繁，逐渐由繁变简，最后简之又简，摸索到了对象的主要线条归纳出笔划的顺序，这就成为正式的文字。

李霖灿的论述说明当时东巴文已经有了笔顺顺序和大致的写法的定则。

木琛《纳西象形文字》：②

多数字形宜横向取势。如正方、正圆的物形变为长方、椭圆；方形的笔画宜写成长方、圆形的笔画宜写成椭圆；字形宜左右舒展、上下收敛。

有的字宜取斜势。

结构简单的字形较小、结构复杂的字形稍大。

有的字表示的事物形体较大，字形亦应相对大些。

书写纳西东巴文的笔画走向应大体遵循从左到右、从上到下的一般规律。构字中的笔画顺序并无定法，一个字先写哪一部分、后写哪一部分，要看如何安排才更便于构成完整的图形。一般来说，应先写出图形的主体部分，后写附加或修饰的部分；表示人物的字形应先写头部、头饰，次写身体各部位再写附加的部分；表示动物头形的字，应从眼部开始，然后写嘴、颌，再写角、耳或冠羽等，最后写颈部；表示动物全形的字，应从头部开始，依次写出身体各部位；个别字形书写时宜从底部开始，但笔画走向

① 李霖灿：《么些族文字的发生和演变》，载《么些研究论文集》，台湾故宫博物院1984年版，第70页。
② 木琛：《纳西象形文字》，云南人民出版社2003年版，第46页。

仍然是从左到右、从上到下。

木琛总结了过去东巴书写东巴文的经验，同样显示出东巴文写法有了一定规则。

和力民《纳西象形文字字帖》：[①]

> 每一个东巴文字的书写笔划顺序，虽各地有些差异，但基本方法是共通的。譬如，动物字，一般先绘眼睛，再绘嘴巴，后绘角、耳及身体其他部分。一般字按从上到下，从左到右的顺序书写。如天、云、雨、人。有的字先绘外部主体轮廓，再绘局部细节，如脸、头。有的组合字，先绘主体，再绘附加符号，如恳求、走、丢、下来。有些难写的组合字，先写笔划复杂的字符，再写较易的字符，如栖。有的字是从里到外书写，如日、松石、羊毛、镜。有的字是从外到里书写，如簸箕、牙齿、犁轭、箩。有的字是从中到上到下，或从中到左到右书写。如大蒜、生姜、耳。总之，东巴文字是有其书写规律和方法的。

这些记述说明东巴文已经形成较为固定的书写顺序，字符的书写规则基本形成。

五、原始文字字符的特征

1. 字符具有象形特征

原始文字的字符具有明显的象形性特征，我们分初造字和新造字，分别讨论两类字中的象形性特征。

（1）初造字中的象形特征

初造字本来就是运用仿拟机制造成的字，所以象形是理所当然的。初造字的体貌合乎事物本身。早期文字中的字符，多采用仿拟象形的方式，事物是什么就画成什么样，并且尽可能画得与原物逼真。并且字符的大小比例，往往与真实事物在现实世界的比例类似，如画一只虎肯定是比一只蛋要大。

（傅懋勣《丽江么些象形文'古事记'研究》P16）

直译：蛋白一个出，他化育做鸡白一种出。

---

① 和力民：《纳西象形文字字帖·序言》，云南民族出版社 2003 年版，第 1—2 页。

意译：生出一个白蛋来，白蛋又一变，生出一种白鸡来。[①]

鸡和蛋的字形，比例差异明显，这也体现了现实生活中的比例关系。

如东巴文中洛 298🦌 lä²-mä²-tgkye² shĕr¹ 长颈的雌麝。那它的颈部一定是要比其他麝加长的。

其他如塔比较高大，那它的字形也较大，麼 1727🗼 [t'a⁵⁵]，塔。

还有一种情况是当时人们观念中的大和小也反映在文字的比例上，如纳西东巴文中的神和东巴往往画得比普通人大，如前所举，东巴文中的 🐾 表示"完婚"，造字取象是一个东巴拿酥油在结婚的新郎新娘额头上擦，正如纳西族婚礼的风俗图。但此字中东巴画得大，而结婚的两个人形画得小。

（2）新造字中的象形特征

早期新造字中的变化基字多数仍带有仿拟特征，只是在原有的字形基础上进行参照变化，如日⊕→⊜日蚀、月◯→月蚀◯。

会合两字形的以会意字为主，字形的方位与事物本身的方位一致。如〖40〗🌾 晒；〖352〗🐾 涉；〖355〗🐾 天撞。

即使是形声字，声符和义符的位置也表义。

洛 588🐾 ts'i¹ 轧棉花或羊毛。

此符号用吊死鬼🐾ts'u² 标音，再用双手拿线表示轧棉花或羊毛。

麼 1153 ⊐→ [k'o³¹] 接，兜接。掷物承接之意，以门 ⊐（门）注其音，以一抛掷线 〰 示其意。按：门本作 ◘，之所以横置的原因是为了去承接抛掷线。

比较下边一字，麼 1154 🎏 [dzɯ³³] 悬垂。画悬垂门上之形，此字见于若喀地域内。此时的门改成倒挂在空中，以利悬垂物品。

在形声字的造字中，也要运用方位、主从等表义手段。这其实是东巴文中顽强的图画性特征的保留。过去喻遂生先生亦曾指出"即使是声符，也要让其以位置示意。"[②]陈年福先生也收集了更多例证，归纳为原始文字的声符形化特征，并与甲骨文中的声符形化进行了比较。[③]

2．符号可拆分度低

如上一节所谈，原始文字在早期还存在大量准字符、合文，所以可拆分度不高。即使是独立字符，也主要以独体占优势，不能进行进一步拆分。

----

① 傅懋勣：《丽江么些象形文'古事记'研究》，武昌华中大学 1948 年版，第 16—18 页。

② 喻遂生：《纳西东巴形声字研究纲要》，载《纳西东巴文研究丛稿》，巴蜀书社 2003 年版，第 115 页。

③ 陈年福：《纳、汉形声字声符形化比较》，载《玉振金声探东巴——国际东巴文化艺术学术研讨会论文集》，社会科学文献出版社 2002 年版，第 679—691 页。

如达巴文中的大部分符号。

六星角 [tʂʻua⁵⁵tsʻʌ³¹kʻɑ⁵⁵]，绘一颗星抱四小星。

六星身 [tʂʻua⁵⁵tsʻʌ³¹go³³mo³³]，绘有一组六个星星。

三星角 [sɯ³³tʻo⁵⁵kʻo⁵⁵]，绘一组三星。

三星身 [sɯ³³tʻo⁵⁵go³³mo³¹]，绘两个相连的星星。

水头星 [dʑi³¹ku³³]，绘一组四个星星。

水尾星 [dʑi³¹mæ³³]，绘有一星，读音"索塔格补"，意为白色的星。

以上均为象形，这类符号都是表示星的位置及形状的。即使有几颗星形，但他们一般不拆开，如拆开的话则不表达原来的意义。

蛙肢星 [pɑ³³py³³]，绘一青蛙。

蛙尾星 [pɑ³³mæ³³]，形如蛙尾。

吉科，以流水象征水星。按：《纳西象形文字谱》：泉，[dʑi³¹kʻo³³]。

，野鸡星 [fv³³kɯ³¹]，绘一只野鸡，读音"胡朋"，野鸡之意。按：《纳西象形文字谱》：雉，野鸡，[fv]。

，鹰星 [gə³³kɯ³¹]，绘一只老鹰，读音"格哥"，汉意为山中之鹰。按：《纳西象形文字谱》：恶老鹰，[kə⁵⁵nɑ³¹]，[nɑ³¹] 为黑、恶。

，猪嘴星 [bu³¹kʻu³³]，绘一猪头，读音为"布块"，汉意为猪头之意。按：《纳西象形文字谱》：猪，[bu³¹]。头，[kv³³]。

，猪腰星 [bu³¹to³³]，绘一猪的生殖器，读音为"布吉"，汉意为公猪性具。

，猪油星 [bu³¹mɑ³¹]，绘一块猪油于盘中，读音为"布马"，汉意为猪油。按：《纳西象形文字谱》：油，[mɑ³¹]。

以上的字形，可以看成意义引申，其本义所对应的字则多为象形。也不能作进一步拆分。

3. 准字符现象普遍

准字符的产生我们在本章第一节已经谈到，原始文字产生早期这种现象较为普遍。我们还可以通过随文改字的现象来认识准字符，即字符往往随文改字，在不同的环境里改变字形的写法。

方国瑜："所谓的一义数字，即字形不同，而取意相同。虽具体之事物有别，各有专指，其音义则相同。"①

我们看下边的一些例子：

表示"商量"的字符一般写作〖700〗 ⚏⚏ 交谈、商量，但在经典中却随着不同的人商量有以下 ⚏、⚏、⚏、⚏ 写法。②

(李霖灿《么些经典译注九种·么些族的洪水的故事》P33)

直译：$dɯ^{33}$　$tʂʌr^{55}$　dzi^{33}　$dzʌ^{31}$　$lɑ^{33}rʌr^{33}$　dy^{31}
　　一　　代　　人类　丰华　大　　地。

ku^{55}　$nɯ^{33}$　$sʌ^{33}$　$ndzɯ^{31}ŋgwɛ^{33}$，　$rʌr^{55}$　$nɯ^{33}$　$tʂhʌ^{55}$　$ndzɯ^{31}ŋgwɛ^{33}$
会者　同　智者　商量，　　量者　同　比者　商量，

$ndzɯ^{31}$　$nɯ^{33}$　$yɯ^{31}$　$ndzɯ^{31}ŋgwɛ^{33}$，　py^{31}　$nɯ^{33}$　phu^{31}　$ndzɯ^{31}ŋgwɛ^{33}$
官　　同　吏　商量，　　觋　同　巫　　商量。

汉译：在人类丰华的大地上，能者同智者商量，量者同比者商量，官同吏商量，男觋同女巫商量。

按： ⚏⚏ 交谈、商量。从 ⚏（老翁） ⚏（老妪）坐而商谈。在此节东巴经中形符分别变成了 ⚏（量者）和 ⚏（比者）， ⚏（官）和 ⚏（吏）， ⚏（觋）和 ⚏（巫）。不过值得注意的是第一小段东巴经中的"会者同智者商量"形符并未变成"智者"和"会者"，这与后面三小段中的随文改字现象形成明显的对比。同时此后三处"商量"蕴涵了主语"量者和比者"、"官和吏"、"觋和巫"。

其他如：

　　［$ȵi^{55}hɯ^{31}du^{33}by^{33}$］ ⚏⚏ 分清昼和夜
　　［$p'ər^{31}na^{55}du^{33}by^{33}$］ ⚏⚏ 分清黑与白
　　麽 436 生离死别 ⚏⚏ ［$ʂɯ^{33}sɯ^{31}ŋgo^{33}ŋgo^{33}$］， ⚏ 为生， ⚏ 示鬼，故为死，中间 ⚏ 乃分离符号。
　　麽 1010⚏ ［$tʂ'ʌr^{33}ndv^{31}lɛ^{33}tʂ'v^{33}p'i^{31}$］ 药草与毒草分隔开，也可读

---

① 方国瑜编纂、和志武参订：《纳西象形文字谱》，云南人民出版社 1995 年版，第67 页。

② 转引自范常喜：《甲骨文纳西东巴文会意字比较研究初探》，西南师范大学硕士学位论文，2004 年，第 31—32 页。

为〔tʂʻʌr³³ndv³¹ndv³¹le³³mbɣmbɣ³³〕，药、毒分开。

以上字符表示某物与某物分开。

麽 406 [图] 〔pʻv³³so³³lo³³〕男子火葬法也。画烧一男子之形，或云中间人形象老人，或云此象"男神"。或读为〔pʻv³³so³³kɛ⁵⁵〕

麽 541 [图] 〔mo³¹so³³lo³³〕女子火葬法也。画火葬焚化女子之形。也可读为〔mo³¹so³³kɛ⁵⁵〕。

表示不同的性别火葬，所用字符也不一样。

随文改字的现象与文字意义的抽象程度低也有关系。随着抽象能力的提高，这些反复重用的格式，也可能发展出抽象的字符来。如火葬后来抽象出〖579〗[图] 〔zi³³〕或〔ɕi³³mu³¹bər³¹〕。焚尸，从火化场焚尸。麽 405 [图] 〔ndʑi⁵⁵〕或〔mbur³¹〕烧人。象火葬烧人之形。

4．字符的相互区别度不够

主要表现在同形字，形似字。

（1）同形字指形体相同，而记词功能不同。其主要特征是形同而音、义不同二者，其在来源、意义上并无联系。

洛 238 [图] kʻa² 无水的山谷或峡谷；移开，搬走。按：这两个意思可能都是本义，或者先有山谷义，后来用这个符形和读音表示搬走。

洛 242 [图] kʻaw²-kʻaw² 说话；谈话；嘈杂声；吱吱叫；谈话时的噪杂。指谈话时也可读做 shou³-sho²，它等同于 kʻaw²-kʻaw²，也叫做ʻa²-ʻa¹，但这表示谈话过于热烈而以争吵告终。既可以表谈话，也可以表争吵。同形异义，并且均为本义。

洛 263 [图] kʻo²（动物的）角，它代表牛角；山洞或洞。

麽 1485 [图] 〔ʂo⁵⁵〕修刃口。画以火烧刃之形。又可作熏也。画以火熏物之形，以斧字注其音。李霖灿批曰："此一字可作此二种解释，音又相同，字源亦可通，不知孰为原义也。"

（2）形似字指字符之间彼此分表不同的音义。形体上相近似，区别度小，难以分辨：

麽 229 [图] 〔ʐur³³〕方隅，角落。故画四方角落之形，此字仅见于北地以上之若喀地域，他处有时皆误之为法码 [图]，实则此二字，形、声、义皆不相同也。

麽 23 [图] 〔mba³¹〕光芒，光亮——麽 29 [图] 〔nda³¹〕日落之光或晚霞。象日落时内无光耀外有斜晖之形。

麽 40 [图] 〔ɲi³³mɛ³³mbo³¹kv³³tʻv³³〕，"太阳由坡头出来"。[图] 注其第三音。

麽41［ȵi33mɛ33mbo31tho31gv31］，“太阳由坡后落下”。

试比较麽54“月亮由坡头出来”，麽55“月亮由坡后落下”，月亮的方向有别，一是竖立，一为倒置。

下面举一组方位相近而导致混用的。

麽43［hɛ33mɛ33］月。象月之形。此字有时亦作月份之“月”，与下一字混用。麽44［hɛ33］月份之“月”。以直立为别，读音亦与月亮不同。唯么些文尚无确定不移为大众皆一致遵守之读法，故此字常与字混用，仍需观经典中当时情况而活用之，即形可互通，而音及意已固定。

其他如郑飞洲所举到的：①

［ku31］姜 — ［kv33］蒜；

［tse55be33］斧 — ［ty33dʐu33］锤；

［kə55 耙 — ［pər55 梳子；

［dy33］翅 — ［hɯ55 海；

［tsʅ31 钟 — ［tɕu31zo33］铃；

［kɯ55 穿山甲 — ［tʂ'uɑ55ua33］蚁；

［mæ33］尾 — ［sər33］木；

［tʂ'uɑ55k'o33］鹿茸 — ［ɕo33lo31］珊瑚；

［p'ɑ33］面 — dɑ33k'ə31］鼓；

［k'ua55］碗 — ［gæ31be33］盘；

［dʐuɑ33k'o31］点种之木棒 — ［k'o33tsʅ31 椿 — ［mɯ55py33］笔；

［by33］肠 — ［k'ɯ31］线 — ［zʅ33］路。

四、小结

本节我们主要讨论了以下问题：

1．初造字的产生

早期原始文字主要采用仿拟机制造初造字，初造字的理据直接而显豁。水文的自源字、东巴文中都有大量反映各类社会事物的初造字。

2．产生部分新造字

原始文字早期的新造字数量较少，参照方式不多。并且这些采用参照机制造的字仍带有较浓厚的仿拟色彩。

3．字符的产生过程是字符的边界逐渐清晰、音义逐渐定型的过程。

字符边界逐渐清晰是指可以分出部分单个的字符，而不是仅保持浑沌

① 郑飞洲：《东巴文字素研究》，民族出版社2005年版，第34页。

的块图。

4. 原始文字字符的特征

字符具有象形特征；符号可拆分度低；准字符现象普遍；字符的相互区别度不够。

第五节　文字产生的原因

关于文字发生的动因或动力，学界的说法一向不一致。我们在此先简介几种有代表性的说法，然后根据西南少数民族文字产生的实际来讨论这一问题。

一、前人关于文字产生的原因论述

（一）巫术动力说

文字在产生初期，常依附着一种神秘性，往往同巫术紧密相关。所以许多人都相信文字是神灵所造。圣经上说希伯来的文字是上帝授与摩西的；柏拉图的《裴德尔》，也记载过埃及人的文字是戴特神所传授的。

不管以上记录是否合乎事实，我们至少可以相信：早期创造的文字，在巫术的环境下，成长和发展；用文字记录下来的文辞，只有依附巫术才能存在，才得以保留下来。

巫师在举行送葬、祭祖时也要经常陈述历史。人们为了不误农时，进行占卜也要求有一种随时可查看的书面文字。氏族社会以巫术宗教为决策向导，原始巫术以图画文字为符咒记录。

巫术知识经过日积月累，令人不解的符咒越来越多，装神弄鬼的舞蹈也越来越变化多端，莫明其妙的禁忌越来越复杂，千奇百怪的仪式越来越繁琐。随着社会生产力的发展和人口的增加，需要预测的事件越来越多，需要禳解的事情也越来越多。单凭口头记诵已经有些力不从心了。用某种手段将这些东西记录下来已成为当务之急。

（二）经济动力说

根据 Denise Schmanbt-Besserat 的研究，楔形文字是从黏土标志记数系统发展而来的。其发生是为了记录某人奉献给神庙多少物品、神庙有多少库存和贸易中有多少货物参与流通。[1]

Georges Jean 在其《文字与书写——思想的符号》中指出："最早的书写符号用于农牧业的记账。"[2]

（三）社会需要论

有不少学者认为，文字的发展状况是与社会发展状况相适应的。在原始社会的初期，生产力低下，人类生活简单。社会基本组织形式是氏族公

---

① 拱玉书《楔形文字起源新论》，载《世界历史》1997 年第 4 期。

② GeorgesJean 著，曹锦清、马振聘译：《文字与书写——思想的符号》，上海书店出版社 2001 年版，第 13 页。

社，公社所占据的地理空间不大，公社成员不多，他们的生息、劳动、分配、消费都在较小的范围内进行，跟外界接触很少。在这样的社会条件下，人们用自然语言进行交际，凭头脑记忆。

后来，随着社会的发展，小的分散的氏族集团变成了比较大的比较稳定的部落集团。这时，部落集团内部和部落集团之间产生了多方面的联系，如生产的、贸易交换的、军事的和其他方面的联系，所有这些联系，造成了对文字的需求。在这样一个新的历史时期，口耳相传的语言已经不敷应用了，人们产生了异时异地进行交际的要求。

（四）小结

毋庸置疑的是：文字发生的直接动力是社会对记录的需要。在文字之前，有口耳相传的口头交际，还有简陋的原始记事，但随着生产力和社会的发展，简陋的原始记事已经越来越不适应对记录的要求了。所以，可以认为：社会的不断发展导致对记录的需求增长是文字发生的直接动力。

跟巫术有关的巫事记录和跟商业有关的商业记录是记录需求增长的具体表现。早期社会，巫事日盛且越来越复杂，单凭巫的心记与口传越来越不敷需要，有意识的记录便成为现实的需要。同样，商业领域的发展也导致对记数、记物、凭证的需要。当然，除了这些领域以外，其他领域的不断发展也同样导致对记录需要的不断增长。

二、从几种文字的具体发生看文字产生原因

文字产生主要用来记录什么，就说明他是为什么而产生，从这个意义上讲，从文字的使用用途可以推测文字产生的原因。

1．从达巴文、尔苏文看

达巴文是用来书写择日占卜经书的。一个符号代表一天的星宿，达巴再据以推算。说明达巴文主要是应算日子择吉的记录需要而产生的。与此相类似，尔苏文也是如此，如尔苏人的《母虎历书》也主要用于择吉。

2．从水文看

水文书写的"水书"文献的体例是先注年、月、日、时，然后注吉凶兆象。水族的水书先生利用它为人们的婚嫁、丧葬、营建、出行、节令、生产、祭祀等择日占卜。水文主要运用于为巫师的占卜、择吉等，反过来说明水文的产生也是为了满足人们的这种需求。

3．从东巴文来看

从现存东巴文记录的文献来看，内容丰富。既有大量的宗教文献，又有不少的应用性文献。宗教文献中用于祭祀（如祭天、祭龙、祭署）、丧葬的内容都很丰富，同时用东巴文书写的占卜文献也不少。总之东巴文的用途的非常广泛。这说明这种文献当时产生的原因也较为复杂，可能既有择日的需要，也有记录宗教经典、甚至宗教仪式的需要。

4．从鲁国洪音节彝文看

黄建明曾介绍了姚安县鲁国洪老人创制的一种音节彝文，姚安县属云南省楚雄彝族自治州，姚安彝族为彝语中部方言，传统彝族文字已经失传，20世纪鲁国洪老人创造了一种音节文字，并在小范围内传授。[①]

鲁国洪（1917－1992），男，彝族。姚安县左门县乡阿九拉村人，没上过学，也没有从师学过任何文字。曾经被抓过壮丁，出过两次民工，但每次在外的时间都不长。他因汉语讲得不好，有时遭到旁人奚落，别人能看书、写信，可他不能给家人写信，又不愿请旁人帮忙。几次外出，他深深地感觉到目不识丁的痛苦。

解放后，村上借用鲁国洪的房子设立了一所学校，白天给孩子们上课，晚上给年轻人扫盲。当时年已三十多岁的鲁国洪动了心，但他又不愿和"小字辈"们坐在一起学习。他想，为何自己不创造一种文字试试呢，到时也可教教年轻人。经过目不认丁的痛苦并在新形势学文化热潮的影响下，他开始了艰难而又漫长的创字道路。但因为彝族本有传统彝文，加之鲁国洪所创制的文字科学性不够，所以后来并没有得到社会认可，也没有得到有组织的推广。

5．从傈僳竹书看

傈僳族在解放前普遍一直使用刻木、结绳的记事方法。后来，外国传教士为了传教方便，创造了拉丁大写字母及其变体形式的语音符号、苗文字母形式的语音符号。但其传播主要限于信教群众。直到汪忍波创制了音节竹书，才结束了傈僳族刻木、结绳记事的历史。汪忍波创制竹书文字最直接的动因是汪忍波13岁时父亲病故。当时家里只好将一块干地典当来治丧，作为典当契约的是一块刻着三转三道记号的木板，意思是日后用三块银元赎回。后来汪家去赎地时，对方强词夺理按自己的意图解释木刻的符号，结果使汪家白白损失了一笔钱财。此一事件对汪忍波触动很大。后来随着年龄的增长，阅历的增多，他萌生了由自己来创造一套本民族文字的想法，而且得到成功。

从以上个案看起来，除了强烈的社会需要，个人的心理要求也是文字创制的一种动力或动力的某一方面。如创制傈僳文的汪忍波、创制音节彝文的鲁国洪。

三、相关神话的启示

---

① 黄建明：《彝文文字学》，民族出版社2003年版，第202－225页。

各民族神话中也有关于文字如何产生的解释。其中大量谈到没有文字时原始记事的不足，反映了文字产生的社会需求。如：

（1）苍颉造字

关于苍颉造字，直至近年还有如此的口承神话流传着：

> 女娲制人过后，轩辕黄帝给人造了衣裳，神农黄帝又帮人制了五谷。人些啊，吃的有了，穿的也有了，就是有些事情啊，久了就搞忘了。有人就在那些石壁壁上啊，岩岩上啊，画些圈圈杠杠把事情记下来。多隔些时候，再看那些圈圈杠杠啊，又不晓得是记的啥子了。

> 后来，又有些脑壳灵光的人，画画来记。白天做的事啊，就在壁壁上画太阳，晚上碰到的事儿，就画上个月亮弯弯，打猎的事就画匹山，打鱼的事就画条河，还有些人人儿，马马儿，鱼啊鸟啊的。你画一些，我画一些，混在一起，隔久了又都搞不伸展是些啥子意思了。

> 仓颉见大伙画的这些，就想，干脆点儿，我来给人造些字，好记点。他按人们画的那些画，造出了人、口、手啊，日、月、山、水、火呀，牛、马、鱼、鸟啊，造了好多好多，又好认好记。[①]

记载仓颉造字的口承神话很多，它们往往大同小异。有的说在仓颉造字之前伏羲造字，但造得不好。这个神话的前边有一段说：

> 很早很早以前，我们的祖先是用结绳记事的。多一只羊，打一个小结；多一头牛，打一个大结。结满十个小结就打一个圈，十个圈就是一百。人们把绳子挂在墙上，一家的账目就清清楚楚了。

> 可是时间一长，绳子被老鼠咬断了，家家的账目全乱了。为了弄清账目，人们之间互相争斗起来，你打我，我打你，天下大乱。

四川的神话说：

> 黄帝命仓颉管理牲畜和粮食，仓颉用结绳记事的方法，把牲口的数星和粮食的多少记录得清清楚楚。后来，牲口和粮食不断增加，仓颉又想出新的结绳记事法：他用不同颜色的绳子表示不同的牲口和粮食，用打结的方法表示数量增加，用挂贝壳的方法表示数量的减少。这样免去了结绳和解绳的许多麻烦。

> 仓颉当了几年库典，工作做得很出色，黄帝又把他升为史官。有一年，南方的炎帝派人来向黄帝求和。黄帝命仓颉把历年来炎帝杀戮、掠夺走的人口、牲畜等财产做个统计。仓颉把自己关在屋里足足统计

---

① 《中国民间故事集成·四川卷》。讲述者：罗桂英，女，31岁，巴县前进化工厂职工家属，高中。采录者：李子硕，男，51岁，巴县文化馆干部，高中。采录时间：地点：1988年4月于巴县鱼洞镇。

了两个月，也没有彻底算清数字。因为用的绳和打得结太多了；绳子上的结是不同人结上去的，也不好辨认；仓颉自己打的结、拴的贝壳隔几天也弄不清了，得重新查对、算计。

陕西的神话与四川的相近：

仓颉是黄帝的史官，用祖传结绳记事的老办法记载史实。时间一长，那些大大小小、奇形怪状的绳结都记了些什么，连他自己也没法辨认了。

有一次黄帝要和炎帝谈判，命仓颉整理几年来炎帝侵境扰民的史实。仓颉在存放记史结绳的库房里泡了几天，泡得头昏脑胀，耳鸣目眩，仍然出了差错，使自己部落受了损失。

（2）哀牢山的彝族神话

古时候，哀牢山区的彝家原先没有文字，记事靠刻木结绳。可那时候，人们每天要做多少活，要记多少事，木块草绳也就装满了屋子，积成了山。母资莫（即天神）看见了，为人们焦愁不安。他叫来了一个管文字的仙女，对她说道："刻木结绳记事，累坏彝家人了，你下凡云给他们传播文字吧。"于是仙女带了一颗金种和一颗银种下凡了。

（3）昆明官渡区的彝族神话

很早以前，子君的老祖先就已经学会说话，有了语言但却没有文字。他们用细藤打结记事，时间长了，细藤疙瘩越结越多，反而把人弄糊涂了。

（4）傈僳族的神话

在远古时代，大地上生活着人类，有语言，但没有文字，做什么事情都凭脑子硬记。有的过了的事情往往记不清楚。还有些人良心不好，相互欺骗，闹得人类很不好过。

（5）佤族的神话

从前汉族、佤族、傣族是一母生的三兄弟。佤族是老大，傣族是老二，汉族是老三。那时他们都没有文字。有一天，三兄弟上山打猎，打了一大堆野兽。他们高兴得围着猎获的野兽跳起舞来。忽然老三停住了舞步，望着地上的猎物发愣："我们应该用什么办法来记下这次大丰收？"老三的提议引起了大哥、二哥的重视。是啊，用什么既简便又容易保存的东西记下就好了！过去结绳和刻木词都很不方便，一遇上大火烧山或搬家往往容易毁坏丢失；堆石子和数包谷将那就更糟糕，时间一久，就把所代表的东西忘了。

原始记事，不管是结绳也好、刻契也好，它们有一个共同的缺点，就是自身的说明性不强。除少数社会上已经约定俗成的信息之外，凡是复杂一点的、超出习俗共知的事情，需要有人从旁帮助解说。绳结、刻痕，固然结在绳子上、刻在竹木上，但所记的事情记在当事人的脑子里，没有亲身经历者的说明或者没有听过亲身经历者的说明的人，这些绳结和刻痕提供的信息都极为有限。

可见，文字发生的动力对于各民族来说不尽相同，即便对于同一民族来说也未必是一种。

四、小结

总结本节的讨论，我们的基本结论是：

1. 文字发生的动力可分成核心动力与表层动力，核心动力是记录需要的增长。这种对记录的需求增长可能体现在各个领域，如巫事、交换、借贷、生活等。他们是文字发生的表层动力。因为过去社会的不同经济形态决定有些民族可能狩猎为主，有些可能以畜牧为主，有些可能以农耕为主。不同的经济形态决定各民族的不同生活重心，有的交换要多一些，于是商业的记录的需求旺盛。同时原始记事因为诸多局限不能满足人们增长了的记录需要，于是需要一种更强大的记录符号系统——文字。

2. 创制者的心理需求也是我们要考虑到的。这主要是指创制者对已有的记录方法不满意，进而要改良甚至重新创造新的记录方式。

3. 一种文字可能有多种表层动力，其中各自所起的作用并不等同，可能有的要直接一些，有的要间接一些。各种文字的表层动力未必相同也未必单一。有的可能是巫术的，有的可能是交换的，有的可能是其他的或多种综合的。

第六节　本章总结

一、文字产生神话既包含了科学成分也有虚妄的内容

1．文字产生神话包含了科学成分，能折射出文字创制时的影子。

神话中较多反映了文字之前的记事方式及其缺陷，如彝族撒梅人的《毕老创字》说很早以前，撒梅人在门口放一块小石头为一日，麻线上结一个疙瘩为一月，家里挂一个羊头为一年。天长日久，石头一大堆，疙瘩一大串，羊头挂满屋。到底过了几年几月几日，数也数不清，分也分不明。汉族神话说，我们的祖先是用结绳记事的。可是时间一长，绳子被老鼠咬断了，家家的账目全乱了。

还有神话反映出当时的造字多采取的多是见石画石、见木画木的方式，这也比较符合最初的造字是采取象形的方式的实际。

对于文字产生后有缺陷的神话则正说明他们可能认识到他们的文字产生后存在着缺陷，需要以某种方式加以弥补。

各民族文字创制传说都明白无误地指出了创制主体。这值得我们反思以前我们对文化英雄仅有文字整理之功的评价。

2．但同样不可否认的是，文字产生神话也包含着较多的虚妄成分。如文字的创制过程有意无意地被神化。

二、原始记事的不断发展为文字产生提供了准备

原始记事从发展上讲经历了三个阶段：

一是实物记事：包括实物本身记事、部分实物（特征部位）记事、实物引申记事。

二是实物模型记事：这其中往往指的是三维模拟物。如雕塑等。

三是图画或符号记事。图画或符号既可以仿拟三维模拟物，也可以直接仿拟实物。这一阶段的记事方式已经发展到二维平面记事。

与文字起源关系最为密切的是二维平面记事。二维记事中的符号反复运用，以致于约定俗成，表达固定的音义，就会进入到文字系统中，成为其中的字符。

原始记事具有较多局限，不能满足人们增长的记录和交流的需要，于是符号体系更为完善、功能更加强大的文字系统就应运而生。

三、文字系统的产生体现在字符集的形成和字符组合表达规则和构字规则的形成

1．字符集的形成是逐渐积累起来的。

其中既有从图画发展而来的图画符号，也有从刻划符号发展而来的抽象性符号。

图画中不能被拆分的为准字符。图画中单个的符号首先被离析出来（与音结合）成为独立字符，一些独立的抽象符号亦成为独立成符；准字符逐渐分离出独立字符和合文；合文的发展有两个方向，有的合文分开成为独立的字符，有的合文凝固成一个字符。

2．字符的组合表达规则形成是指原始文字已经初步形成利用字符的组合进行表达时所涉及到的一些习惯和规范。表现在书写上则包括篇章形式、段落形式以及文字行款。字符的构字规则也同时初步形成。

四、字符的产生

原始文字早期，主要采用仿拟的方式和一部分带有仿拟特征的参照机制构字。

原始文字字符具有下述特征：字符具有象形特征，文字的可拆分度低，文字的区别特征不强，字符的音义附着灵活。

五、文字产生的动力分核心动力和表层动力

文字发生的动力可分成核心动力与表层动力，核心动力是记录需要的增长。这种对记录的需求增长可能体现在各个领域，如巫事、交换、借贷、生活等。他们是文字发生的表层动力。一种文字可能有多种表层动力。各种文字的表层动力未必相同也未必单一。有的可能是巫术的，有的可能是交换的，有的可能是其他的或多种综合的。

第三章　西南少数民族原始文字的发展

文字随着社会对记录的需求增长而不断发展，我国的西南少数民族原始文字也不例外。本章将通过文字系统的发展、字符构字的发展、字符可拆分度及体态的发展来讨论西南少数民族原始文字的发展，然后讨论西南少数民族原始文字发展原因。

第一节　文字系统的发展

西南少数民族原始文字系统的发展主要体现在字符集的发展、记录语言的不断精密化和组合表达规则的规整化。

一、字符集的发展

字符集的发展可以分成字符集的不断扩大和字符集的不断优化来讨论。

（一）字符集的扩大

事业日繁，需要表达的内容也越多，字符的量也就会不断增加。原始文字的发展也正是文字字符不断扩展的一个过程。

随着字符集的发展，文字系统中的字符与语言中的词的数量比会越来越趋于一致，发展到成熟文字时，差不多可以记录所要记录内容的所有词或词素。

1. 表达新事物的字增加

当人们发现新事物，遇到新问题，总结了新经验或发展了新思想的时候，便需要新词和新字来表达。如东巴文中的以下一些字，便应该是随着新事物的产生而补充进字符集的。

烟 $[iə^{31}]$，$[iə^{31}]$ 为汉语 "烟" 的译音。烟草原产于南美洲，明末由吕宋和朝鲜分别传入闽广和辽宁。由于明崇祯帝和清太宗实行禁烟政策，各地引种较慢，清代前期才得到广泛传播，康熙乾隆年间，云南种烟始见于记载。①如果考证属实，则说明随着清初烟草传入云南，东巴文才相应产生了仿拟烟叶的"✕"字。

洛克在此字形下解释为"枯萎的；腐烂的；毁坏的；撕烂的；烂的。符号表示枯萎的叶子。有意思的是：烟草在口语中也称为 yu¹，但烟草的书面表达方式却不为人所知，因为当创造 yu¹ 的符号时，人们还不知道烟草这种东西。"②洛克在云南的民国期间，烟草已经大行，其书面表达正是此字形，而"枯萎的；腐烂的；毁坏的；撕烂的；烂的"是"烟叶"的引申义，因为烟草生产过程中需要将收割的烟叶晒干。

向日葵 ✕ [ni³³me³³da³¹pa³¹]，向日葵原产于北美洲，明代晚期传入我国。始见于明人王象晋于天启元年（1621 年）成书的《群芳谱》中，书中称"西番菊"。③

麽 1511 枪炮 ✕ [la³¹tʂʻur⁵⁵]，画火枪之形。此字见于鲁甸。此枪的形制，当为采用火绳点燃的火绳枪（民间称之为火药枪）。火绳枪是 15 世纪中期欧洲人创制的，明朝始缴获外国火绳枪后加以仿制，中国把这种火绳枪称之为"鸟铳"，《武备志》说："后手不弃把，点火则不动，故十发有八九中，即飞鸟之在林，皆可射落，因是得名"。④戚继光《练兵杂纪》卷五《军器解上》："此器中国原无，传自倭夷，始得之"。⑤

以前纳西族多采用火葬，清道光《宁远府志》："么些，其人死，葬不用棺材，……杀猪带毛，压扁，名为猪膘，同尸烧之。将其头颅及手足骨挂于悬崖之上"。⑥《滇南闻见录》上卷："丽江之夷风，人死，殡于野，越几日火之。"⑦洛克《中国西南古纳西王国》："一个有趣的事是白地没有一

① 陈树平：《烟草在中国的传播和发展》，载《农史研究》第五辑，农业出版社 1985 年版。转引自喻遂生：《纳汉文化交流和纳西东巴字的历史层次》，载《纳西东巴文研究丛稿》，巴蜀书社 2003 年版，第 308 页。

② ［美］J.F.洛克著，和匠宇译：《纳西语英语汉语语汇》，云南教育出版社 2004 年版，第 629 页。

③ 闵宗殿：《中国农史系年要录》，农业出版社 1989 年版，第 179 页。转引自喻遂生：《纳汉文化交流和纳西东巴字的历史层次》，载《纳西东巴文研究丛稿》，巴蜀书社 2003 年版，第 308 页。

④ 故宫博物院编：《武备志》，海南出版社 2001 年版。

⑤ 戚继光：《练兵实纪·练兵杂纪》，载《四库全书》，上海人民出版社 1999 年电子版。

⑥ 转引自夏之乾：《纳西象形文字所反映的纳西族文化习俗》，载《民族研究》，1994 年第 5 期。

⑦ 转引自李国文：《人神之媒——东巴祭司面面观》，云南人民出版社 1993 年版，第 78 页。

座坟地，因为他们遵循他们的古风火葬死者。"[1]土葬是后起的现象，有关土葬的字都是后来发展起来的。

〖577〗𦋺 [nɣ³³] 埋也。从人埋入土中。

麽 400 𤰀 [nv³³] 埋也。象埋人土中之形，此字见于鲁甸。或写作 𤰀 。

麽 399 𤰀 [kiɛ⁵⁵] 剡。画剡土中人体之形，此字见于鲁甸。

麽 398 𤰀 [kwɛ³³] 棺材。画人在棺材中之形。或读为 [kwɛ³³tsʻɛ³¹]，似为"棺材"之略变其音，因么些人原用火葬，可能无此名称也。

〖576〗𤰀 [kuə³³] 棺，从人置棺中。

洛 301 𤰀 li¹ 灵柩、棺材。纳西人不使用棺材，因为他们只施行火葬，所以纳西语中没有这个字符。纳西人用 li¹ 来表示他们从 1723 年才开始使用的棺材。

洛 507 𤰀、𤰀 Ss²-bpa²-dgyu² 锁紧棺材用的木楔的名称。

这里我们还要举一个例子说明东巴经也随着时代的发展不断增加新的内容。如久戛吉是云南中甸县（现香格里拉县）白地著名东巴，自幼天资聪明，智慧过人，小时就会读诵简单经文，会制作木偶、面偶，到二十五岁就能主持重大法事活动，曾写下不少经书，亦能看古东巴教各种卜书卜法。三十岁左右时开始收徒，培养了一大批各地的东巴，1935 年陶云逵到白地调查后，请久戛吉到维西讲经两个月，1942 年又为李霖灿讲释祭天经书及祭祀礼仪两个月。在当地《求威灵》经的东巴谱系中就列有他的名字。[2]这说明《求威灵》经的东巴谱系也是不断增加新内容的。

2. 表抽象事物和抽象概念的字增加

对事物的属性进行抽象需要一个认识过程。原始文字早期多表具体事物的字，而少表抽象概念的字。对某些具体事物的抽象也较为有限，如表示"汽"，东巴文中表示"汽"就分别有天汽 𤰀、地汽 𤰀、水汽 𤰀 三个字形。随着文字的发展，表抽象事物和抽象概念的字也在增加。

先举抽象事物的例子。

洛 3 𤰀 ā² 谷物，所有的谷物都泛称为 ā²。第一个符号表示谷粒（未脱壳），读做 khi¹，第二个符号表示麦子，读做 dze²。

---

① [美]J.F.洛克：《中国西南古纳西王国》，转引自和志武主编：《中国原始宗教资料丛编·纳西族卷》，上海人民出版社 1993 年版，第 203 页。

② 和志武主编：《中国原始宗教资料丛编·纳西族卷》，上海人民出版社 1993 年版，第 417 页。

洛 31 boa²-ch'ou³ 所有的食肉动物，如老虎、豹子、狼等等都可这样称呼。

洛 32 boa² dzu¹ 人或其他天生具有脚掌的动物。

洛 86 di¹ 昆虫。任何种类的昆虫都称做 di¹；口语为 bä²-di¹。

洛 140 Dzï² nä¹ ts'o¹ 人的总称。

洛 611 vu³-szï² 鸟；泛指任何种类的鸟。在鸟头上的符号在此处读做 szï²（美丽的），它用以标音。

再举一些表示性状的例子。

洛 60 chung³-chung² 一起参加；放到一起。

洛 69 ddaw²-ddaw¹ 持久；强壮；坚固。

洛 74 ddü³-ddü² 等同的；在大小和容量上相等（但不用来表示等级上的一致），同样的。

洛 77 ddv³-ddv¹ 同样的；相像的。

洛 89 dsä³-dsä² 像把木头堆放在火上一样地堆积。

洛 544 ssu³-ssu² 像，指这个和那个很像；同样的。

洛 506 shwua²-shwua² 同等高度的；相等。

洛 165 gkaw¹-gkaw² 几乎；接近。

洛 200 gwua²-gwua² 同样；像；等于。

洛 277 k'v³-k'v² 同年。

洛 608 t'u²-t'u¹ 一起。

洛 171 gko²-gko¹ 坚固；确定的。

洛 107 dte²-dte² 固执的；矛盾的；抵抗；反抗的；抗拒的。

洛 152 ggŏ²-ggŏ² 憔悴的；衰弱的。

洛 171 gko²-gko¹ 小心；小心地。也指在镇压妖魔时小心地放下。

洛 92 dshi²-dshi² 渴望；贪图；妄想。节俭的；经济的；吝啬的；贪婪的。

洛 92 dshi³-dshi²；摆动，扭动（像一个大动物摆动它的身体），用以标音。

最后举表示抽象观念字的形成，以"黑"、"白"字为例。

纳西族黑色观念的形成有一个过程。可能最开始他们只是对于黑色的事物有所认识而已，如炭 、 不管它是读 [hu⁵⁵] 还是 [fɣ⁵⁵dzi³³]，都没有表"黑" [na³¹] 的音。还有如 乌鸦，它只是将 鸟形全部涂黑，以仿拟乌鸦全身黑色，读成 [la³³iə³¹]。

最早的一个带黑音 [na³¹] 的表黑色事物的字可能是"墨"字。

墨，读［mɯ⁵⁵na³¹］，也是仿黑墨形。

最早的涂黑就是客观事物的写实性表现，如：

　　黑树［dzər³¹na³¹］

　　黑白交界处之梅花［si³¹k'a³³o³³mu³¹ba³¹］

　　天地之际昏黑［tse⁵⁵ky³³na³¹ly³³la³³］

　　黑石［ly³³na³¹］

后来逐渐抽象，成为一个黑点，如：

　　黑色衣服［dʑi³³na³¹］。

　　黑毡帽［p'y³³ly³³na³¹］。

　　断角黑鹿［tʂ'ua⁵⁵na³¹kho³³dy³³］。

　　黑石岩［æ³³na³¹］。

　　黑太阳　麼 27［bi³³na³¹］，纳西经典中言鬼地一切皆黑，天地日月星辰无不为黑色。

　　麼 153黑雪山［nɑ³¹ŋv³³rv³³］，对照雪山麼 140加黑点。

　　洛 149、、ffʮ³-gyi¹-'a¹-na¹ 黑鸡。魔鬼美令术主的财产。

　　按："黑鸡"三个形体由全部涂黑到以黑点表示，字形也逐渐抽象。还以此构成新字。如洛 149ffʮ-³gyi¹-'a¹-na ¹dü¹ 黑鸡的王国。

　　再进一步字形中的黑点不放在图里边，而独立出来。

　　黑白水　［dʑi³³p'ər³¹dʑi³³na⁵⁵］。

　　另外还借了一个藏文符号表示抽象概念的"黑"，也可以以此为部件构成新字，"黑土地"［tʂʅ³³na³¹］。

　　在运用中，黑点和可以互换。如下边两个例子：

　　洛 61、ch'ung¹-na¹ 黑色；非常暗，全黑；玛瑙。

　　麼 137 、、黑白交界之地［p'ur³¹na⁵⁵ru³³kæ³³tʂo⁵⁵］。

　　其中第一个字形涂黑表示"黑"，第二个字形以黑点表示，第三个字形则以藏文字符表示。

　　比较有意思的是，此藏文字符后来还可以再加上黑点，成麼 1596或。

　　相反地，"白"观念也附着于物件上，但对于采用"白纸黑字"的书写形式而言，留白与所要表达的白义容易混淆，导致"白"义不好外化，只好假借了一个同音字"解"来表达。

　　我们可以从〖304〗白头翁似可看出一点痕迹。如果不看声符，单看形符部分，将鸟的脖子部位涂黑，以反衬其头部为白色。但看来这种表达十分不显豁，并与其他表鸟的字容易混淆，只好加一声形 于（兼表义）来明晰化。〖322〗 白鹤一字也如此。其他表示颜色的字，亦因不好外化，只好采取义借的方式，义借是指因意义相关而用原字字形记另一个词的造字方法。如：

〖143〗火 [mi³³] 义借作〖1183〗红 [hy³¹]

〖135〗金 [hæ³¹] 义借作〖1184〗黄 [ʂ³¹]

〖136〗玉 [o³¹] 义借作〖1185〗绿 [hər³¹]

这种方式具有类推性，"白"也可以由此方式义借而成。

〖930〗乳· [no³³]（《谱》65 页）义借作"白"[p'ər³³]（《谱》65 页）

3. 记录动作词语字的增加

早期字符集中较多的是记录静态事物的字符。而有发展过程的事件及动作，则是随着造字方式的逐渐成熟和字符界限开始清晰才正式加入到字符集中的。当然，此前图画记事式的图画组合已经存在，但它并没有成为清晰的独立字符。

早期表示动作是通过意义的引申来实现的，即字形既可以表示动作，也可以表示事物，如：

洛 16 ba¹ 花，也可以表示绽放（如花朵）。

洛 64 ch'wua¹ 挤奶；乳牛。

洛 594 ts'u² 上吊自杀；吊死鬼。

既可以表示上吊自杀，也可以表示自杀后的吊死鬼。以上所举字例既可以表示事物，也可以表示动作，并且读音未发生变化。后来有意识的变读，以体现动作与事物的差异。如：

麽 1783 [ŋv³³] 超度死人时之木偶。么些人以松木为之，上端留枝叶，砍断，于下端刻口目，将此二截合并束之，以作死者之木偶。

△ [ŋv⁵⁵] 超度死者。以此木偶代表超度法仪之动作。

洛 503 shu³ 铁（用一把斧头来表示），也可以表示铸造（铜或铁），此时读 shu¹。

同一个字符，表示两个意义，读两个读音，也可以称之为义借。但对于表达精密化而言，还是不符合一字（形）一词的趋势，于是在参照事物字基础上另造新字。

麽 1482 [tv³³] 锤打。画斧头于墩上锤打之形。

△麽 1481 [ʂo³¹] 铁。

新造的表示"动作"的字往往运用与事物相关的字符参照而成，下边再看一些例子。第一个为表动作的字，加△形作对比的是所参照的字。

　　麽 1111　[tʏ³³] 舂。画以地臼米之形。

　　△麽 1110　[tʂv³¹] 碓。画木碓之形。

　　麽 1144　[ʐwa³¹] 量也。画以升量米之形。

　　△麽 1142　[pʏ³³] 升。画升之形。

　　按：在工具上加上所对象的对象。

　　麽 1196　[t‘o⁵⁵] 打桩子，钉桩子。画一斧头以见敲打之意。或作麽 1198　，象打桩入土之形。

　　△麽 1195　[k‘wa³¹] 桩子。

　　麽 1237　[tse³³ma³¹tse⁵⁵] 打火链。以火链　击石　出火　，示打火链之意。

　　△麽 1235　[tse³³ma³¹] 火链。或写作　。

　　麽 1290　[tɯ³¹] 安灶安锅。画锅安置于三脚架上之形。

　　△麽 1289　[bv³³] 锅。麽 1356　[kwa³¹] 铁三脚灶架。

　　麽 1425　[p‘ur³³] 束，捆。画线束之形以示意。

　　△麽 14　[k‘ɯ³¹] 线。麽 1424　[k‘ɯ³¹p‘ur³³] 线束。

　　麽 315　[t‘ɯ³¹] 饮。象人饮酒之形。或作 1336　，此字见于鲁甸。

　　麽 1335　[ʐɯ³³t‘ɯ³¹] 饮酒。

　　△麽 1334　[ʐɯ³³] 酒。画酒器之形，中有一可吮吸之管。

　　洛 41　bpi²-li¹ muṇ¹ 吹笛子。

　　△洛 41　bpi²-li¹ 笛子。

　　按：muṇ¹ 即吹。加上一个动作的发出者，表示动作。

　　麽 1149　[p‘o³³] 开门，开。画一门，又于其旁加一外拉之动线，以示开门之意。

　　△麽 1148　[k‘o³³]，门。

　　〖273〗　[tɕʏ³¹] 啼，鸣。从鸡出声。

　　△〖292〗　[æ˩] 或 [æ˩phər˩] 鸡。

　　〖753〗　、　[lʏ˩] 看。

　　△〖711〗　、　、　[nɐ˩] 或 [miɐ˩] 或 [miɐ˩lʏ³³] 眼睛。

　　按：在动作主体上加上表示声音或轨迹的线条表示动作。

　　〖560〗　、　、　[dzʅ˩] 坐。

　　△〖446〗　、　[ɕi³³] 人。

按：正常体位为立形，变换字形做特殊形，表示动作。

〖654〗犬☆、犬、ce [dzŋ³³] 吃。

△〖446〗夭、ʁ [ɕi³³] 人。〖922〗ㅂ [ha³³] 饭。

按：主体＋对象，表示主体的动作。

〖896〗🥄 [ko³³] 勺取，从勺取物。

△〖895〗🥄 [bʋ³³ʥeꜜ] 勺。

〖888〗🐁 [loꜜ] 待客。

△〖887〗ꙮ [lo³³] 盆。

〖1002〗卄 [lo⁵⁵] 挂。象挂物于架。

△〖1001〗ㅣㅓ [ʥo³³] 挂架。

〖1055〗▨▨ [pər⁵⁵] 写。

△〖1051〗◀◀◀◀ [bʋꜜmɯ³³] 经书。

4．表音字的大量使用使形声字的出现成为可能

文字还不成熟的时候，语言中大量的词得不到记录。要解决文字不能满足语言记录需要这一矛盾，最经济便捷的方法是借用已有文字的字形来记录语言中读音相同或相近的词。这是一种不增字形的假借造字。

假借本身不产生新字，但往往导致新字的产生，如汉字"莫—暮"，"其—箕"，并且导致了表音这种方式的推广和使用。我们认为形声字的产生与这种表音方式关系极为密切。因为形声字的声符与假借字有极大的关系。在表意为主的汉字中，原本没有形符和声符的区别，因为在表意字（包括象形字、指事字、会意字）里，字形就具有表义和表音的双重作用。假借字的出现和大量使用，便把表意字的以形表意的格局打破了。假借字可以从声音相同或相近这一点出发，假借字与被假借字之间可以毫无意义上的联系，被借字完全被当做一个纯粹表音的符号来使用了。

形声字的大量产生主要有两种情况。一种情况是在表意字的旁边加一个纯表音的字，这是表意的形旁先出现而表音的声旁后出现。另一种情况是表音的假借字先出现，再加上表意的形旁。

〖60〗春◒，春天为风季，故于天下画一风以会意，后来又加一眼睛作为声旁成◒◒麽 6。

这是表意字加音符。

洛 557 ᚋtgkye² 油灯，也可以假借为 tgkye³ 火葬；焚烧。

洛 558 ᚋ tgkye³（tkhye³）火葬，上面表示油灯的符号也读做 tgkye³，此处用以标音。

这是假借字加义符的现象。

5. 异体的繁荣

文字的发展，伴随着异体的增长和消亡。文字产生早期，主要是异体的大量增加。异体增加的根本原因是文字使用者在寻求他认为更好的表达。

在达巴文中，已经出现了较多异体字，这些异体的关系有：

（1）取象不同

，此可能一取猪阴茎，一取猪睾丸。

（2）繁写与简写的区别

全形与代表形：

猪嘴，，

双笔与单笔的区别：

符号多寡的区别：

其他：

（3）方位或排列位置差异

方位差异：

排列位置差异：

（4）综合性的

，方位和单双笔

，排列位置和单双笔

，位置和繁复程度不同

达巴文各个版本之间的符号大多数相同的。异体只占一其中一小部分，并且这些异体之间多数只是繁简或位置的不同，不具有结构上的不同。即使是取象不同，也都是采用象形的方式构成的。

根据笔者对《纳西象形文字谱》的统计[①]，异体字种所占整个文字系统的比率是 35.3%，异体字数所占整个文字符号系统的比率约 33.06%，平均每字有异体 0.49 个。

东巴文是一种自源文字，异体字的增多，不断丰富着东巴文字系统，

[①] 邓章应：《〈纳西象形文字谱〉的异体字及其他》，载《内江师范学院学报》2006年第 5 期。

而且在这个过程中不断产生更明确简捷的表达方法，调整着文字表达语言的方式，完成文字由低级到高级的演进。

（二）字符集的优化

字符集的优化体现在字符边界的逐渐清晰，同形字的分化，形近字的分化等。

1. 字符边界的逐渐清晰

字符边界逐渐清晰体现在准字符和合文的减少，字符的音义附着也渐趋稳定。准字符和合文，使文字字符的边界模糊，同时也妨碍了文字顺序表达语词。随着文字系统的发展，字符与语言中词的对应关系越来越严格。于是准字符不断减少，合文也不断减少。

我们要说明的是：准字符的减少可能导致合文的增多，合文亦可能进一步发展，二者并不矛盾。

（1）准字符的发展.

随着文字系统的发展，音义对应的严格化，更多的准字符发展成合文，合文是音义和符号对应得较为严格的字符组合。相比起标音不完整的字而言，有其发达性。

麼 1451 ——∞∞∞ [tʂ'o³¹rv³³] 黑玉石之矿石也。

洛 90 ⊘dsä²-ma¹ lv² 纳西和藏人用来点火的铁石和打火石。参照 ⊘dsä²-ma¹ 纳西人和藏人用来打火花点火用的铁石。

洛 98 ⬛ds'ɿ³-ssu²-p'i²-wùa² 山羊毛毯或斗篷的名称。第一个符号是山羊的头；第二个符号 ssu²（羊毛）代表山羊毛；最后一个符号 p'i²-wùa²，说明是这种类型的披毡。

洛 171 ⬛gko¹-lä² 雪茶。两个符号皆为表意符。这是一种地衣植物的名字，拉丁名 Thamnlolia vermicularis（Sw）Ach。它生长在云南西北部和西康，西部雪山 15000—16000 英尺海拔的高原沼泽区。纳西族通过嚼其白色的茎来治感冒。

麼 1436 ⬯⬯⬯ [dzo³³] 镯。象手镯之形；也可以读成 [la³¹dzo³³]，表示手镯。后来加一手的符号，成为洛 285 ⬯la¹-dgyu¹ 手镯。成为一个合文。

音义灵活的字符的多音节读法后来变成合文。

（2）合文的发展

合文也可能进一步向独立字符发展。原始文字的合文有两种发展趋势：一是分开成独立的两个字符，一个是结合得更紧密而成为一个字符。

汉字发展过程中这两种发展都存在过。如以前汉字使用过"𢽾"合文，

读为两个音节 [tɕʻian⁵⁵waʌ]，现在都规范成"千瓦"了，这是合文分写，独立成两个独立字符。而汉语中的"二十"成为"廿"，"三十"成为"卅"，"不用"后来凝固成了"甭"，则最终成为一个字。

下边我们以东巴文为例，详细讨论原始文字合文发展的两种趋势。

A．合文分写

合文分写后分写的两个符号均有独立的读音和意义，是独立的字符。

〖55〗 ✿ 凶星犯日月，亦可分写 ✿ 凶星犯日、🌀 凶星犯月。

洛 251 ▨khü¹ndzï² 已经尝到了富有的滋味，牙齿表示富裕、富有。也可以写作 ◠。

〖176〗 ✾ [dzər³¹kʻɯ³³]。树根也，从树从足 ∿ [kʻɯ³³]。《么些经典译注九种》第 230 页也写成 ✾ ∿。

意译：去搂捉树头上停栖的千千万万的鸟类去，去搂捉树脚下停留的千千万万的兽类去。

〖116〗 ⬭✾ [dzi³¹mæ³³]。水尾也，从水从尾 ✾ [mæ³³]。但也可以写成 ⬭ ✾，或水借用假借字秤锤 ▱ [dzə³¹]，写成 ▱✾。

〖99〗 ⌂ [dʐɿ³¹kʻɯ³³]。山麓也，从山 [dʐɿ³¹] 从脚 ∿ [kʻɯ³³]。但它又可以写成 ⌂、⬭ ①。

由此三字形可以明显看出由纠缠在一起到逐渐分开的过程。

〖1134〗 ⧚ [ʐɿ³³pʻər³¹]。大路也，从路解开 ⊤ [pʻər³¹] 声。此字也可以写成 ∿，蛇 [ʐɿ³¹] 假借为路 [ʐɿ³³]，而且是分开书写。②

如果我们仔细搜寻东巴经典，当还能够发现更多的合文分写的例子。

B．发展成为一个字符

合文发展成为一个字符，其中伴随着不同的语言文字现象，我们分门别类讨论。

a．其中一个字符的音义脱落

合文中的字符各自均有自己的音义，在文字发展过程中，其中一个字

---

① 李霖灿：《么些象形文字字典》，国立中央博物院 1944 年版，第 14 页。

② 方国瑜编纂、和志武参订：《纳西象形文字谱》，云南人民出版社 1995 年版，第 546 页。

符的音义可能脱落。

如〖657〗［ʐɯ³³t'ɯ³¹］饮酒，或作麽 1335，细加考察，它其实是由饮［ʐɯ³³］和酒［t'ɯ³¹］合成的，字形像一幅动态画面，像一个人在用竹管喝酒。逐渐发展，字形分解，"饮"和"酒"逐渐独立，"酒"用麽 1334表示。器皿中的点示有酒，中有一可吮吸之管。但"饮"不好表达，只能继续用表达。象人饮酒之形。此时的字符就不仅限于表示"饮酒"，而抽象成可以喝任何东西的动作"饮"。我们从"喝茶"这一合文可以发现"饮"的意义已经抽象。麽 383［le⁵⁵t'ɯ³¹］喝茶。为茶，第一音。为喝，第二音。此即于"饮"字上加一"茶"字也。

按："喝茶"是个合文，此处的"喝"字已经抽象化。因为喝酒用管吮吸，但当地喝茶并不用此法，所以"喝"茶之"喝"已经采用喝酒的喝，比较抽象化了。

也许有人会提出，"饮酒"字符中连接人嘴巴到碗的那根线和点是表示不可见的运动轨迹，而并不是真实的一根竹管的形象。诚然，原始文字经常将一些不可见事物如声、气或运动轨迹外化在字形上。但是过去纳西族确实有如彝族一样用哑管饮酒的习俗，不能排除曲线为哑管之象形。除了此字形以外，还有一个字形麽 1337［ts'ɯ⁵⁵］虹吸取酒。画以曲管虹吸取酒之形。虹吸必须用弯管，于是此处的线也画成曲线。甚至这条线成了表示酒的特征，在不表示吸酒动作的时候也出现，如麽 1334酒。麽 1341［kʌ³¹］酒坛。画一坛形，以线示其为酒器，以鸟字注其音。

这个例子的发展过程是：表示动作＋对象的合文，对象逐渐虚化脱落，只保留了动作的音义。我们再看下边这个例子。

洛 602ts'u¹-sʐĕr¹ 镇压魔鬼；一个魔鬼被踩在脚下。表示脚的符号不发音，只表"踩"的动作。洛 548sʐĕr¹ 镇压（魔鬼）。

按：其实二字是同一个字符，只是 ts'u¹-sʐĕr¹ 中的 ts'u¹ 音脱落，同时意义抽象化，表抽象的动作镇压，但意义抽象得不够彻底，所以还用括号将魔鬼括起来，表示主要是指镇压魔鬼。这个例子表明正处于合文变成一个字符的过程中，所以还有合文成分的残留。

其他的例子还有：

麽 371［ʐwɑ³³ndʑæ³³］骑马；［ndʑæ³³］骑。

麽 536［sɯ³³mo³¹］披衣服。或只读末一音，意为"披"或"穿"。

麽 604［dʑi³¹tɯ³¹］饮水，也可以读为［t'ɯ³¹］，饮。

麽 362［lɣ³¹］看。画人持镜照看之形。也可读作［kʌ³³wɑ³¹lɣ³¹］照镜子。画一人持镜子对照　之形。［kʌ³³wɑ³¹］是麽 363镜子，也

可读作 [kʌ³³]，此字后来变成一形声字 ⊙，此字见于鲁甸。

〖1145〗 [tsɑ⁵⁵] 或 [luɯ³¹k'ɯ⁵⁵]。划，划船。

〖592〗 [gæ³¹hæ³³] 佩剑，也可读为 [hæ] 佩。麼 355

[hæ³³] 佩刀。画人佩长刀之形，边地上常见之装扮也。

以上例子是动作＋对象的合文，对象逐渐虚化脱落，只保留了动作的音义。

　　麼 348 [ŋgie³³] 跛。此字亦可读作 [k'ɯ³³ŋgie³³] 脚跛，第一音为脚。按：此字形中的"脚"隐含，但"跛"的主体只能是"脚"，即使不说"脚"，表义也明白，显得"脚"的音义多余，故后来"脚"的音义脱落。

〖353〗 [tɕ'i³¹ts'o³³] 鹿跳，也可以读为 [ts'o³³] 跳跃。

比较〖351〗 [bæ³¹]、[lu³¹]、[dʑə³¹] 跑也，象马跑。

〖347〗 、 [tʂʅ³¹] 或 [lɑ³³tʂʅ³¹]，爪，虎爪。

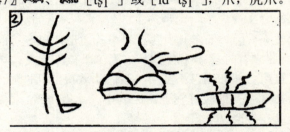

（傅懋勣《丽江么些象形文'古事记'研究》P10）

其中 读成 [ndzʌ³¹ dzʅ³¹ ndʑi³³ ku⁵⁵ zʅ³³]，意为"树木生脚会走路"。傅懋勣先生在解说时说："今东巴经师有写'走路'之 [ndʑi³³] 为 者，当原始于此"[①]说明傅先生曾见到东巴经师有径将"走"写作 的例子。从"树走"到"走"也是合文中的部分音义脱落而变成一个字符。

以上例子是结构为"限制性成分＋中心成分"的合文[②]，前边限制性的成分脱落，只保留中心成分。

〖601〗 [ɕi³³do³¹] 笨人，也可读为 [do³¹] 傻。

〖533〗 [dʑʅ³³huɯ³¹] 伴侣，相当于"友人"，也可以读为 [dʑʅ³³]，伴，相当于"友"。

---

① 傅懋勣：《丽江么些象形文'古事记'研究》，武昌华中大学 1948 年版，第 12 页。

② 如"脚跛"、"鹿跳"等结构，按照现在的语法体系，一般分析为主谓式，但我们认为前边的主语部分为可以替换的部分，所以仍将其看成是限制性成分。

〖527〗 [ɕi³³huɯ³¹] 富户，也可以读为 [huɯ³¹] 富。

比较〖528〗 [si³³]、[ɕi³³si³³]。贫，贫户。

麽 666 读为 [wa³³pɣ³³] 粗骨。画骨上有面粉之状， 以示意， 以取声。或读为 [bɣ³³]，粗。

麽 1002 [ndv³¹ba³¹] 毒花，画一花，将其涂黑，以示有毒之花。但也可以读作 [ndv³¹]，作"毒"解。

以上例子是结构为"限制性成分＋中心成分"的合文，后边中心成分脱落，只保留表示性状的限制性成分。

b．其中一个字符的音脱落

麽 467 读作 [bv³³tɯ³¹] 安锅灶，第一音为"锅"，第二音为"安放"，示一人持锅安置之形，锅中写一"起"字以注音。但也可以读作 [tɯ³¹] 安锅灶。画一锅以示意，而以"起"字注其音。也可以写作 其中 [bv³³] 本为锅，但可以不读出来，仍为"安锅灶"之义。此时音符脱落，原来的合文变成了一个形声字。

麽 471 [zɣ⁵⁵tɕi⁵⁵] 小儿。画小儿之形，以 注其末一音，意为"小"，此字有时只读 [zɣ⁵⁵]，仍为"小孩"之义， 在此种场合颇似作意符用。然此例甚不多用，故尚不敢决定其性质。

此例是合文变字符的较好例证。因为小儿本有形音，再加一个经常用作假借的字，读音多余。

麽 495 [ha³³pa³¹] 汉人，画一人戴帽之形，以服饰区别此为汉人也。旁画一木，有二用途：一为表意，指东方，东方属木；一为表音，读 [sʌ³³ha³³pa³¹]，仍属于木方之汉人，此丽江一带之说法。若全记音，今多以 二字标之。

符号 如读作 [sʌ³³ha³³pa³¹]，则为合文。其中之 [sʌ³³] 为木，因为汉人居于东方，可不读出，意义仍明显，于是"木"便只表意。

c．合文加一形符或声符成单字

原来为合文的符号后来可能加上形符，成为形声字。如：

麽 684 [mi³³kʻɯ] 点火烧火，由 火及 二字合成，火以表意， 以注末字之音，合而作烧火解。但后来加一 火把之形，形成麽 685 ，读音不变， 火及 记音。

洛 204 gyi¹-kʻo² 一个水洞；泉眼；涌出的泉水。第一个符号 gyi¹ 指水；第二个符号（kʻo²）则表示有角的头，在这里指洞。

符号 是一个合文，但此字符也可以加上表示水的点成 。

亦有合文加声符成为形声字，如：

麼 230 ⦿[φi^{33}]人。若将头点黑作 ⦿ 读[$n\alpha^{31}\varphi i^{33}$]，乃么些人之自称也。且常写作 ⦿，乃又以 ⦿ 字注[φi^{33}]音也。

⦿[$n\alpha^{31}\varphi i^{33}$]为 ⦿[$\varphi i^{33}$]与黑点[$n\alpha^{31}$]之合文，合文再增加声符，成为一个形声字。

d．添加音义，成为一个字符

在原来符号的基础上增加新的音义，导致字符与所要表达的音义不能一一对应，成为一个字符。如麼 1438 ⦿ [$l\alpha^{31}pur^{55}$]，戒指。但此符号也可以表示"戴戒指"，同时读作 [$l\alpha^{31}pur^{55}dzu^{31}$]，则此合文变为一个字符。

f．符号会合后意义极度引申

合文中的组成部分各有音义，合文的意义也是由组成部分的意义会合起来表示的。但有时候，整个符号的意义是经过极度引申的引申，与各组成部分相加的意义有较远的距离，此时我们只能把它看做一个字符。如下例：

洛 30 ⦿ bi^2 森林。

洛 560 ⦿ $t'khi^2\ bi^2$ 带刺的低矮植被。点状表示数量很多。

洛 576 ⦿ $t'o^2\ bi^2$ 松树林。

后边两个字形可以看做合文。

洛 30 ⦿ bi^2-‘a^1-$m\ddot{a}^2$ 字面意思为"林中的母鸡"，拉丁名为 Tetraophasussze chenyii。一种属于雉家族的鸟，生活在丽江雪山山脉 12000－13000 英尺海拔的冷杉林中。

字面意思虽然可以分析出森林，但此字已经是一个专名。对于 ⦿ 符号，我们已不能再把它看做一个合文。

文字发展的奇妙之处就在于除了向我们展示合文和独立字符，还展示了合文到字符的中间状态。下边我们再分析合文发展到独立字符的中间状态。

合文的音义由构成这个合文的各个字符的音义加合而成。即合文的组成部分分别有自己的读音和意义。整个合文的意义由各组成部分加合而成。

而字符可以从结构的凝固性和意义的整体性来考虑，结构的凝固性指结构上是定型的、固定的，不能任意分开或改换位置。意义的整体性是指符号的意义不是其构成成分的简单相加，而是在其构成成分的意义的基础上进一步概括出来的整体意义。

处于这个中间状态的例子正好展示了从合文到字符的中间状态。可能有以下几种情况：

a．组成部分都有音，而一个有义一个无义

洛 173 ⟨symbol⟩gko¹ ndzi̱² 暴食；喝醉；吃得过多。符号 gko（针）用以标音，把它插在表示嘴的符号中就可以来表示吃饱、喝醉的意思。

按："针"已经走向标音化，意义与整个符号的"暴食；喝醉"义联系不紧密。而"吃"是音义兼有。

b．两个部分均有音、有义，但合文整体的意义并不等同于两部分加起来的意义

〖158〗 ⟨symbol⟩ [ɲi³³me³³t'v³³]，"太阳 [ɲi³³me³³]"和"出 [t'v³³]（假借的桶字）"

二者加合为"太阳出"，但此字符整体的意义是表方位的"东方"。意义已经进一步引申为太阳出的地方了。真正的"太阳出"是这样写的。〖47〗⟨symbol⟩ [bi³³t'v³³]，或 [ɲi³³me³³gə³¹t'v³³] 日出。可以对照〖48〗⟨symbol⟩日没。〖49〗⟨symbol⟩月出，〖50〗⟨symbol⟩月落。

〖59〗 ⟨symbol⟩ [mæ⁵⁵tər⁵⁵] 结尾，虽然这儿 ⟨symbol⟩ [mæ³³] 为"尾"，⟨symbol⟩ [tər⁵⁵] 为"绳结"

二者合起来的意义是绳子的尾端，而字符整体的意义表示的是时间的最后，意义已经发生了引申。

麽 755 ⟨symbol⟩ [kv³³mæ⁵⁵]，后裔后代。

此符号的本义可能应为"[kv³³kv⁵⁵kv³³mæ⁵⁵]，蛋中最后剩下渣滓之类，常以此变出鬼物等"。当它指后裔后代时意义已经引申得很远了。

c．符号中各部件已经非常简化而与本字失去联系

麽 1132 ⟨symbol⟩ [to³³mbɑ³¹] 多巴，由 ⟨symbol⟩ 及 ⟨symbol⟩（大脖子）二字合成。画板上生瘿瘤之状，借音而作"多巴"解。此种写法，唯见于北地一带，亦常以之注多巴教主之名。

按：符号 ⟨symbol⟩ 确是 ⟨symbol⟩ 及 ⟨symbol⟩（大脖子）二字合成，因为"东巴"还有一个异体洛 115 ⟨symbol⟩是它的较早形态。但符号 ⟨symbol⟩中的组成部分，如不指出字源，几乎看不出来源，这个圈与大脖子的联系已经相去甚远了。这个例子也显示出字形的省略也是合文向单字符发展的推动力。

d．符号的读音顺序与分布顺序不一致

洛 22 ⟨symbol⟩bä¹-yu³ 分配工作；给一个人工作做。洛 630 ⟨symbol⟩yu³ 给予。符号表示一个装有东西的篮子。

符号 ⟨symbol⟩给予工作，两个符号均有音有义，应为合文，惟读音的顺序与符号的分布顺序不合。试与上边所举合文的例子进行比较，上边合文中的分布顺序大致与读音顺序相一致。读音顺序与符号中组成成分的分布顺序不合，可能也是合文向单字符发展的一个表现。

e. 合文中部分符号已经随着意义的变化，符形也相应发生变化

洛 225⬚hä²-gyi¹ 庙。字面意思为：神的房子。洛 224⬚Hä¹ 神。
洛 201⬚gyi¹ 房子；家庭。

符号⬚的字面意义为神的房子，符号中也有神有房，惟房子的形状已经变成了庙宇的形状。如果不仔细分析，已经不容易发现它是一个合文，应该说这个合文已经处于单字符的边缘了。与之相反也有一个例子，这个合文可能会走向两个独立字符。

洛 235⬚hoa³-gyi¹ 鸟巢；实际上指用树枝建造的一所茅屋。最上面的符号 hoa³ 指雉鸡（拉丁名 Crossoptilon）。

hoa³-gyi¹ 的字面意思为"鸟的房子"，房子的形状没有变成鸟巢的形状，如果继续维持这个形状，可能会分写成两个字符。此两例说明符形类化与否也影响着字符的变迁方向。

2．形近字的区分

形近字，顾名思义就是外形极为相似的字，虽形近，而音义差别甚远。其实质是字形的视觉区别特征不明显，在运用和交际中容易导致混淆而影响表达的实现。理想的字符集是形近字尽量少。原始文字早期因为多采用仿拟机制造字，形近字较多。如东巴文中：

麼 1052⬚［ndʐo³³］芜菁。画芜菁之形，或写作⬚，借此音常泛指一切菜类。

麼 1054⬚［le³³bɣ³¹］莱菔。此字与"芜菁"画法相似，以一长一圆而相区分。

形近易混的字，对于人们的交流是一种妨碍，必然要加以改变。所以在发展过程中，不断的优胜劣汰，区分形近字。

如东巴文"看"作⬚，"见"作⬚，在字典中略有区别。但实际上在经书二字的使用异常混乱。是"看"是"见"在诵经时由上下文推断。于是有人尝试以视线短者为看，长者为见；有人在视线下加两短横表及物为见，无短横者为看。下边再举一些分化形近字的尝试的例子。

麼 930⬚［ndzʌ³¹］树。泛指一切树木，画树木直立生长之形，若不直立，作倒地状，则与柴［sʌ³³］字混，若不分树干，则成为⬚，常与"松"字［t'o³³］混。实则此三字常相互通用，形状相近。多巴依经典之情况而活用之，非有严格之分别，以上所述，乃近日来一种演进之趋势。

"以上所述，乃近日来一种演进之趋势。"说明东巴也在努力分化这几个字形。

麽 933 [sʌ³³] 柴。画树倒地之形，故为柴也。亦可作"木"之总名。有时写作 ，因可避免与"尾"字 相混杂。

麽 941 [ndzʌ³³] 唱， 示唱歌口中声浪振动之形， 注唱歌之音，因恐"唱" 字与"笑" 字混杂不清。

改形符为声符。也使表音更清晰。

麽 1309 [p'ɯ³³] 糠。画糠之形，以点多颗细使别于面。有时写作 ，唯有时与"沙"字混，多巴遇此字，例依情况而活用之。

麽 227 [sʌ³¹] 沙。象沙粒之形，此字有时写作 ，亦象沙细细琐之形，唯有时与糠相混。

洛克书中 501 页收有一个 shou¹-bö² 沙子；细纱；灰尘或尘土。Shou¹ 指沙，bö² 指面粉，细沙就像面粉一样。此处加上一个音符 上 shou³。这样沙子与糠就区别开来了。另外糠字 与 [929] [by³¹] "面"字也很相近。

麽 379 [tʂwa³¹] 结婚后之男子也。画人头上有冠帽之形以示意。此种写法见于丽江，唯每易与 字相混，须注意形式大小之分别。

头上弧圈的大小较强掌握和区分，于是后来发展出了形声字麽 380 结婚后之男子也。此种写法见于鲁甸，以人示意，以床注声，其音与婚后男子同，故以之作音符用。

3. 同形字的区分

同形现象是一个形体记录两个或两个以上的词，彼此形体相同，所表示的音义不同。如东巴文：

麽 8 ，夏天或夏天三月，因为夏天为雨季，故于天下画一"雨"字以会意，但此字也可解释作天下雨。形成同形字。同样 10 既是"冬天或冬天三月"，也可作"天下雪"。

麽 14 读 [mɯ³³ne³¹dɣ³¹tʂo⁵⁵tʂo³³]，意为"天和地相交联"，但此字也可以读为 [mɯ³³sɑ⁵⁵rɯ³³le³³p'v⁵⁵，rɯ³³sɑ⁵⁵mɯle³³p'v⁵⁵]，意为"天之气向地下喷，地之气向天喷。"

同形字一个形体记录两个词，与精密化的方向一字一词不符，于是要求出现分化。

麽 195 [khæ³³] 沟，象小水流成沟渠之形，但有时与 194 涧混用，于是后来加一声旁 成 196 [ts'ɣ⁵⁵]，或读为 [lo³¹tshɣ⁵⁵]

此处加声旁进行分化。

麽 230 [çi³³] 人，也读为 [zo³³] 男子，与女子之 相对。

后来表示人的字形加声旁作〖447〗 。

4. 转意字的分化

转意字与原字本是同一个字形，只是意义有联系，读音不同。如

麼 1445 ［wɑ³¹］绿松石。画绿松石装饰品之形。又可依经典中情况需要，常读为［hæ³¹］，乃"绿"之意。盖绿色不可象形，遂以绿松石代此字，绿松石绿之故也。

麼 185 、 ［i³³tʂʼɯ³³mɯ³¹］南方。取水尾之形。此字也可以读为［mɯ³¹］，作低处。水之流处为低地。按：这是一个义借，引申后读音也发生了变化。一个字形承担了记录两个词的功能。

按：后来表示低处加上声符，成 、 ［mɯ³¹］，李霖灿曰："写作 "，恐人读作"南方"，因以字注其音也。为火，读［mi³³］，与此音有近似处，因而借用。

其他也有利用字形不同进行分化的，但效果不如加标音符号明显。

麼 1445 ［wa³¹］绿松石也。画绿松石装饰品之形。又常读为［hər³¹］，绿之意也。盖绿色不可象形，遂以绿松石代此字，绿松石色绿之故也。

麼 1447 ［hæ³¹］绿也。由绿松石变来，放光示其绿色也。此字见于丽江，盖有意于将"绿松石"及"绿"二字分开之一种尝试。在今日所见之大部分经典，仍是以绿松石一字依情况而活用之，作"绿"或"绿松石"也。

麼 1439 、、、、、 ［hæ³¹］金。此字字源有三种说法，一云象金锭之形；一云象金颈扣之状；一云象二银合成之意，关于此字的变体有，并列于此以供选择，因不知何者较为正确也。有时读［ʂɯ³¹］，黄。金为黄色，此二字在经典中常混用之。

麼 1441 、、、、 ［ʂɯ³¹］黄。由"金"字演化而来，金色黄也。此字与"金"字常混用，因二字原由一源而出，么些文活动性甚大，又加以各巫师习惯用法之不统一，依其大体，为区分之如此，非确定之论断也。

有意识地区分本义和义借义，义借义的字形往往比原字更为简化。

正如喻遂生先生总结的：东巴经中已出现了分化"转意字"的倾向。其办法大致有三种。①

一是变形。如将金字变作 、 以表示黄，将玉字变作麼 1447 号

① 喻遂生：《纳西东巴字、汉古文字中的"转意字"和殷商古音研究》，载《纳西东巴文研究丛稿》，巴蜀书社 2003 年版，第 74 页。

以表示绿。正如李霖灿先生指出的，这是"有意于将'绿松石'及'绿'二字分开之一种尝试"。

二是加注声符或形符。如花表美时，加注声符草 [ẓη^{33}] 作 ；锅表铜时，加注形符红作 。

三是另造新字。如〖446〗男子借以表人，男子则另造新字麼386 ，突出男子性器以别之。

5. 字符的简化

（1）部分的省略

虎→、獐→、羊→、马→、象→、牛→、鼠→、麂→

以上是将事物的全形省略成带特征的部分，但仍表原来的意思。此参照虽也是特征仿拟，但我们不得不说这种特征是在全形的基础上形成的，所以它也是参照字库中已有的全形字符省略而成。

吐→、吃→、饮→、唤→

以上是将附加部分省略而留下参与动作的主要部分。

（2）部件的省略

开→、饮→饮、饮酒→

以上是将施事主体省略，只保留有特征的客体。

字符由具体而抽象化、线条化，如东巴文：

犁具 ——

粮架 ——

旗 ———

麼968 [ço^{55}] 柏。画柏木团团之形，古本中有写作 者。

麼981 [rɯ^{33}] 冷杉。古本中写作 。有时于树上加一 字以注音。按：五枝变三枝。

麼1064 [ṣv^{55}] 蓑草，上画"蓑草" 之形，下以"骰子" 注其音。近多简写作 。

麼993 [bɑ^{31}] 花。画花朵之形，或写作 、、，各种形状皆为花。有特别意思时常细细描画，古本中亦较细致，今则多略作 。

有的变图形为符号。如：

麼1610 [p'uɪ^{31}] 解开。原象解绳之形，由古本及北地各处字形之变化，知此字之演变如下：原解开绳线之形，渐变至不可识之程度，故亦有指此字为音字者，若沿么些族迁徙路线巡行一遍，则此问题将释然矣。

麽 511 [象形] ［ts'o³¹ze³³rɯ⁵⁵ɯ³³］人名，象头注其第一音，[象形] 字注其末一音。大象头非常形象，但后来变成了麽 513 [象形]，以长鼻之状表示为象，注第一音。

麽 1158 [象形] ［t'v³¹］桶也。画水桶之形，古本中有写作 [象形]、[象形]。

洛 260 [象形]、Khyü²-mä² 祭天仪式上用的巨香。按：这体现了象形由细致到简洁的过程。

有的删去重复多余的部分，如：

麽 59 [象形] ［kɯ³¹］星。或平列写作 [象形]，作"千千万万"解时 ［tv³³tv³¹kɯ³³kɯ³¹］，则只画一圈作 [象形]，但只限于与 [象形] 同在一处方可，因为若单独写作 [象形]，则不免与鸡蛋之写法相混。

有的用形体简单的偏旁代替原来复杂的偏旁

还有双线变单线：

麽 857 [象形] ［k'wɑ³³］角。象兽头有角之形，此字原写作 [象形]，于若干古本经典中尚可见之，今乃变为单线之 [象形]。

多符号变成单符号：

麽 750 [象形] ［mɑ⁵⁵i³³mæ³³］孔雀尾。画孔雀之尾形。或单写作 [象形]。

二、记录语言精密化

记录语言精密化主要表现在两个方面：一是符号与语言中的词对应得越来越一致，即记录语言的密度不断提高；二是字序与词序的对应也趋于一致。记录语言精密化体现了文字组合规则的发展。

（一）记录语言密度不断提高

原始文字在发展过程中，记录语言的密度会不断提高。前贤时哲已经注意到东巴文的这一情况。

李霖灿论述形字的发展时曾经特意用一小节讲"由疏到密的演变"。[①]

这是指字与字连接起来成为句读时的疏密度，如现在我们这样一字一字连续写来，中间不需要再添加什么就能达意，这样的密度算它是一百，么些字经典通常都不过是二十。本是一句三十个音节的话，应该用三十个字写下才到了标准的密度，而么些巫师却只写上了六个字便休，其余的二十四个字都还原封不动的是藏在巫师的肚子里。这样一来，我们看到么些形字经典的字既不成行成排又零落稀疏的可怜。

---

① 李霖灿：《么些族文字的发生和演变》，载《么些研究论文集》，台湾故宫博物院1984年版，第74—76页。

又很有点像小学生的"缀句"测验，只写三五个字，却要你组成完全的长句。

我们现在还有机会观察巫师们写经的实况，假如因有需要又苦于找不到经典来照抄，于是大多巴们毫不迟疑的就自己动手来写，因为所谓的经典原是藏在他肚子里，早已背得滚瓜烂熟，只要随口吐出就行。于是他一手拿起本子，一手拿起竹笔，踞坐在火塘边来摇头晃脑，口中念念有词的背诵起来，"太古的时候"——于是写上了一个古字——"人类由若罗神山上搬下来的"——又写上一个"象头"来作"人"（人的古音与象同），再画上一个三尖两刃刀样的山头算作神山，把象头写得高一点，从山头上拉上一条向下斜行的动线引到象头的下面表示迁徙，这就把这两句经文由肚皮中搬到纸面上，原是十八个字的两句话，纸面上却只有"古、人、山"三个字，这就是现在么些形字经典最常见的样子，这就是经典写成现在这个样子的来由。我戏呼之曰"天女散花式"的，因为随他的高兴，撒上几个字在纸上，由此可见字句组织的疏落程度。

这种疏落的程度是因人而异，有的多巴耐烦一点就多写上几个字，不耐烦的就少写上几个字。不过由地理的分布上亦可以见到一种由疏渐密的大体趋势。"若喀"区中就疏，北地一带少微密一点，到丽江之后又密了一点，鲁甸一带则是我所见到经典中字句组织上密度最大的。这恰与么些族迁徙路线平行发展。下游渐增严密，大约当初三十个音节只肯写上五六个字，然后七八个字，又十三四个字，到最后我看到最密版本，大约可到二十个字。这虽没有使密度饱和到百分之一百，但也相差不远，这是形字经典字句组织由疏而密演变的现阶段。——严格的说，么些形字虽然演变的时间不算太短，但字句组织迄今尚不能说是已经完成。

不过，这很可能是一种"藏奸"（当然也有点偷懒在作怪），因为我见到多巴们彼此通信就是一音一字连续写成的，我曾问过好几个大多巴经典为什么不连续的写下来，他们的回答就是"那样一来，我们从此就没有饭吃了。"——回答得够坦白，可见并不是他们没有意识到字句组织严密的重要，也不是字不够用（当初创文字时还可以这样说），只是怕天机泄露，形字人人可识，从此就不得专利。

王世英先生提到可能东巴在写经时渐趋严密有可能受汉文的影响。

在近代东巴祭司中，出现了一些既掌握本民族的古文字，又熟知汉字的东巴。这些东巴在纳西文字和汉文字的运用过程中，感到古代纳西东巴文书写的古籍没有完全与语言有对应的关系，就是说，古代的东巴古籍只记录了语言的部分，而汉文字记录语言是一字一音的，是把语言的每一个音都用一个字记录下来了。他们就想克服先人的不足之处，力图用不发达而量少的东巴文把它们的祭词一字一音地书写下来，像丽江五区的和文质等东巴所写的就是属于这一类型的。我们在阅读这些高明的东巴所写的古籍时，就感到东巴文字在记录语言的功能上向前迈进了一大步。[1]

过去经文中字词不对应，表现在两个方面：一是有些字不读音；一是有些词没有用字符写出来。

我们先讨论第一种情况，即经文中有只表意不读音的字。这不是文字多于语言，而是用一些表意符号进行辅助表达。如

《白蝙蝠取经记》第 4 节，上边一形体象驴子的头，读[lɔ³¹]，此处借为"招待"。下边两形，一是"肉"，一是"饭"，但这两个字写在这里，并不读音。只是用"肉"和"饭"的意思，限定这里的 [lɔ³¹] 是表示"招待"的 [lɔ³¹]，而不是表示"山驴子"的 [lɔ³¹]。

〖888〗 [lo³³] 待客。从盆麃声。

按：盆也读 [lo³³]，这是一个双声符字。说明《白蝙蝠取经记》中的"招待"中不发音的肉和饭，在字典中已经没有了。

在字符中也有一些不发音的部件，只起辅助表意的作用。如：

洛 559 tʼkhi¹，用白杨木砍成的尖刺。

这种尖刺常与 mùen³-kʼa²-ssaw¹ 一起使用，并把尖端和根部涂成黑色以表示铁；尖端和根部估计各有三步那么长，而整个尖刺大约有 18 英尺长。符号尖刺上的镰刀表示尖刺的锐利。顶部和底部的数字三表示长度，即三步，上下各有约九英寸；下面的符号表示 shu¹（铁）。此字符也写作异体，去掉了这些不读音而只表意的成分。

洛 641 yu¹（ä¹-ssɿ¹）pʼa² 岳父。

中间的符号应读做 ä¹-ssɿ¹（父亲），但在此处不发音，用以说明另外两个符号。最后一个符号表示 pʼa¹，即（织机）麻布，此处用以标音。也可以写做异体，没有了中间不读音的符号，猴子的头在此处是一个标音符。

---

① 王世英：《从东巴文看原始宗教对文字发展的作用》，载《东巴文化论》，云南人民出版社 1991 年版，第 115－116 页。

洛 447 $\mathscr{C}$non^2 奶。

白色（p'ĕr^1）的符号附于表示液体的符号之上。

洛 66 $\mathscr{A}$ch'wua^3 ts'o^2 一只跳跃着的牡鹿。

按：脚上面的符号 p'ĕr^1（白色）表示牡鹿的前腿是白色的。不读音，只表义。

洛 47 $\mathscr{Z}$bu^1 前腿为白色或四条腿皆为白色的猪。

按：白不发音，但表义，猪本来就读 bu^1。

洛 575 $\mathscr{X}$T'khyü^2-khi^2 俅子。洛 573 $\mathscr{C}$T'khyü^2 俅子部族。洛 575 $\mathscr{X}$T'khyü^2-dü^1 俅子的土地。

按：最后一个符号上的人字不读音。

再看第二种情况，即经文中只写出一部分语词，而不把经文的全部语词写出来。如：

（傅懋勣《丽江么些象形文'古事记'研究》P38）

直译：ʮɯ^{55} zɔ^{33} uɑ^{33} bɛ^{33} go^{33} fia^{31}lɔ^{33} ʈuʌʅ^{55} mʌ^{33} dʑy^{33} mɛ^{33}hɛ^{31} fia^{31} ʈuʌʅ^{55} t'u^{33}

　　　　勒额　子　五　　兄　弟　　配偶　　性交　不　有
姊妹　　配偶　性交　出

意译：这五兄弟没有交合的对象，便和他们的姊妹们交合

解说：前文说措哉勒额有五个兄弟、六个姊妹。$\mathord{\cdot}\mathord{\cdot}\mathord{\cdot}$五、$\mathscr{f}$头形代表勒额，两人打架本作"打架"，此处借音表［fia^{31}］配偶。$\mathscr{S}$［ʈuʌʅ^{55}］性交。此处只写了勒额、五、配偶、性交，其他如"不"、"姊妹"、"出"都没有写出。

《古事记》是纳西族一部重要的经典，版本也较多，译名有多种，但实为同一种经典。我们试看李霖灿收集翻译的《么些族的洪水故事》与此相同的段落。

（李霖灿《么些经典译注九种·么些族的洪水故事》P38）

汉语直译为：莉恩五兄弟，兄弟仇结打不能，吉汨六姊妹，姊妹吵嘴出不。兄弟姊妹婚姻结上不。

意译：莉恩五兄弟，兄弟们结仇打架是要不得的，吉汨六姊妹，姊妹吵嘴的事情是出不得的。兄弟姊妹自相结婚是结不得的。

解说：此处至少添加了表音的"莉恩"、"吉汨"两个名称。"姊妹"、"不"等词。这段经文，不仅内容更充实，表达也更细致，应该是较晚的版本，这册经典是李先生在丽江长水乡大东巴和泗泉那里买到的，据说是东山一带的写本。①

通过上面同一种经书两种版本的对比，说明随着文字系统的发展，记录语言密度亦在不断提高，甚至有逐渐走向完全记音的趋势。如下面的经文。

下面这段经文是经末的祝愿语，字词几乎是对应的。

（《纳西象形文字谱·人类迁徙记》）

语段意译为："祝愿这一家善良的主人，在天地更新的一年里，吉祥如意，富足美满。"其中第二个分句的每个音节被完备地记录下来。

解说："祝愿这一家善良的主人"只出现了主人的符号，但第二个分句"天地更新的一年里，吉祥如意，富足美满"差不多是一字一词，完全标词。

主人这一家 $[i^{33}da^{31}t\textesh{`}\textrtailn^{33}du\textturnw^{33}dzi\textturnv]$

天 $[m\textturnw^{33}]$

假借为地 $[l\textturnw^{55}]$

年 $[k\textprimstress{`}\gamma^{55}]$

① 李霖灿：《么些经典译注九种》，中华丛书编审委员会1978年版，第23页。

假借为新〔ʂɿ⁵⁵〕

假借为这〔tʂ'ɿ³³〕

一〔duɯ³³〕

年〔k'ɣ⁵⁵〕

羊，本读〔by³³〕，义借读〔nuɯ³¹〕福

绿松石〔o³¹〕。

牙〔huɯ³¹〕，假借为富。

满〔ʂər⁵⁵〕，四字连起来则为一个吉语：吉祥如意，富足美满。

再如《送情死者》经，这个经典是丽江坝区长水中村东巴和泗泉等人20世纪20年代创作的①，是属于创作年代较晚的东巴经。方国瑜先生《纳西象形文字谱》摘录了《送情死者》中的一节，他逐字注释后分析道："以上一百七十一个字的这段经经文，实际代表了三十七句话，一百八十七个音节；因文中有四个字读双音节，有三个字同时代表两个音，所以全段只省略了七个字，几乎达到了逐词标音。为了便于逐词标音，使用同音和近音假借的字特别多，达一百零五个字，约占百分之六十；同时掺用了标音哥巴字十三个。"②

我们摘录其中的最后一节，如下图：

第一句的逐字译释为：

〔ʂɿ³¹〕三，音变读〔ʂɿ⁵⁵〕。

〔k'ɣ⁵⁵〕年、岁，即鼠字，鼠为十二生肖之首，故用为年字。〔k'ɣ⁵⁵〕音变读〔k'ɣ³³〕。

〔luɯ⁵⁵〕牛虻，假借作"假若"。

〔ku³¹〕姜，假借作"丢"。

〔p'i⁵⁵〕腿，象腿肉，假借作助词。

全句连起来则读为〔ʂɿ³¹k'ɣ⁵⁵luɯ⁵⁵ku³¹p'i⁵⁵〕，直译为"三年假若丢"，可意译为"假若丢了三年"。完全是一字一词，无遗漏与多余。

（二）顺序化

① 和志武主编：《中国原始宗教资料丛编》，上海人民出版社1993年版，第416页。
② 方国瑜编纂，和志武参订：《纳西象形文字谱》，云南人民出版社1995年版，第559－560页。

记词顺序化也是文字发展精密化的一个表现，我们可以从两个方面来观察：一是经文中的字符与读法顺序的变化，通过早期和晚期东巴文的比较可以看到。一个就是根据字符的构字与字符的组合同构的原理，可以从多音节字符的标音顺序也可以看出。

1. 经文中字符组合的顺序

一般来讲，早期东巴文字序与词序比较灵活，我们以数字加名词的表达来看。

《白蝙蝠取经记》第 15 节 读 [su³¹n̠i³³] 三天。由上往下读

第 53 节 读 [su³¹xe³³]，"三个月"，由上往下读。

第 16 节 读 [su³¹xɑ⁵⁵xɑ³³mʌ³³dɯ³³] 三夜饭不得。由下往上读。

第 17 节 读 [n̠i³³n̠i³³]（第）二日。由下往上读。

第 52 节： 读 [su³¹k'u⁵⁵]，"三年"，由下往上读。

第 54 节： 读 [su³¹xa⁵⁵]，"三夜"，由下往上读。

由以上例可以看出，表示"某年"、"某月"、"某日"、"某夜"的表达，字序既有由上往下读的例子，也有由下往上读的例子。

晚期东巴文

我们看《送情死者》经典中的类似表达。两处用到数量的表示，均是数＋名的顺序。

P533 读 [ho⁵⁵uə³³] 八个村寨。

P557 读 [sɿ³¹k'ɣ⁵⁵] 三年。

161

2．多音节字符的标音顺序

洛 58 ⟨image⟩ 、⟨image⟩ch'ou³-k'o² 有流水的沟渠田；地周围水不流动

的沟渠。

这是形声字。第一个字符的部件分布顺序与读音顺序不符。第二个则相符。

洛 35 ⟨image⟩ 、'' bö¹-nyi¹ 揉面团；面粉团。

第一个符号是会意，手（la¹）的符号不发音，用来会意而已。表示手揉糌粑面团⟨image⟩。第二个符号改成标音，而且部件的分布顺序也改成与读音顺序一致。

三、组合表达规则规整化

总的来讲，东巴文的书写行款是逐渐趋于整齐的。这一点我们可以从木琛介绍的几种记词疏密不同的东巴经可以看出。[①]

第一种是"提醒式的记言文字行款松散"。

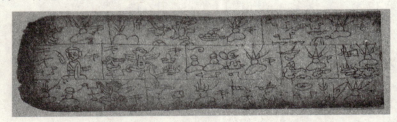

（《纳西东巴古籍译注全集》第 23 卷《请卢神沈神起身经和求神赐威力附体经》P 143）

"每一横行中，字符提示语段的顺序是从左到右，但语词的位置不一定完全按照语言中出现的先后来安排。尤其是以表形图画为主，表意、表音为辅的记录中，辅助的文字围绕或附着在主体图形旁，有时上下叠置，有时左右并列。这样大大小小的符号参差错落地出现，疏可走马，密不容针，富有节奏感。"

第二种是"文字对语言的提示越清晰，行款越趋于整齐"。

---

① 木琛：《纳西象形文字》，云南人民出版社 2003 年版，第 53 页。

（东巴经《开坛经》第一页，木琛《纳西象形文字》P 53）

　　"图画性的表形符号逐渐减少，大多数的字独立地表示语词，字的序列较为工整，疏密较均衡；完全按照提示语言的先后顺序来书写。每行从左侧开始，自上而下写满后向右推进，写完一句或一段用竖线隔开。"

　　第三种是"逐词记音的文字行款整齐有致"。

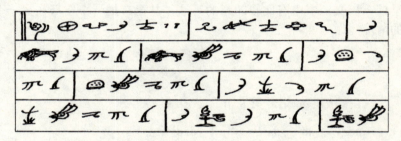

（东巴经《降威灵》第一页，木琛《纳西象形文字》P 53）

　　"按照逐词标音的方式书写语言的音节时，一个字符读一个音，字形大小力求匀称，字形依附在界格线上情况减少。书写经文时可以依照前面介绍的第二种行款，也可以每行从左到右整齐排列，语句之间仍用竖线隔开。"

　　我们可以按照以下几个方面来进行分析：

　　1. 文字排列线性化

　　傅懋勣将过去定义为象形文字的纳西东巴文分为两种性质不同的文字。其中一种类似连环画的文字应该称为图画文字，另一种是一个字表示一个音节，但绝大多数字形结构来源于象形表意的成分，应当仍称象形文字。他提出图画文字和象形文字区别的表现之一是："图画文字尚未形成固定的书写行款，从左向右写的两个字又可以任意从右向左写，从上向下写的两个字又可以任意从下向上写。""象形文字则已经形成了固定的书写行

163

款，各个字的位置都按语言的词序从左向右横行排列。"①虽然二者的区别不一定如傅先生所指出的那样鲜明，但傅先生指出的东巴文的文字行款确有这样一个发展过程。

我们在此举一例：

洛 141　　　、洛 140　　　　　　Dzï²-zä² Ts'o¹-zä² 第六代人，

他是从忍利恩的父亲。

按：书写顺序由多行排列，由上到下，由左至右变为单行排列的由左至右。

2. 符号排列的方向趋于固定

早期文字符号的排列方向比较随意，可以左行，右行，上行、下行，逐渐走向固定。

早期东巴文经书中有比较随意的写法，甚至有把一个字写在另一个字里面的情况，如

《白蝙蝠取经记》第 8 节：

直译：ndzɣ³¹　　lɔ³¹　　sʌ³³　　tʂ'ɯ³³　　dzu³¹

　　　　山　　　里　木　类　　生长

意译：山里生长着的树木

解说：　　　本为"村庄"，读［dzu³³］，但假借为［dzu³¹］，"生长"，虽然写在山的里边，但仍然是一个独立的字。比较　　，形声字，鸡是声符。

通过上面提醒式的行款松散记言文字、文字对语言的提示性记录、逐词记音的文字的对比，还可以发现行与行之间的衔接逐渐固定。也就是行序和行间距逐渐固定了。文字的间距也逐渐固定了。

四、小结

本节我们主要讨论了以下问题：

1. 字符集的发展

字符集的发展集中体现在字符的增加和字符集的优化。

---

① 傅懋勣：《纳西族图画文字和象形文字的区别》，载《民族语文》1982 年第 1 期。

　　字符的增加是随着记录内容的增长而增加新的字符，同时还增加一些异体字。

　　字符集的优化体现在字符边界的清晰，即以前的一些准字符和合文，逐渐向单字符或独立字符发展。还有形近字、同形字以及义借字得到一定区分。

　　准字符和合文向单字符或独立字符发展有两种情况：

　　一是合文分写，即分开成为独立的字符。

　　二是合文发展成一个字符。合文在向一个字符发展过程中，有中间状态。

　　2. 文字记录语言越加精密化

　　文字系统记录语言精密化体现在记录语言密度不断提高和顺序化。

　　记录语言密度不断提高是指有字无词和有词无字的现象减少，特别是过去得不到记录的词得到记录，记录语言的密度是文字发展的一个重要指标。

　　文字记录语词顺序化是指文字的组合顺序与语词的组合顺序更趋一致。

　　3. 组合表达规则规整化

　　东巴文的书写行款逐渐趋于整齐。由"提醒式的记言文字行款松散"到"文字对语言的提示越清晰，行款越趋于整齐"再到"逐词记音的文字行款整齐有致"。

　　表现在文字排列线性化、符号排列的方向趋于固定以及行序和行间距逐渐固定了。文字的间距也逐渐固定。

第二节　字符构字的发展

在讨论了文字系统的发展之后，本节将从微观层面探讨字符的发展。字符构字的发展可以从仿拟机制的发展、参照机制的发展以及字符构字的变化三个角度来观察。

一、仿拟机制的发展

1．从原形仿拟到特征仿拟

最开始的象形字，多数是画出所像事物的整体形象，后来只画出所像事物的特征部位。

根据仿拟机制造的象形字是一种符号和交际工具，虽然它源自图画和实际物象，但一旦形成，其符号性质和交际工具的性质就决定了它一定会沿着与图画相反的方向发展。图画要追求准确、真实地重现事物，还要追求形体的美观，而文字则力求简明地记录语言，只要把各个字所记录的语言单位表达和区分出来即可。于是，文字的发展趋势是走向简明。这样，以前一些来自图画的象形字就显得过于繁复，以局部代替全体的"显著特征"的手段就应运而生了。

〖377〗虎——〖409f1〗。

〖399〗獐——〖409f2〗。

〖362〗羊——〖409f3〗。

〖367〗马——〖409f4〗，麼820："近多简写作"。

〖374〗象——〖409f5〗。

〖358〗牛——〖409f6〗，麼830："近多简写作，以其角为特征。"

〖376〗鼠——〖409f7〗。

〖396〗鹿——〖409f8〗，麼798："常简写作"。

图形被简化，所有便于识别的部分均得到突出或夸张，如动物的头、耳、角、尾等，树叶或果实等。李霖灿曾经仔细观察到了这种变化，"么些巫师们为了书写得快，他们如今画动物时，每每只取其头部，但是在东山及江边的古老经典中，却多有全躯体的描写。"[①] "我们在上面也说到这方面的原由当是由于古今之分地域之别。东山和江边的古老经典，动物多有画全身的。不过依据文字演变的过程，到了丽江以下的地带，大多类的动

---

① 李霖灿：《么些经典的艺术论》，载《么些研究论文集》，台湾故宫博物院1984年版，第429页。

物都是只剩下了头部，因为只求达意，自然是越简单越好。"①

也许有人会提出：为何最初造字时不可以只画一个头形呀？有一个很好的证据是参与再次构字的没有用全形的，而全都是用特征头形，如〖335f1〗🕊白鹤，全形，但它变成一个形声字时是〖322〗 ⌇ [ko³³pʻər³¹]。说明特征头形是晚于全形的。

有时候这种特征仿拟，为了强调特征部位，出现了与事理不合的现象。

麽 786 🐾 [ɯ³³tʻɯ³³] 火狐。画火狐之形，以其身上之花纹为特征，其大尾之形，为狐狸之特识，因又于其身上加条状花纹，使有别于狐狸。

麽 788 🐿 [hwɑ⁵⁵ʐwɑ³³] 松鼠，以花点及大尾为特征。

麽 787 🦊 [ndæ³³] 狐狸。画狐狸之形，以其大尾为特征，故画一似狗之动物头部，而于其后加一大尾，成一不甚合理之头尾相关联图画，使人能明其所指而已。

按：此字虽也有参照，为两形合成，但重在其象形，故仍为仿拟，只是与事理不甚相合。

麽 1753 📿 [lɑ³¹nɯ³³bʌr³³dʌr³¹ndzʌ⁵⁵]，手转念珠。画一喇嘛手转念珠之形。

喇嘛手转念珠之形，但喇嘛身上直接长出手掌而没有手臂。

2. 实体仿拟到虚拟仿拟

（1）虚拟事物的反映

虚拟事物，指现实生活中并不存在，只是人们观念中假想出来的事物。如东巴文鬼 ⚡ 字，本属看不见摸不着的事物，它是以人的三根头发竖起来为特征，属于虚拟仿拟。并且还以此为特征，发展出多个相关字符，如表示"苏"鬼 🐉（突出其尾）、飞鬼 🦇（突出其翅膀）、水鬼 ⚡、吊死鬼 🪝（突出其绳吊颈）、饿鬼 🍂（突出其空腹）。

东巴文龙 🐉、🐉，应该是受了汉族龙观念的影响。麽 767 🐉 [rv³¹]以角和特殊之鼻子为特征，亦可作 🐉、🐉。麽 768 🐉[wɑ³³hæ³¹mɯ³³ndzur³³] 绿松石色之青龙。在此名称中，称龙曰[mɯ³³ndzur³³]，乃"浮天之物"之意。故颇疑此为龙之本名，后受汉语影响，读为 [rv³¹]，因龙与 [rv³¹] 音相近也。

其他例子如：

麽 1895 🐍 [tsʻɯ³¹dɯ³¹wɑ³³nɑ³¹] 黑骨大鬼。画一鬼王黑骨之形，

<hr>

① 李霖灿：《么些经典的艺术论》，载《么些研究论文集》，台湾故宫博物院 1984年版，第 430 页。

么些神鬼，常彼此对立，如此黑骨大鬼，即"白骨大神" 之仇敌。

麽 851 [k'ɯ³³mo³³kʌ⁵⁵tʂɯ³¹] 生鹰爪之猎犬。理想之动物。

麽 1862 [ndo³¹] 哑鬼。画此种鬼木牌之形状，多巴刻木牌如此。可借音作"哑巴"，作"愚笨"。

此字很有意思，字象木牌，此木牌其实也是对虚拟事物的想象。

（2）不可触事物的反映

不可触事物，指虽然客观存在，但人们是不能以触觉感知的事物。如声音、光线、气味等。以下举东巴文例，东巴文中的线可表示多种意义：

表"光线"

【27】光　　　【36】光线　　　【42】月色

【13】虹　　　【20】电光　　　【21y1】雷

【64】时　　　【67】午　　　　【68】下午

【70】夜半　　【753】看　　　【754】见

【837】镜

表"风"

【23】风　　　【24y1】旋风

表"气"

【25】气　　　【114】涌泉　　　【927y1】汤

【913】煮　　　【914】煎　　　　【1166】冷，从水有汽

表"声音"

【110】岩间回声　　【1273】东巴　　【273】啼

【302】布谷鸟　　　【335】蝙蝠　　【354】吼

【335f5】公鸡　　　【423】蝉　　　【568】睡

【569】梦　　　　　【494】客　　　【525】巫师

【645】言　　　　　【646】喊　　　【647】唱

【648】笑　　　　　【651f1】歌舞　【652】吹笛

【653】弹口弦　　　【700】交谈　　【751】闻

【759】呵　　　　　【760】唤　　　【762】笑

【763】唱　　　　　【1090y1】号角　【1106y2】笛

【1220】会笑之面偶　【1104】口弦　【16】雹

表"阻断、障碍"，有由实到虚的趋势

【117】阻水　　　【843】钩取　　　【588】钻

【961】刺　　　　【962】刺穿　　　【1174】覆

【1178】分　　　　【124】渠　　　　【103】谷

〖842〗🗘 挖

表"事物运动的轨迹"

〖87〗地震	〖31〗天摇	〖73〗天地相应
〖74〗天地变化	〖1006〗开	〖1176〗抽
〖677y1〗育	〖18〗霜	〖15〗露
〖30〗陨星	〖411〗惊	〖583〗怕
〖665〗头摇晃		

有一种比较特殊的轨迹仿拟，如蒙太奇一般，将两个动作的轨迹同时画出。

麼 238 号翻也，象人翻手之形。

〖767〗嚼，象人嘴开合之蒙太奇，。

按："洛 153 ggü[1] 掉到地上。此符号表示一个已绽开了的成熟的水果掉到了地上；然而，这个字符的原义在经书中从未使用过。"因为不明字符的本义，洛克误将假借义当做本义。我们从下一字符可以看出这是一个嘴形，洛 133 dzi[3] 塞口物；塞住……的口；停止，如堵住瓶子或各种洞。此符号表示一张嘴被堵住（此处是被一块姜堵住）。

这些摸不着的东西，都用线条联系起来。把假想中的联系表示出来的方式，实际上是把非触觉形象表现成视觉形象。正如王筠《说文释例》卷一"八"字条所言："非物而说解云象形，事必有意，意中有形，此象人意中之形，非象人目中之形也。"这其实也正是过去人们在讨论"六书"时老是分不清传统六书的象形与指事的症结所在，因为有些我们现在所谓的非象形的抽象符号实际上是具有象形的性质。高元白《汉字的起源、发展和改革》："象形、指事、会意都不脱图画的意味——象形是简单的图画，指事是意匠的图画，亦即意匠的象形；会意是复杂的图画，亦即复杂的象形，所以这三书可总名之为'象形'。"①

这种认识差异的根源其实是古今思维抽象度的不同，把非触觉形象转换成视觉形象来认知体现了思绪的原始性，而我们今天的思维已经突破的这种限制，认识这些隐性的联系，不需通过物化转换。

3．由常形仿拟到变形仿拟

我们这里说的变形仿拟是指字形的比例与事物有出入。一般来说，早期文字字形是带有写真性的，其大小长宽比例，往往是跟事物保持着很大的一致性的。即事物是什么样子，写出来就是什么样子。变形仿拟往往是一种特殊表意的方式，往往是为了强调或突出。想要表现什么意思，就特

---

① 高元白：《汉字的起源、发展和改革》，五十年代出版社 1954 年版。

别夸大或强调该部分形状。

这些字形所表示的事物，客观世界并不存在或非常罕见。如东巴文 男奴，字形特别将他的脚放大，以示其勤于跑腿。但现实中如果脚变大了，不是病变就应该是畸形，绝非常态。这种仿拟其实是一种变形仿拟，将变形事物与原形事物相对照就可以看出。

如东巴文中往往采取放大或延伸的方式

恳求 ，帖扶，播种（放大其手）、男奴（放大其脚），敢于争论之奴（放大其嘴）、大脖子（放大其颈）、水尾→水尾长远

麽 343 [pɑ⁵⁵] 帖扶。画人用手掌贴扶之形，将其手放大向外示贴扶之意。此字见于鲁甸。

麽 344 [p'v⁵⁵] 播种。

麽 346 [zɯ³¹] 抓搔。画人抓痒之形，将手放大示抓搔意，此字见于鲁甸一带。

有些事物，如果正常仿拟，则不知所指。于是也采取放大的方式，如麽 620 ，指甲。将指甲部分放大。

仿拟机制的发展，经过了由完全象形到特征象形、由实到虚，由常形到变形仿拟的发展。

二、参照机制的发展

参照机制的发展体现在参照机制的扩大使用。参照机制的扩大使用，意味着采取更加多样的参照方式，参照方式可以分为变化基字、添加不成字部件、会合成字几种情况。

（一）变化基字

变化基字有涂色、方位变化、变换原字形（如断折、开裂、扭曲）、削减与残缺和拆分几类。

1. 在原有字上涂黑

为了表达相反相对的意义，将原字涂黑，以与原字对比。

前边我们说过，最早的涂黑是客观事物的写实性表现，如 乌鸦，客观上与 鸟形成参照。后来根据相反相对的原理，在参照基字上涂黑以表达相对的意思。

然后根据字形所表达的意思，表达相反相对的意思。如光 →暗 、 天地之际发白→ 天地之际发黑、 花→ 毒花。

如果被用来表示阴间和阳间的对立，那就是更进一步的发展了，如 树

→ 黑树、如鬼界中的鸡麼 693 、麼 335 鬼鸡。 雨→ 暴雨、

甜→ 苦、 鞋→ 靴、 屋→ 狱。

表达一种抽象的概念，如麼 1101 [ndza³³] 仓中无粮也。 "仓"，中间加一小黑点示意"没有，无"。

关于黑色字素的发展，我们在这里简单讨论一下。

黑色字素可用作单字（象形字）〖1049〗 墨。

其次可用作单字的构件。炭" [147] ，三个黑块组合而成。可看成同文会意。

也可以充当会意字的构件，表示"黑"、"大"、"恶"、"苦"等义。

表"黑"：

〖69〗 夜；〖105〗 黑石岩；〖395〗 断角黑鹿；〖828〗 靴。

表"大"：

〖14〗 暴雨；〖104〗 深山老箐；〖370〗 骥；〖1188〗 大山；〖1294〗 大力神。

表"好"：

麼 817 [mbi³¹kv⁵⁵ʐwa³³na³¹] 能飞之神马。末一音为好（不作黑）

表"恶"：

〖328〗 恶老鹰；〖782f07〗 恶意；〖761〗 恶语。

表"苦"：

〖734〗 胆；〖772〗 苦；〖1188〗 吐苦痰。

表"毒"：

〖1188〗 巨毒；〖1313〗 毒鬼； 毒草。

表"阴间、鬼怪"

〖335〗 鬼鸡；麼 693 ；麼 769 [rv³¹na³¹k'wa³³ndv³³] 短角黑龙。此乃鬼怪之龙。

涂黑，在绝大多数情况下能够表达或区别意义。所以，纳西东巴文字中的黑色块体符号，可以被看做是一种表意字素，甚至有时起着声符的作用。王元鹿先生也说："从严格意义上说，以色表义并不等于以形表意。我们只是在最广泛的意义上，才把黑色看做一种象形字素。"①

2. 转换原有字形方位

---

① 王元鹿：《汉古文字与纳西东巴文字比较研究》，华东师范大学出版社 1988 年版，第 89 页。

（1）倒置

取像于客观事物的文字符号，其形体的方向自然与人的视觉所观察到的客观事物相一致。文字中带有方向性的形体，其方向的正与倒皆符合于客观事物。如东巴文 ⻏ 左—⺈ 右。

最早的倒置仍然是仿拟客观事物。如 ⎵ 碗，倒将过来则成了 ⎴ 覆，像碗倒扣之形。此时应是一种仿拟，与正立的碗形成无意识的参照。表现的是客观事物中的相反相对事物或关系的表达。麽 236 ⻊ ［ndo⁵⁵］跌下来也。象人倒立跌下之形。

有的则是在前一参照物上根据对称的法则产生出来的字，表示与之相反的概念。如反过来的火炬 ⺝ 火炬→ ⻌ 熄灭，字形并不是描摹事物原形，因为倒过来的火炬其火苗仍然是向上，这里火苗向下的火炬就是异常图形，但这是根据正常的燃 ⺝ 字形推导出来的。燃是正立的，那颠倒过来就表示熄了。

倒置字形表示死亡。如 ⻌ ［hɯ³³］野兽也。泛指一切非家畜之兽类，画一野兽之头，似獐而无牙，以此为识别，其耳长大，方能形似，若倒写作 ⻌ ，则示死亡之意，其他兽亦同。野兽死了头不一定就倒了过来，说明此时的参照倒置已经与以前的还带有仿拟特征的参照进了很大一步了。此时是完全通过字形的方位变化来表意了。

再发展，则出现了完全按照字形的反义表示了。如 ⻌ ，假借为"出现"，将其倒过来 ⻌ 则成了"不出现"。正如汉字"可"反写就变成了表示"不可"的"叵"字了。

按：利用倒书进行文字构造说明方位是参与构字的。还有所谓书写上的倒书。如刘钊认为"甲骨文的符号主要来源于客观事物的图像，许多形体还没有最后定型，因此常常可以正书，也可以倒书，这体现了甲骨文一定的原始性。但是一旦当一个形体习惯于按一个方向书写并逐渐固定下来的时候，其方向倒置的写法，就应该视作特例，这种特例一般就称作'倒书'。"[①]

（2）倾斜

有时将处于正常方位的字符倾斜表意，如：

⌒ 天→⌐ 斜天；⎵⎵ 地→⺝ 斜地；洛 144 ⻌ 斜坡地—洛 137 ⻌ 有人居住的世界。

有的方位不同其实是想象中的仿拟。如么些经典中说：大洪水过后，

[①] 刘钊：《谈甲骨文中的"倒书"》，载《古文字考释丛稿》，岳麓书社 2005 年版，第 60 页。

只剩下人类始祖一个人，只以"回声"来作伴侣太寂寞了，因之就想找一个配偶，于是就有人指示给他说，在一个山崖下有两个天女在洗澡，这两个天女面貌不同：眼睛直生的天女美，眼睛横生的天女好。在经典上前者画成竖的眼睛，后者画成横的眼睛。

（3）垂直

　　　🌿柴—🌿树。

正立生长的是活着的树，砍下来倒在地上则是"柴"。

3．变换原字形

断折：🌿树→🌿树折；◯━◯骨→◯━◯骨折；⟨刀→⟨刀折；†矛→⟨矛折；ꟼ针→ꟼ针折断。

开裂：🔺神山→🔺神山开裂；▭板→▱板裂。

扭曲：人夭→夭抖、🐦蹲曲、🐦懒、🐦侍候的人；🌿树→🌿弯，像树弯曲之形。

4．削减与残缺

🔺神山→🔺神山之腰→🔺神山之脚，🐂牛→🐂前腿，🐂后腿，🐂前半截，🐂后半截。

日⊕→⊕日蚀、◯月→◯月蚀、🐚衣→🐚半件衣服。

目👁→👁盲。

洛47🐗读 bu^1 时，表示猪、野猪，读 bu^1-ba^2 时，表示肥猪。洛47🐗 bu^1 宰杀后献给恶魔的家猪。由于表示的是一头死猪，所以字符中的猪没有标出眼睛。洛179🐗 gkv^2-bpu^2 各种动物的头骨；干缩的头。注意字符中的动物符号缺少了眼珠，第二个符号（滤锅符号），用以标音。公牛头符号可以简读为 gkv^2（头）。

5．拆分

拆分也是比较特殊的一类，一般是为了强调，将强调的部件独立出来，与放大有区别，放大是在原形的基础上放大，一般仍在原来所处的位置，而拆分则已经独立出来了。如：

🐦盲、夭🐦哭、🐦看、🐦见、🐦照镜子、夭🐦学习。

有时上述几种方式兼用，如：

月亮◯→夜晚👁，既倒置又部分涂黑。🦌活鹿→🦌死鹿、🦅活鹰→🦅死鹰、既倒置又缺损。🐦握→🐦，省略"人"部件之后将手放大。

麽1019🌾 [ςi^{31}] 稻也。画稻穗之形。麽1022🌾 [ru^{31}] 未熟，生。由🌾字变来，以一边生芒为识。此字见于中甸县江边四村。

173

我们可以发现，变化基字的参照方式仍带有一定仿拟色彩。虽然也出现了纯粹的如反过来的火炬一样的（ 火炬→ 熄灭）的参照字，但在人们意识在可能火苗倒过来的火炬可能也是仿拟。

（二）附加不成字部件

附加点：

表示众多：繁星 ，草满大地 ，树木满山 ，洪水 ，我们 ，富豪之家 。

表示黑义：黑石岩 ，乌鸦 ，恶老鹰 ，靴 。

附加线：

表"福气"： 保佑， 示降福， 佑，从人从福气。

表长、足： 长寿， 健康， 富，仓满出气； 足食。

表动向阻隔： 阻水， 分， 头摇晃。

附加笔画中有一类比较特殊，就是"指别"。附加的笔画是为了指示与原字有别。

麽 1552 ［wæ^{55}］"万"也，此学汉语之"万"，中画一五 字取其与万字音近，外加一圈，示其音特别，用特异之读法。

麽 1553 ［dɛ^{33}］古宗音之"七"也写一"七" 字外加一圈以示其有特殊性质。

麽 1151 ［k'o^{55}］名誉、名声也，以 记音（按：门为 ［k'o^{55}］），以下一曲示其音有变。

麽 1155 ［k'o^{55}］地上陷洞。以 （门）注音，加一动线示其音有变也。门本读 ［k'o^{33}］。

麽 1595 ［nɑ^{31}］黑也。原画一黑点以示意，恐人忽视为无意之黑点，因于其外加一圈线。此剌宝、东山一带之写法，别处不如此。比较 1594 黑。画一黑点，以之示"黑"之意。

麽 664 ［ts'æ^{33}］此字无意指，全用其音，东巴教主一代之名中用此音，字源由 字来，两旁加线示其意，表明读音有转变也。663 ［ts'ʌ^{55}］秒。云画胎胞之形。

麽 1068 ［iæ^{31}］姓。上画一 烟字（本读 ［iʌ^{33}]），"下加一方形符号，以示其音有变。"

指别符号有时与象形可能混淆。如：麽 1151 ［k'o^{55}］名誉，名声。以 记音，以下一曲线示其音有变。但此字也可以读为 ［k'o^{33}mbo^{31}］门坎。为一个附加部件的象形字。

还有一类是加指示符号，指明位置所在。相当于传统六书中的指事字。

洛 485 🦵 胯部；胯裆腹股沟或（建筑上的）穹窿。

洛 252 〰 khü³ t'an² 三条线表示底部，即湖底；t'an² 指底部。

麽 229 ⬚ [ʐur³³] 方隅，角落。故画四方角落之形，此字仅见于北地以上之若喀地域，他处有时皆误之为法码 🔲，实则此二字，形、声、义皆不相同也。

麽 650 🐚 [t'ɯ⁵⁵] 腰脊。腰上的圈指明其腰部。

指事字也有一个发展过程，即由指实到指虚的过程。如汉字"本"、"末"指树根和树梢，这是指实。但"亦"是指腋窝，相对而言是指虚。

（三）加成字部件

1．会合形义

会合参照基字之形及所示之义，采用这种方式造出的字类似我们传统六书中的"会意字"。

会意字按照其发展情况可以分为会义式和注义式两种类型。

（1）会义式。用两个以上的表义构件组合在一起，表示一个新的意义。会义合成的构意，是由表义构件所提供的诸多意义信息共同表示的。如东巴文的例子：

〖35〗🌀 明。由日、月相合会"明"义

〖60y1〗🐦 春季；〖61y1〗🐦 夏季；〖62y1〗🐦 秋季；〖63y1〗🐦 冬季。由各个季节的代表天气、物候及有代表特征的鸟会合表义。

〖926〗🥢 辛苦。用筷子和饭合成表盘中之餐来之不易。

〖1190〗🌸 美。从脸从花，会合美丽之义。

麽 1549 米 [tv³¹] 千。由乂、十二字合成，十百为千也。

会义式的会意字有时还按物象的实际状态来放置构件，有方位表义别义的残留。如：

〖32〗🌤 晴；〖21〗☁ 雷；〖22〗⚡ 劈

以上字例，"天"的符号一定在最上边。

〖40〗☀ 晒

"晒"是人向着太阳。太阳的光芒也指向人形。

〖352〗🐾 涉；〖355〗🐂 撞

"涉水"是动物的脚踏着水，"撞"是牛撞向人。

（2）注义式

注义式指原来的字形本来独立表义，但为了语义更明确，同时为了分化原来字符承担的几个词的功能，再注加一个表义符号。如果去掉这个注加的表义符号，原来的形体同样可以完成表达整个字符的任务。

〖358f2〗 [o³³] 财产。

单独的 本表示牛，读作［mu³¹］或［le⁵⁵］或［ɣɯ³³］，也可引申为财产，读作［o³³］。这就是过去所谓的义借字。为了分化这种义借字，同时使语义更明确，便再加上 五谷，"牛"也是财产，"五谷"也是财产，两个字形合起来表示"财产"义。

〖362f1〗 [nɯ³¹] 福，从羊从绿松石。

同样的， 既可以表示羊，也可以表示福；后来加上绿松石。合起来表示福。

洛 594 ts'u² 冬天。符号表示飘着的雪片。也读作 mbe² 雪。还可以假借作"所有；每个人"相当于汉语的"均、皆"。 冬天。此字符很少用。上面的符号表示雪（mbe²），下面的符号表示一个冻得发抖的人。

异体显示了由单重会意到双重会意。觉得一层会意还不够明确，于是出现此字形。

2. 会合音义

构新字时取参照基字的字音及字义。将参照基字作为构成新字的音符，相当于我们传统六书所谓的"形声字"。

东巴文形声字的发展，最早由亦声式开始，经过注音式和加形式最后发展到成熟的拼合式。

（1）亦声式

此类字实即包含表音成分的会意字，亦即一般所谓会意兼形声。如：

〖609〗 [hæ³¹] 买，从人执金， [hæ³¹] 金声。

麼 369 [t'o³¹] 靠。画人依靠一松树之形。因"松"与"靠"同音（不同调）。故又以之作注音之用。此字见于鲁甸一带。比较麼 368 。

亦声字其实质可能离会意字更近一些，只是在选择会意的部件时，无意或有意地选择了同音或近音的字。但无可否认的是，这应该算是形声字的先声。

（2）注音式

此类字系在象形、会意字上加注声符而成。去掉声符后，充当形符的象形、会意字作为与形声字对立的非形声形式，仍能自足地表示形声字所表示的词语。如：

〖105〗 [æ³¹] 岩，从岩， 鸡［æ³¹］声。按 本即岩［æ³¹］字。

〖447〗[ɕi³³] 人，从人，[ɕi³¹] 稻声。按<img_placeholder>本即人 [ɕi³³]字。

〖553〗[ŋɤ˩] 我，本作"我"，加<img_placeholder>（藏音 [ŋə³³]）注其音。

〖636f1〗[dʑi³³] 行，本作"行"，在<img_placeholder>上加注 [dʑi³³] 洒药声。

〖636f2〗[zɑ˩] 降，本作"降"，在<img_placeholder>上加注 [zɑ˩]（星名）声。

麽 1719<img_placeholder>[ɯ⁵⁵] 灰尘。以点点示意，以<img_placeholder>[ɯ³³] 字注音。见于丽江鲁甸一带。

注音式去掉音符，亦能完整表义，只是加上声符后，读音更为明确，并且易于其他字符相区别。

（3）加形式

加形式主要是指在假借字基础上加形符而成的形声字。如：

麽 674<img_placeholder>[kʻɯ³³] 足也，此字借音作"去"，即鲁甸一带之，又借音作"装置，安置"，即鲁甸之字，又借作"垂直的刺开"，即鲁甸之字，盖原皆以<img_placeholder>字借音，后乃渐行分化也。

"足"假借为"去"、"装置、安置"、"垂直的刺开"，然后又分别加形符形成形声字。

麽 1161<img_placeholder>[tʂwɑ³³] 床，假借为"已婚之男子"，后加人字旁为。

〖536〗[me³¹] 纳西古氏族名买氏，从人，[me³¹] 树名声。按又单独假借作氏族名。

〖537〗<img_placeholder>[ho³¹] 纳西古氏族名何氏，从人，<img_placeholder>[ho³¹] 肋声。按<img_placeholder>又单独假借作氏族名。

〖257〗<img_placeholder>[ɲi³³nv³¹] 黄豆，假借为你→<img_placeholder>[nv³¹] 你，<img_placeholder>黄豆假借为"你"，后来又加上形符人，形成形声字。

〖517〗<img_placeholder>[u³¹] 献饭，借为臣→<img_placeholder>[u³¹] 臣。

加形式的特征是：即使去掉后加的形符，原先的假借字仍能自足的表达整个字的意义。这也是它与注音式形声字相同之处。二者的区别之处在于未加符号之前一是假借，一是象形或会意。

有一些字分别存在象形字、假借字、形声字的异体。

洛 557⬚、洛 558⬚tgkye^3（tkhye^3）火葬，上面表示油灯的符号也读做 tgkye^3，此处用以标音。洛 557⬚tgkye^2 油灯，也可以假借为 tgkye^3 火葬；焚烧。

这涉及到一个问题，到底是假借字在前还是形声字在前？从此字形看来，两种情况都有可能。但不管如何，后来的形声字都是加形旁或声旁而形成的。

（4）拼合式

此类字形符和声符没有意义上的联系，也没有注音或加形的过程，系直接拼合而成。如：

〖93〗⬚ [to^{55}] 岗，从坡，⬚板 [to^{33}] 声。

〖610〗⬚ [tɕ'i^{33}] 卖，从人，⟋ [tɕ'i^{33}] 刺声。

洛 527⬚、⬚sso^2 一座高山，但不是那种永久积雪的高山。表示山（ngyu^1）的符号不发音。

这是一个形声字。它是如何形成的呢？这个应该明显是个拼合式形声字。因为山⬚读 ngyu^1。洛 526⬚sso^2 当与 ngyu^1 的符号连用时，此符号也读做 sso^2，但表示的是高山。⬚字符的原义一些东巴说此符号表示枯死的树根，一些东巴则说它是一个挂有重物的秤的图形。洛克认为后者的可能性更大一些。说明⬚并不单独假借为山。

拼合式形声字的最典型特征是形符的意义已经不是整字所表达的意义。如⬚中的人，表明这是人类的动作。音符只表音，不表义。

但在这之前也会有过渡状态，如声符也表义，此时就与假借字加形符比较接近。如：

洛 520⬚ssɿ^2 用硬木做的小木刀，用来劈开用刀砍好的竹子。在剑上面的树木 ss^2 符号用做 ssɿ^2 的标音，也表示这是用木头做的刀。树木符号标音，但也表义，此时就可能与假借字加形符不易区别。

〖485〗⬚ [k'o^{31}] 母族，从人，⬚ [k'o^{31}] 栅栏声。按〖997〗⬚ [k'o^{31}] 栅。氏族设栅而居，又称氏族。

栅栏符号标音，但也可以引申为氏族，也易与假借字加形符相混淆。其他例子还有：

〖460〗⬚ [me^{33}] 母，从女，⬚ [me^{33}] 雌阴声。

〖601〗⬚ [do^{31}] 傻，从人，⬚ [do^{31}] 傻鬼牌声。

〖773〗⬚ [hy^{31}] 红、口红，从口，⬚ [hy^{31}] 红声。

（5）双声字

麽 1807⬚ [ts'ɯ^{55}] 跪。画跪之形，又以鬼及犁头双注其音。此字见于鲁甸。

　　麽 850 [kʻɯ⁵⁵] 走去之"去"。此字由 及一动线 组合而成，犬与足皆注其 [kʻɯ] 音，下加一动线，示其为与动作有关之 [kʻɯ] 音也。可与 676 字相参看，盖恐 之一音，尚不清晰，因又加一 字双注其音。此字见于鲁甸。

按：此处之读音，疑受汉语西南官话影响，因云南当地将"去"读为 [kʻɯ]。

　　形声字发展到后来，还出现了形声字中的音符替换的例子。

　　麽 13 天地之中间 [mɯ³³ne³¹dy³¹kwɑ⁵⁵ŋɯ³³]，以 注其第四音， 以 字注其末一音。

3．叠加音义

　　叠加音义比较特殊，合二字之形为一字，但合成后的字与原来的两字音义相同，属于音义叠加。如下例：

　　麽 596 [pε³¹] 吐。由 与 二字合成，此鲁甸之写法，合二字作一字用。若此二字字源皆取口形，则一字之中，口有正面、侧面两种写法也，盖么些人多注重音，字之原形，每每忽略之也。试比较麽 594 [pε³¹]，画口吐物之形。麽 595 [pε³¹]，云象口中有苦物欲吐出之形。

三、字符造字机制的变化

　　文字系统的不断发展，字符造字机制也在变迁，特别是参照机制用得更多，过去的仿拟字，也多产生采用参照造字的异体。并且参照机制中带有仿拟色彩的变化基字的方式也让位于加不成字部件或加成字部件的方式。

1．由仿拟变为参照

　　麽 1329 [ʂɯ³³na⁵⁵] 瘦肉。以 注其末一音， 为藏文第十二个字母，在此借音使用。与 中的 同。

按：因为瘦肉、肥肉、肉字形区别太过细微，改用增加标音符的方式。

2．参照机制中由变化基字改成加不成字部件

　　麽 151 [ndʐo³¹na³³zwa⁵⁵rwa³³tʻɯ⁵⁵] 神山之腰，相对于麽 149 神山削减了半截，仍然带有仿拟意味。但又来采用加指示符号的参照方式，作 。

　　麽 152 [ndʐo³¹na³³zwa⁵⁵rwa³³kʻɯ⁵⁵] 神山之脚，同样采用削减方式，但又来加一脚字符成 ，成为两个字符（也可以说是合文）连起来表达。

按：这两个例子一方面体现了参照方式的演进，一方面体现了字形的类化，全部变成神山加符号表示。再就是因为一字符一词的对应造成原来词组的表达分化。削减的字形区别特征不强，故换其他构字方式。

3．参照机制中由变化基字改成加成字部件

麽 1159 ⟨图形⟩ [mʌ³³t'v³³] 不出，不到，没出，没到之意也，等于 ⟨图形⟩ 二字之连用。原为一 ⟨图形⟩ 字，今将其反转，示其否定之意。于经典之开头常用之，如"日月星辰没有出现的时候，山川、树木没有出现的时候"等，常有东巴写 ⟨图形⟩ 字以代表"没有出现"的意思。李霖灿说："如 ⟨图形⟩ 常作'出现'解，倒置之 ⟨图形⟩，则作'不出现'或'未出现'，亦含有否定之意在内也。"[①]其音义和加否定副词相同。以后多改为加否定词。如〖889〗⟨图形⟩ [t'v³¹] 桶，假借作 [t'v³³] 出现，加否定副词 ⟨图形⟩ [mə³³] 不，作 ⟨图形⟩ [mə³³ t'v³³]，则为不出现。后来东巴经中还有 ⟨图形⟩ 连用者[②]，不过不是双重否定，只表不出现而已。说明此时采用加否定词的方式，原来方位的位置已经意义不大了。

洛 258 ⟨图形⟩Khyü³-dü¹ 一束香。异体表示一根正在燃烧或冒烟的柏树枝。它是用柏树的树干和叶子的粉末制成。后来出现会合形义的异体 ⟨图形⟩，第一个符号表示柏树（Khyü³），第二个符号表示一炷香，第三个符号表示土地（dü¹），此处用做 dü¹（一束）的标音。

综上所述，字符构字机制中，仿拟机制能产性低，且产生的字符音义欠明确、区别特征不明显。在文字发展过程中，有些原来采用仿拟机制造的仿拟字后来发展出了采用参照机制形成的异体字。而且原来采用带有仿拟色彩的变化基字方式造的字后来发展出了采用加部件方式形成的异体字。

四、小结

本节我们研究了字符构字的发展。字符构字的发展体现在仿拟机制的发展、参照机制的发展和构字机制的变化三个方面。

1．仿拟机制的发展

仿拟机制在不断发展，主要表现为三种类型：由原形仿拟到特征仿拟，由实体仿拟到虚拟仿拟和由常形仿拟到变形仿拟。

2．参照机制的发展

参照机制的发展表现在参照机制的扩大使用，几种参照方式如变化基

---

① 李霖灿《么些象形文字字典·引言》，国立中央博物院 1944 年版，第 17 页。
② 李霖灿《么些经典译注九种·么些族的洪水故事》，中华丛书编审委员会 1978 年版，第 26 页。

字、添加不成字部件、会合成字等类型已经发展齐全。

3．构字机制的变化

构字机制的变化主要表现在以前采用仿拟的现在有些变为参照。参照机制中以前采用变化基字的现在采取增加部件或会合成字的方式。

第三节　符号可拆分度的发展及字符规整化

前面讨论到文字字符边界逐渐清晰时，讨论了由不易拆分的准字符到勉强可以拆分的合文，再到完全可以独立的独立字符，体现了符号可拆分度的发展。这是独立字符间的拆分，它的发展体现了文字制度的进步。还有一种拆分是独立字符内部的拆分，即独立字符还可以进一步拆分成部件或笔画。两种拆分可作图示进行比较。

> 准字符→合文→字符
> 字符→部件→笔画

前边我们已经分析了由准字符到合文到字符的发展，也体现了第一种拆分度的发展，这一节我们主要分析第二种拆分度，即字符分析成部件或笔画的能力。

一、字符可拆分度的提高

符号可拆分度指符号能进行再次切分的程度，文字系统中的字符也具有符号可分析的特征。如汉字"湘"，可首先切分成"氵"和"相"，而"相"可再进行二次切分"木"和"目"。我们可以从三个方面来研究符号的可拆分度：一是符号的分析，二是部件的可重用率，三是部件的类化度。

（一）符号的分析

1. 字符的构字元素

字符的构字元素主要是线条及线条组合，原始文字中还有颜色，符号位置等元素。黑色字素及符号位置等元素我们在前面已经谈过，这里就不再谈。这里主要讨论线条或线条组合，其实它正是构成字符的笔画及笔画组合。

笔画或笔画组合有三个层次：笔画、部件和整字，首先是整字的研究，按成字部件多少可分成独体字与合体字。其次是部件的研究，则有部件的切分和部件的组合层次。最后是笔画的切分，笔画数的确定，然后是笔形的分类、笔画的组合和笔顺。

（1）整字

对于整字，我们首先要分析它由几部分组成，观察它是独体字还是合体字。如：

〖410〗🐛虫，整体象一个虫之形，是独体字。

〖696〗 ⿰杀。由两个人，和一把刀构成，合体字。

（2）部件

部件是一组可单用或可反复作为构字成分的不可再切分的构件。

部件分层次分析，一直分析到末级部件。部件拆分的原则是有区别音义的作用和独立（可反复使用）。区别音义即拆分下来的部件有自己的读音和意义。另一个原则是可反复使用。

因为文字的发展是渐变的，在原始文字中，有些部件并不完全跟独立字符一样。会出现一些"类部件"或"准部件"。这有两种情况：

一是原来的文字画或零切分字的分离不彻底，还没有完全分离成多个可独立的部件。

如东巴文麽 419⿱ [æ³¹] 打架。像二人以兵器相交之形，故为打架。这就象甲骨文中的斗、、、、。过去有人把它叫做准部件。

一种情况是在书写中为了字形美观，部件之间的组合避让。导致其中的部件与独立字符不完全一样，如汉字中的"木"与"楼"中的偏旁"木"不完全一样。

我们想这两种情况，只要是能跟独立字符有清晰来源关系，我们就可视为可切分的部件。

（3）笔画

笔画是构成字符的线条，是最小的构字单位，即写字时从落笔到提笔留下的痕迹叫一笔或一画。文字的笔画具有可重复使用性，而且可以切分。如汉字的横、竖、撇、点、捺、提等，可反复使用，也可以分析归纳出类别。

对于原始文字的东巴文，也可以分析它的笔画。如〖1y1〗 ⌒ 天，这个字由两笔写成，分别是相对应的两条曲线 ⁄ 和 ⌐。而这两条曲线还用于其他字，如：〖31〗 ≻≺ 天摇。据我们粗步的统计，东巴文的笔画大部分是可以分析的，并且具有可重复使用性，其笔画计有点、线、圆、方等几种。线笔画按照形状可以分成直线和曲线。按分布分成横线、竖线和斜线。圆和方则是封闭性的笔画。当然东巴文也存在一部分不好切分成笔画的符号，因为东巴文的笔画还不很规范。

在笔顺方面，原始文字亦形成一定笔顺。如前所述，东巴文笔顺的写法大致形成了一定的习惯。

2. 切分层次

根据不同的切分层次，我们可以分为零切分、一次切分、二次切分、依次类推。

（1）零切分

零切分的字符就是字符整体表义，不能进行再次切分。原始文字中这种符号较多。其他学者在研究汉古文字甲骨文时，也注意到甲骨文中有大量的零切分字符。他们或称之为"图形构件"，或称之为"前形位"，或称之为"全功能零合成"。

刘志基先生考察甲骨文的构形系统，将以图形整体表义的符号称为"图形构件"。[①]图形构件与其他构件有着特殊性：1.罕见性，即被固定在个别文字或合体构件中充当构形成分，而不具备一般构件的通用性；2.暂见性，即在传承中或迟或早被通用构件所替代；3.图画性，即具有较之一般通用构件更充分的绘画因素，不能作进一步的分析。

郑振峰先生考察甲骨文构形系统，相对于"形位"概念提出"前形位"："甲骨文字中，有一种和后代文字不同的构形元素，以图画式的复合图形所显现的比较完整的物象来参与构字，这种复合图形具象特征非常浓厚，不可再度拆分，同时个体性又极强，其构字量只有 1 个，无法与其他形位认同。这种构形元素和一般的形位特征不同，我们把这种构形元素称为'前形位'。"[②]

王宁先生提出"全功能零合成"。"根据汉字的合成情况及构件在组构中的四种功能，我们从汉字的实际状况出发，总结出以下 11 种构形模式：全功能零合成字。它是由一个单独的成字构件也就是一个形素构成，或者说，它从一开始就无法再行拆分。由于独体字没有合成对象，我们取语言学的"零"概念来指称它；也因为它没有合成对象，组成它的形素必须既表形义又表音，所以是全功能的。全功能零合成字有两种类型：一种称作传承式，也就是由古文字的独体象形字直接演变来的独体字，如甲骨文的"羊"、甲骨文的"网"、小篆的"水"、"象"等；另一种是粘合式，也就是古文字阶段的合体字，经过隶变、楷化发生变异，构件粘合而无法再分析的字，如"并"、"兼"、"更"、"西"等字。"[③]

这都相当于我们说的零切分。

（2）非零切分

除了零切分字的字符以外，还有字符可以进行进一步拆分。字符的拆分按层次进行，首先切分成直接参与构字的部件，如部件还可再切分，则

---

① 刘志基：《图形构件与甲骨文的构形系统》，载《汉字研究》（第一辑），学苑出版社 2005 年版，第 341 页。

② 郑振峰：《论甲骨文字构形系统的特点及其演变》，载《语言研究》2004 年第 3 期。

③ 王宁：《构形学讲座》，上海教育出版社 2002 年版，第 29 页。

再顺序进行下一层切分，直到切分到最后一级构字部件为止。

如东巴文中〖569〗梦，此字是由两层构件组合而成，拆分图示如下：

由上图可以看到，我们第一层拆分了直接构件"夜" 和"卧"，再对仍由部件合成的"卧"进行第二层拆分，直到全部拆分成末级构件"人" （较特殊，躺有鼾声）、和"床" 。

其他例子还有：

〖118〗瀑布。从水 从岩 。而岩又可以拆分成声符鸡 和形符岩 。

〖504〗 牧奴逃跑。从牧奴下边一线，表逃走。而 [lv³³]，是从 人， [lv³³]石声的形声字。

东巴文中的多层组合多见，这应当是纳西东巴文构件逐步走向类化的一种萌芽表现。

3．切分层次的逐渐丰富体现了文字的发展

一种文字是否可以按层次切分，切分层次的多少，标志着该种文字系统的发展程度。

文字的发展伴随着字符构字层次的增加。构字层次体现了文字发展的程度，如早期可能都是由独立成字的单体字，可以叫做一层构字占多数。到了后来，参照字多起来，初造字参与构字或再次构字。构字层次开始丰富起来。

切分层次的多少实际上涉及到部件的可重用频率和部件的类化程度。

（二）部件的可重用频率

不同的构件有着不同的构字频率。如果有较高的构字频率，则意味着它们具有较强的通用性。但也有部分构件的构字频率很低，有的甚至是1，即只参与一次构字。

东巴文中的图形式构件只自己构成自己，也不能再拆分，可重用频率为1。如：

〖966〗墨斗；〖1024〗王者之金殿城堡；〖1105〗葫芦笙；

有些可能只参与一次构字，可重用频率为2。

布谷鸟 ，〖60y1〗春；

野鸭 ，〖61y1〗夏；

雁 ，〖62y1〗秋；

鹤 ，〖63y1〗冬；

雪 ，〖63y1〗冬。

但也有些字符或部件多次参与构字。如：

火 、，可以构成以下字符：

〖138〗铜；〖148〗烧；〖149〗炙；〖150〗烧；〖152〗举火；〖153〗爆竹；〖579〗焚尸；〖591〗除秽；〖621〗烧林；〖912〗煨；〖917〗炙；〖952〗铸；〖953〗锻；〖985〗烧房；〖1029〗熄；〖1165〗热；〖1237〗香火〖1265〗烧天香。

斧 、可以构成以下字符：

〖107〗攻劫山寨；〖509y1〗工匠；〖510〗铁匠；〖615〗打铁；〖620〗砍林；〖948〗砍；〖949〗破；〖951〗击；〖953〗锻；〖1023〗王者坚固庄房山寨。

要说明的是，字符及部件的可重用频率可能随着文献的更多解读而有新的发现。我们在此只是举例说明字符或部件在理论有可重用频率的不同。

（三）部件的类化度

部件的类化指文字系统中表同类事物的符号趋于一致，如汉字表示太阳，甲骨文中有"⊙、▱、🌕、▱、◊、▱、▱"等形体，但在小篆中就只有"🌕""⊖"，到了隶书，就只有"日"一种形体。

部件的类化度特别是末级部件的类化度决定着文字发展的程度。赵诚曾经指出汉古文字中的这一现象："根据汉字发展的大势来看，愈是古老的系统，形体差别越丰富，分类愈多，特殊而例外的现象愈复杂。"[1]

现代汉字的末级部件笔画数量有限，即使是部件，数量也是有限的，但幻化出数万字形，其类化程度也不低。拉丁字母更是以26个字母可以演化出无数的词形，我们可以说它的类化程度高。

但原始文字的部件类化程度不够。我们以东巴文为例，分析原始文字的部件类化度及其发展。

文字产生之初，各字符根据仿拟的原则，细致描摹，表示不同环境下的客观事物符号也不相同。如：

---

① 赵诚：《甲骨文字学纲要》，中华书局2005年版，第272页。

东巴文中表示人的行走动作，不同的动作用不同的形体：

〖633〗🏃跑；〖634〗登；〖635〗越；〖636〗下，降；〖638〗绊；〖639〗踏。

东巴文表"月"，大多数用⌒，如〖69〗夜〖70〗夜半，但也有用的，如〖35〗明，用的，〖49〗月出，用的，如〖50〗月落。

这样结果是导致形体太多，增加了记忆负担。表示同一事物最好能采用相同的符号形体。事实上，文字系统正有这样一种巨大的力量，推动同义同形、同形同符实现。

我们下边看东巴文类化度的发展，主要体现在一些部件的类化上。

东巴文表"水"，大多数用～，如：

〖114〗涌泉；〖117〗阻水；〖118〗瀑布；〖119〗洪水；〖352〗涉；〖580〗漂；〖618〗导；〖873〗钓；〖768〗饮。

所以原来〖617〗盛后来发展出了的异体。原来用点表示的"水"也类化成了～。这是同一意义的不同形体类化成同一部件。

东巴文山本作△，岩本作⌒，坡作，但三者在使用中逐渐类同，如：

〖47〗日出；〖48〗日没；〖49〗月出；〖50〗月落；〖587〗躲；〖635〗越。

〖1137〗 [dzy³¹ʐɿ³³] 山路，山 dzy³¹ 形本应为△，此用坡字代替。

山和崖有时也通用。

[to⁵⁵] 陡也，以山示意，以注音。

[to⁵⁵] 陡也，以崖示意，以注音。

以上二字为形声字，均以板注音，所以不管其形符是山还是崖，对于表义都无所谓，二者可以通用。这体现了以表音为区别意义的主要手段，形的区别作用就相对小了。以上例子为近义的部件类化，可以通用。

在文字系统类化力量的作用下，一些本不是同类事物，只要外形接近，在部件的形体上也写成一样，这种例子可以称为形近类化，如：

动物的獾、树的树脂、露、奶等本为不同事物，但采用相同部件表达，如：

獾：麽790狗獾麽791猪獾。

脂：麽967 [t'o³³ŋgɛ³¹] 松脂。画一松树出松脂之形，亦可单读为［ŋgɛ³¹］。

露：麽999 [tʂʻʌr³³] 药水。取花上清露可以为药之意。此字后来加一声符 成 。此鲁甸之写法。

奶： [nur³³ha³³] 奶饭。以上一曲线 示其有奶水之意；麽1789 [iʌ⁵⁵lo³³kv³³，tʂʻʌr³³lɤ³³tʻv³³] 面偶头上出药水，或云为面偶头上出奶水，将第四音改 [nur³³]；麽1354 [nur³³] 乳。画乳滴之形，下乃盛乳器具。常简写为 ，只画乳滴之形。

甚至人的排泄物、呕吐物也写成相同形状，如：麽275 [ʂæ³³] 泻。象人泻肚子之形。此处的肛门夸张，试比较麽274 [pʻɤ⁵⁵] 呕吐，麽279 屎。呕吐物和排泻物都有类化。

其他如"天"和"菌"：

麽1047 [mo⁵⁵] 菌。画菌伞之形。"此字又常变读 [muɯ³³]，而为他字注音，如 、 、 等。"按：这是两个形体在演变过程中变得相似，天和菌形体演变中变得相似了。

麽1048 [muɯ³³ru⁵⁵n̩i³³kʻæ³³kʻæ³³] 经典中之一地名。"画菌子分两岔之形，以注此地名之音。"

部件的类化，多表现在部件的通用上，我们看下边东巴文中一些部件通用的例子。

人坐形和立形混用，这也是一种类化。如：

麽489 么些人 [nɑ³¹çi³³]，或写作 。

麽496 [gʌ³¹lo⁵⁵tsʻɤ⁵⁵] 部族名。居么些人之北方。或写作 。

麽499 [gv³³dzɯ³¹] 古宗，或写作 。

麽501 [lɛ³³bv³³] 白族，或写作 。按：这些可能皆为各族的巫师。

麽505 [rv⁵⁵rv³³] 部族名。指么些与栗粟族融合后裔。"画一人头上有石块注其音也，此字常用坐形，因避免与 （游玩、游荡）相混也。"

麽525 [ʔɛ³³dzɯ³³] 祖母，或写作 ，在鲁甸一带有时写作 ，以 注其音。

麽315 [tʻɯ³¹] 饮。象人饮酒之形。麽1335 [zɯ³³tʻɯ³¹] 饮酒。

麽482 [sɯ³³pʻɛ³³] 王子，大官长。上有一 字注其前一音，全以音标注 ，但此字与麽472 （父亲）时相混用。

男女混用，如：

麽 534 [p'ɛ³³] 播扬，画一女子执箕播扬之形，亦读 [mo³¹tʂɯ⁵⁵mo³¹p'ɛ³³nɛ³¹]，但此字形也可作麽 382 播扬也，画人以箕播扬之形，同样可以两读。

麽 540 [t'ɯ³¹] 辛苦，难也。云取生育艰难之形意，或写作，李霖灿云："然有时且见有不戴头饰之形者，尚不知其所指。"

按：此其实就是类化的作用，类化成人形后与表意有碍，所以"不知其所指"了。

其他如一些鬼怪，本以女人形作部件，但也变作人形，如：

麽 1857 [mbɯ³¹] 鬼名。绝鬼。画鬼之形，变化 字形状以注其音。

麽 1868 [ʔɛ³³mbɯ³¹mo³³] 水怪之名。以 注末一音，以 之变形字注第二音。

按：绝后本作，女人形，但 用作鬼时，则将其头饰去掉，与人无异。当然这是为了三根竖立的头发好安排，并且认为绝后之意已经表达出来。但明显这是一种类化。

人口和动物口通用。如：

麽 592 [nv⁵⁵] 口。画口之形，以"黄豆" 注其音。也可以写作，画一动物之口部，鲁甸一带之写法。

麽 606 [po³³] 衔。画口中衔肉块之形，或写作 。

人和其他特殊形的人通用，如：

麽 230 [nɑ³¹ɕi³³] 此字若将头点黑作，读 [nɑ³¹ɕi³³]，乃么些人之自称也。且常写作，乃又以稻字注 [ɕi³³] 音也。

按：又有将字形写作《535y2》。因为有注音声符，所以人形加黑与不加黑就不重要了，类化变成了 。

《509y1》、工匠。原来人形奇特，后来统一变成了正立的人形 。

麽 379 [tʂwa³¹] 结婚后之男子也。画人头上有冠帽之形以示意。此种写法见于丽江，唯每易与 字相混，须注意形式大小之分别。

按：头上弧圈的大小较强掌握和区分，于是后来发展出了形声字麽 380 结婚后之男子也。此种写法见于鲁甸。以床注音后头上有冠帽的男子也变成了普通人形。

加黑点与不加黑点通用，除上举"纳西" — 外，还有：

麽 46 [ho³¹] 夜。象月出夜深之形，以月中黑点示意。常与 晚上字形混用。

有些字符的混用讹用正显示了文字的类化在起作用。如：

山崖🐔æ³¹，画山崖巍峨之形，内有一鸡头，注其音，因鸡、崖同音之故，但后来"多数东巴于崖内只写一鸟头🐦"，李霖灿先生判断"此盖误字也"，[①]其实这正是一种类化的结果，因以鸡头作部件构成的字数量不多，再加之鸡头、鸟头形体非常相近，故鸡头写成了鸟头。他后来在《么些族文字的发生和演变》中说："这个形声字的'崖'字，在丽江以下也偶有写一个鸟头在崖下的，这是忘了画鸡冠上的那一条曲线。问问大多巴，他说都说这是小多巴的胡写乱画，原应该画一个鸡头的，这表示他们还没有忘掉字源。不过也就危险极了，如此以讹传讹，久而久之，很可能没法解释来由。"[②]

木，一般作 ⟿，或涂黑 ⟿，树一般是作 ✳ 正立形，但东巴文的象形字名称"森究鲁究"意即"见木画木，见石画石"，既可以写作 ✳ ⬭ ，也可以写成 ⟿ ⬭ [③]

麽 229 ▢ [ʐɯr³³] 方隅，角落。故画四方角落之形。因此字仅见于北地以上之若喀地域，他处有时皆误之为法码🔔，实则此二字，形、声、义皆不相同。

按：因为此字其他地方没有，所以被类化认同为砝码。

麽 1799 ❀ [wɑ³¹ʂʌr⁵⁵] 招魂。以❀为魂，下有一动线以示意。

按：阴魂本作麽 1798 ❀ [wɑ³¹]，由"绿松石"❀借音而来，加一闪烁线以作区别。但在招魂中去掉了闪烁线，写成与"绿松石"❀一样。

类化具有强烈的类推性，即某种形体的变化可以引起其他相似字符的形体变化。

麽 28 ⊞ [ȵi⁵⁵mɛ⁵⁵gu³¹] 西方也。象日落无光之形。日落于西，故以之为西方，么些语意，即日落之处也。此字古写作 ⊕。象中黑无光之形，遂演变成为 ⊞ 形。此字当与 ♇ 字参照。

此处 ⊕ 可以写作 ⊞，后来的异体字麽 39 ♇ "近多作 ♈，中间之黑点消失。一如 ⊕ 之为 ⊞ 也。"

还有表示嘴的动作时，可以将人形省去，只留下口 〰，如：

〖759〗〰 呵；〖760〗〰 唤；〖761〗〰 恶语；〖762〗〰

---

① 李霖灿：《么些象形文字字典》，国立中央博物院 1944 年版，第 18 页。

② 李霖灿：《么些族文字的发生和演变》，载《么些研究论文集》，台湾故宫博物院 1984 年版，第 73 页。

③ 李霖灿：《么些象形文字字典·引言》，国立中央博物院 1944 年版，第 9 页。

笑；〖764〗 ![吃符号]吃；〖767〗 ![嚼符号]嚼；〖768〗 ![饮符号]饮；〖769〗 ![吐符号]吐；〖772〗 ![苦符号]苦。

么 354 ![符号][ʂo31tɣ33]打铁也。

么 1196 ![符号]打桩子，钉桩子也。画一斧头以见敲打之意。

么 1482 ![符号]锤打也。画斧头于墩上锤物之形。

按：打铁之工具已经类化成了斧头。如么 352 ![符号]削木也。画人削木之形。么 353 ![符号]划柴也。画人划柴之形。

么 1295 ![符号]煮也。画锅中煮物之形。锅中之物已经类化一个圈。

二、符号规整化

1. 字符的大小比例趋于一致

早期原始文字，刚刚脱胎于文字渊源物，文字字符较多的带有文字渊源物的特征，字符间的比例也极不一致。

随着文字字符在系统中的不断适应磨合，文字字符的外形趋于整齐，字符间的大小比例也逐渐趋于一致。试比较：

早期东巴经

（《纳西象形文字谱·人类迁徙记》P504）

《人类迁徙记》亦即《创世纪》，"不少学者都指出，从内容和形式看，《创世纪》是早期的最原始的经典。"[1]

从所选片断来看，字形大小比例不一，如拿箭的崇则丽恩和织布的衬恒布白命（崇则丽恩之妻）字形都很大，而表示数字的三和三颗粮食则很小，其他字如表示"第二天"的太阳和表示"找出"的桶大小差不多，斑鸠和栅栏则介于最大和最小之间。

晚期东巴经：

---

① 甘露：《东巴文假借字比较研究》，华东师范大学博士学位论文，2004 年，第 83 页。

（《纳西象形文字谱·送情死者》P550）

《送情死者》是丽江坝区长水中村东巴和泗泉等人 20 世纪 20 年代创作的，[1]是属于创作年代较晚的东巴经。

《纳西象形文字谱》收录了《送情死者》中的一段，这本经书是丽江五台中和村东巴和芳抄写的。

从所选片断可以看出，文字形体间的大小大致相同。

2．字符的长宽比例趋于稳定

木琛根据长期摸索的经验，总结了书写纳西东巴文的一些心得：[2]

多数字形宜横向取势。如正方、正圆的物形变为长方、椭圆；方形的笔画宜写成长方、圆形的笔画宜写成椭圆；字形宜左右舒展、上下收敛。

3．正反写逐渐定形

早期原始文字可正写、反写，有较大随意性，在发展过程中逐渐走向定形。

麽 1409 𝌆𝌆𝌆 [p'ɛ³¹] 麻布。画麻布之形，字形亦可直写作 𝌆。

除了一些有区别意义作用的字形，如"左右"，早期的一些字形正反无别，但随着后来的发展，逐渐定形，如表示动物、禽鸟的字形，嘴都向右了。

麽 31 ☒ [so³¹] 早上，以日表示时间，以 ☒ 字注其音。但此字不容倒置，若将 ☒ 放于日前则成为"明天"，读 [so³¹ȵi³³]。

还有有意识用方位来区分后起字或不同的意义。

麽 43 ☽ [he³³mɛ³³] 月亮。

麽 44 ☽ [he³³] 月份之"月"。以直立为别，读音亦与月亮不同。唯么些文尚无确定不移为大众皆一致遵守之读法，故此字常与 ☽ 字混用，仍需观经典中当时情况而活用之，即形可互通，而音及意则已固定也。

三、小结

---

① 和志武主编：《中国原始宗教资料丛编》，上海人民出版社 1993 年版，第 416 页。

② 木琛：《纳西象形文字》，云南人民出版社 2003 年版，第 46 页。

总结本节的讨论，我们的基本结论是：

1．字符的构成是有规律的，同时也是有层次的

字符构字有层次，可以依次分解成整字、部件以及笔画。

2．字符拆分层次的逐渐丰富体现了文字的发展

文字初产生时，可能大多数字符是以整体构字，不能作进一步拆分，随着参照机制的扩大使用，部件类化度的提高，以及部件的可重用频率的提高，拆分层次逐渐丰富。

3．部件的类化度体现了文字的发展

部件的类化度与字符的构字层次及重用频率有关。越是构字层次丰富，类化度也越高。重用频率越高，部件类化度也越高。

4．符号规整化

文字字符随着文字系统的发展，也一步一步走向规整化，体现在字符的大小比例趋于一致，字符的长宽比例趋于稳定以及正反写逐渐定形。

第四节　文字变体的产生

文字在发展过程中，随着使用人群的分化，可能会产生文字变体。西南少数民族原始文字在发展过程中，也产生了文字变体。如纳西东巴文就产生了"玛丽玛萨文"和"阮可文"、"北寒派东巴文"几种变体，还有用东巴文表示其他语言的，我们也可以看成文字变体，如东巴文表示藏语、表示傈僳语等。

一、玛丽玛萨文

居住在维西县塔城镇海尼村、汝柯村的一部分纳西族，约有两千多人，自称"玛丽玛沙"，他们用约 100 个左右的文字符号，来记录他们自己的语言，作简单的记事、记账及通信之用。玛丽玛沙文在使用时，一个字代表一个音节，但由于字数太少，不敷使用，所以使用时一字多音多义的情况复杂，有时还夹杂使用一些汉字。

（一）玛丽玛萨文的来源

根据《维西傈僳族自治县志》的记载："玛利马沙人刚迁入县境时，没有文字，后来有人向当地东巴经师学会了东巴文，从中选出事物形象突出、容易描摹的部分文字符号来记录自己的方言，在日常生活中作简单的记事、记账和通信，逐渐形成 100 多个文字符号在本民族中流传使用。1956 年和 1962 年，纳西族学者和即仁、和发源分别进行了调查收集，共收到 105 个字。其中 70%以上的文字直接借用东巴文形、音、义；15%借用东巴文形或音而义不同；15%与东巴文不同字源，系新创字。"[①]

根据和志武的介绍：1956 年和即仁收集到一份字表，1962 年和发源收集到一份字表，两份调查材料总共只有 101 个字。其中直接借用东巴文的形、音、义的有 69 个，借东巴文形、音而义不同的有 10 个，只借东巴文字形而音、义不同的有 6 个，以上总共有 85 个字，占总数的 84%，与东巴文找不到相对应的字有 16 个。[②]

根据王元鹿先生的研究，[③]玛丽玛萨文字的造字理据或字形来源是可以考释的；玛丽玛萨文字的绝大部分源自东巴文，多得形自东巴文而略有形体变化，这种形体变化的主要方面是简化和线条化，亦有取东巴文某字的

---

① 云南省维西傈僳族自治县志编纂委员会编：《维西傈僳族自治县志》，云南民族出版社 1999 年版，第 866 页。此处所谓"玛利马沙"即"玛丽玛萨"的不同音译。

② 和志武：《纳西东巴文化》，吉林教育出版社 1989 年版，第 80 页。

③ 王元鹿：《玛丽玛莎文两次调查所得单字的比较及其文字学意义》，载《中国文字研究》（第四辑），广西教育出版社 2003 年版。

局部者，但毫无变化搬用东巴文者仅是一小部分；少数玛丽玛萨文字得形自汉字，极少数得形自藏文。少数在东巴文中找不到对应字形的字往往是玛丽玛萨文的自造字，在这些字中尚未发现形声字。

玛丽玛萨人使用的文字字符主要来源于东巴文，说明他们确实是向维西的东巴学习了东巴文，而加以选择性的运用。

（二）玛丽玛萨文的性质

1．是一种文字变体

玛丽玛萨文是东巴文的一种变体。它不是东巴文的一部分，也没有发展成为独立的文字。

（1）文字的使用主体是玛丽玛萨人

根据他们的口头历史传说，是从今木里县和盐源县左所区迁来的，至今约有两百多年的历史。从语言看，跟永宁、左所一带的纳西语东部方言基本一致。因此，大家推测"玛丽玛萨"可能是"木里么些"的变读。

（2）玛丽玛萨文向东巴文单向借字

依据王元鹿先生的考释结果，玛丽玛萨文也有少数来自汉字或其他文字（藏文）的字，亦有少数仿东巴文造字法所造的自造字。

> 更显然的是，东巴文也是玛丽玛莎文的主要源头。依据笔者对 120 个玛丽玛莎文的考释，除其中 8 个待考外，余 112 字，其中借形自东巴文而往往形体有变者多达 87 字，自造字 8 字，可能为自造字亦可能借自东巴文者 12 字，仅 5 字借自汉字、藏文或彝文。①

只有玛丽玛萨文借自东巴文，而无东巴文借玛丽玛萨文的自造字。因为源自东巴文的玛丽玛萨文往往是把笔划的简化与线条化作为引进东巴文时的主要体态变化，这一现象排斥了玛丽玛萨文反而是东巴文之源的可能性。说明玛丽玛萨文向早期东巴文进行单向借字。

（3）玛丽玛萨文与东巴文的使用用途不同

《维西傈僳族自治县志》记载了玛丽玛萨文的使用情况：

> 玛利马沙文最先是在过节及祭祀中用来记录各家户所拼凑的粮食肉油等，进而有所发展。因其字形原始，字数太少，而不敷使用；同时，同音或音近假借情况普遍，具体运用时往往要借助上下文来确定文字的具体含义，造成较大的识记困难，故使用面狭小，使用频率低下，难于推行发展。建国后，随着文化教育事业的发展，汉语文日渐深入纳西族村寨，学习和使用玛利马沙文的人越来越少，至今只有少

---

① 王元鹿：《东巴文与哥巴文、玛丽玛莎文、达巴文的关系之初步研究》，载《中国文字研究》（第七辑），广西教育出版社 2006 年版。

数老年人能识记、会使用其中的 70－80 字。①

说明玛丽玛萨文过去主要用来记录玛丽玛萨人的生产、生活内容。如果说东巴文与哥巴文是主要记录宗教经典的圣字，那么，玛丽玛萨文则是一种世俗性极强的文字。而东巴文主要用于宗教用途，虽也用于写信、记账等日常用途，但只占很小一部分。

2. 是音节文字

过去有学者认为"玛丽玛萨文一个字代表一个音节，很象哥巴文。"②还有人直接称之为音节文字。如：

> 玛利马沙文脱胎于东巴文，但它已由图画文字衍进为象形表意的音节文字，这是一个重大的飞跃。其特点是一个符号表示一个音节，笔画一般比东巴文简单、洗炼，书写方法比东巴文进步。在长期使用过程中，由于受汉字影响，对一些表示数的字则干脆借用汉字，或借用阿拉伯数字。③

学者们对玛丽玛萨文如此定性其最重要的依据就是玛丽玛萨文是"一个字代表一个音节"。但王元鹿先生从普通文字学的立场上出发，从"文字符号与语言单位的对应关系"、"文字的符号形式"、"文字记录语言的方式"三个方面对文字的性质进行探讨。认为要对玛丽玛萨文定性，至少也应从这三个方面来进行说明：

①从文字符号与语言单位的对应关系来看，每一个玛丽玛萨文对应的是一个音节，记录的是一个词。如 ⌒ 字，它的读音 [mv³³]，是一个音节，它记录的是"天"这个词。因此，从这一角度来说，玛丽玛萨文是一种单音节的表词文字。

②从玛丽玛萨文字的结构来看，主要有以下几种造字方法：

A. 象形。如 ⌒ 天、○○○ 星、△ 坡、仐 塔、⅂ 锄、⊗ 蛙、◡ 镯等字，虽然其中有很多字借源自东巴文，但从其造字的理据来讲，这些都属于象形字。

B. 指事。如 ⅗ （分）、⟨⟨ （碰）、↖ （半升）等字就属于此类。

C. 义借。如 ⅄ 字，作"木头"解，该字当义借自玛丽玛萨文 ⅄ （树），形体略有变化。

D. 假借。如 ⟋⟍ （浮）、ᘓ （做）、木 （六）等字，分别假借自东巴

---

① 云南省维西傈僳族自治县志编纂委员会编，《维西傈僳族自治县志》，云南民族出版社 1999 年版，第 866 页。

② 和即仁、姜竹仪编著：《纳西语简志》，民族出版社 1985 年版，第 127 页。

③ 云南省维西傈僳族自治县志编纂委员会编，《维西傈僳族自治县志》，云南民族出版社 1999 年版，第 866 页。

文"砍"、玛丽玛萨文"油"和玛丽玛萨文"鹿"。

通过上面的分析我们不难发现，玛丽玛萨文在记录语言时，不仅使用了表形的方式（如象形），还使用了表意的方式（如会意），而且还存在大量的以音表词现象（如假借）。因此，从文字记录语言的方式来看，玛丽玛萨文仍属于意音文字，只不过其以音表词的现象较东巴文、汉字等其他意音类文字普遍。

③从文字的符号体态来看，玛丽玛萨文具有较多的与东巴文类似的形体特征，只是其形体与东巴文相比已略有变化。玛丽玛萨文的形体与东巴文相比较显得更为简化和线条化，有的甚至只截取了某一个东巴文的一部分形体，而毫无变化地搬用东巴文形体只是一小部分。

如玛丽玛萨文的 ⊕（桥）字，它得形自东巴文的"桥"（ ⊥ 、 ⊥ 等），只不过在形体上有进一步符号化的倾向。类似的情况还有 ⊕（簸箕，东巴文作 ⬬ ）、 ⊦（旗，东巴文作 ⊦ ）、 ⅄（青稞，东巴文作 ⬈ ）、 ⋇（树，东巴文作 ⋇ ）、 ⬡（牦牛，东巴文作 ⬱ ）、 ⌒⌒（蛇，东巴文作 ⌒⌒ ）、 ⊳（射，东巴文作 ⬳ ）等。而 ⌢⌢（雪，东巴文作 ⌢⌢⌢ ）、 ⊨（麻，东巴文作 ⊨ ）等字，则只是截取了东巴文的一部分形体。这里特别是 ⊨ 字，我们需要特别关注一下。这个字虽也得形于东巴文的一部分，但它与 ⌢⌢ 字只截取东巴文的意符不同，它截取的是东巴文的声符，这似乎可以说明玛丽玛萨文如果有机会得到更充分的发展，它很有可能会走向表音文字的道路。玛丽玛萨文中还有很少几个字直接搬用了东巴文的形体，毫无任何变化，如 ⌒（天）、 ⚬⚬⚬（星）等字。可见，玛丽玛萨文在形体上的特点与东巴文是一脉相承的，象形色彩较为深厚，只不过它较之东巴文更为线条化、更为符号化罢了。也就是说，从符号体态来看，玛丽玛萨文仍属于象形文字。

综合以上三点，王元鹿先生认为玛丽玛萨文并不是一种表音文字，而是一种具有象形特征的表词—意音文字。

我们完全同意王先生经过分析后得出的结论。玛丽玛萨文脱胎于东巴文不久，具有东巴文的大部分特征，只是因为字符数量太少，而不敷使用，才不得不发展了假借，同时在具体使用时还要借助上下文来确定文字的具体含义。带有原始特征。

二、阮可文

阮可文是纳西族支系阮可人使用的一种文字变体。李霖灿《么些象形文字字典》"阮可文"这样介绍阮可人：

　　若喀中心地域，在金沙江 N 字大湾上之北端，即丽江奉科对岸一带，在永宁之西，中甸之东，当东经 100°－101°，北纬 27° 30'－28° 之间。主要村寨有洛吉、俄亚、苏支、药迷（油米）、下下海罗等，当丽江、中甸、永宁土司地及木里土司地，四地接壤之处。

在这里住有一部分么些人，语言近永宁之纳西语，亦有象形文字（无音字），大部分与北地一带者相同，唯有一部分系此地域内所特有，北地、丽江、鲁甸一带多巴皆不识之，观其位置，居么些迁徙路线之上游，可能为象形文之原始地域。

李霖灿将阮可之特有字符，在《字典》中单列一类"若喀字类"，计字头 50 个，加上异体 64 个。当然阮可文本身并不止这么点字符，因为李霖灿将"其字源清晰可辨者，已分插入以上十二类中，于此不再重述。"说明字典其他类别中还有大量的用于书写阮可经文的文字，只是这部分字与其他象形文字没有什么区别而已。如果是比较特殊的字，李先生也在解说中指出，如：

麽 229 ⬚ [ʐur³³] 方隅，角落。故画四方角落之形，此字仅见于北地以上之若喀地域，他处有时皆误之为法码 ⬚，实则此二字，形、声、义皆不相同也。

麽 1154 ⬚ [dʐɯ³³] 悬垂。画悬垂门上之形，此字见于若喀地域内。

麽 1441 ⬚、⬚、⬚ [ʂɯ³¹] 黄也。由"金"字演化而来；金色黄也。此字与"金"字常混用，因二字原由一源而出，么些文活动性甚大，又加以各巫师习惯用法之不统一，依其大体，为区分之如此，非确定之论断也。⬚ 或作 ⬚，乃若喀地域之写法，或原形如此，后方为之加光芒其他等，遂成今日之 ⬚，若喀居于上游，可能有此理也。

李霖灿先生后来整理美国国会图书馆所藏东巴经时，又发现 25 册阮可经典。[①]据杨正文先生的记载，他收藏有一本《白地阮可经书书目》，不分卷 1 册，26 页。作者佚名。其中收录祭鬼类经书 47 种、祭天祭祖类经书 13 种，迎神类 2 种，祭署类 3 种，祭风类 10 种，退口舌类 24 种，共计 99 种。[②]说明阮可经典的数量还是相当大的。

李国文《人神之媒——东巴祭司面面观》记载有丽江鸣音一东巴家既藏有纳西经书，又藏有阮可经书。[③]

---

① 李霖灿：《美国国会图书馆所藏的么些经典》，载《么些研究论文集》，台湾故宫博物院 1984 年版，第 130 页。

② 郭大烈主编：《中国少数民族古籍总目提要·纳西族卷》，中国大百科全书出版社 2003 年版，第 401 页。

③ 李国文：《人神之媒——东巴祭司面面观》，云南人民出版社 1993 年版，第 167－168 页。

阿福牙东巴。鸣音下竹龙自然村人。大东巴。生年不详。民国时期去世，终年 70 多岁。生前家庭富裕，解放后被划为富农。他家所藏东巴经书非常丰富，一部分是纳西经书，一部分是"阮可经"。

这段记载说明东巴过去是严格区分纳西（应为"纳喜"）经书和阮可经书的。说明阮可经书和阮可文有其特异性，不同于纳喜经书和东巴文。

和志武调查到阮可文的情况：[①]

　　纳西象形东巴文的另一种文字变体，流行在中甸县三坝区的纳西支系阮可人中，故称为阮可字。据调查，阮可话属纳西语东部方言，根据其历史传说和迁徙路线，是从木里、盐源、永宁一带西迁来的，在木里俄又、中甸洛吉、东坝（根地）、白地都有零星分布，他们和自称"纳西"的居民杂居在一起，在经济生活与语言文化等方面，与当地纳西已基本一致。在宗教生活方面，平时也可请纳西东巴做法事念经，但在人死后的超荐仪式，非由阮可自己的东巴主持。用于这种阮可人祭奠仪式的经书叫《阮可超荐经》，共有 33 本。书写的文字基本上是东巴象形文，其主要道场和经书内容，基本上和东巴道场、东巴超荐经相同。不同的是：第一，念阮可经均用阮可话读音，所以为其他纳西东巴所不识；第二，祖先来源和迁徙路线与纳西东巴经有差别；第三，阮可经中夹杂有少量与东巴文不同的阮可字。当地纳西东巴和阮可东巴都认为是"阮可字"的，1962 年我们收集了约 40 个字，经过分析比较，大多数阮可字也是东巴文脱胎演变而来，不是一种独立的文字。

和志武先生认为："所谓阮可字也是从东巴文脱胎而来的，不是一种独立的文字。"[②]而另一些学者则认为它是东巴文的早期形态。如李霖灿先生在对纳西族的历史和文字进行考察之后，提出了若喀文"可能为象形文之原始地域。"[③]的看法。赞成李先生说法的还有杨正文先生。杨先生在《最后的原始崇拜———白地东巴文化》一书中，把若喀文同白地、丽江及鲁甸的东巴文作比较，还对李霖灿先生《么些象形文字字典》中所收的几个"若喀字"同丽江东巴文作了比较，指出"'若喀字'乃为'白地字'之祖先，'白地字'又为'丽江字'、'鲁甸字'之祖先。"[④]

---

① 和志武：《纳西东巴文化》，吉林教育出版社 1989 年版，第 80—81 页。

② 和志武：《纳西族的古文字和东巴经类别》，载《东巴文化论集》，云南人民出版社 1985 年版，第 171 页。

③ 李霖灿：《么些象形文字字典》，国立中央博物院 1944 年版，第 125 页。

④ 杨正文《最后的原始崇拜———白地东巴文化》，云南人民出版社 1999 年版，第 22—29 页。

我们认为，完全认为阮可文是从东巴文脱胎变来的，似与事实不符。因为正如李霖灿和杨正文所分析的部分字符，阮可文更原始，而且阮可地域处于文字发生的上游地带。但如果断然认为东巴文是从阮可文发展起来，将东巴文和阮可文作为文字发展的两个阶段，好像也与事实不符，因为东巴文大部分并不是从阮可文发展而出。

我们觉得可能比较合理的认识是后期的东巴文和阮可文都是从早期象形文字发展而来，以后随着支系的分化，文字也随之分化。正如和即仁先生所说："象形文（引者按：东巴文）与阮可文都是原始图画象形文字的基础上发展起来的。只是在文字发展的过程中，各地东巴祭司根据自己的需要不断创造增补了一些字符，且新增补的字符从未进行过整理规范，形成各创各、各用各的情况。这样一来，时间长了，文字内部逐步产生差异，再加上两种文字的使用环境极不相同，阮可文在自称'阮可'的一小部分纳西族中使用，使用面窄，没有得到很好的发展；而象形文则在自称'纳西'的纳西族东巴祭司中广泛使用和交流，从而促进了象形文的使用和发展。"[①]

根据和志武先生的调查，阮可有被纳喜同化的趋势。

　　阮可人插花散居在西部地区，据本人实地调查，原来操东部方言，现已改操西部方言，信仰东巴，惟祭祖、开丧、超荐三种仪式，都由阮可东巴主祭，用松明做神主木偶，与东巴不同。另外，阮可东巴不祭天，而祭战神"高"，自称"阮可高本若"（祭战神之阮可人）。阮可分布最多的是中旬县三坝区的东坝、洛吉和白地乡，共 300 多户，多数姓习；丽江大东白水河边、海罗（恒纳）村等，宝山乡上宝山永绿弯村等，原先都是阮可，现与当地纳西一致，看不出有多大差别。[②]

由于受邻近族群的影响，所用语言也发生了改变，以至与"当地纳西一致"。

三、北寒派经文

纳西族在迁徙过程中，有一部分零星渡过金沙江。成为所谓"北寒派"。他们最开始没有文字，受纳喜支系东巴文的影响，也借用部分东巴文记录其传说，还写成他们的开丧经。

李霖灿《么些象形文字字典·引言》中说：

　　当迁徙到木里一带时，么些人分作两支，……此一大支中有极少数人零星渡过金沙江散布在沿江一带，因受当地象形文字之影响，亦

---

① 和即仁：《求取占卜经·序言》，云南民族出版社 2002 年版。
② 和志武：《纳西东巴文化》，吉林教育出版社 1989 年版，第 55 页。

以文字记录其传说余闻，因简繁有异，自成为一小支派，名曰北寒派［bur³³hæ³¹］。在象形文字中写作 ╲ ⊚，迄今其经典不过二三十册，是为么些象形文字经典之外支。[①]

李霖灿在《字典》中收了以下一些字。

麽 916 🐸 ［pa⁵⁵hæ³¹nɯ³³dʑi³¹o⁵⁵］青蛙来舀水。画青蛙舀水之状。此字见一"北寒派"之开丧经典中，云龙王家开丧时，以青蛙为舀水之人。其他如黄鼠狼吹火、老熊舂碓、猴子推磨等皆列之于下，盖野兽皆属于龙王，龙王家有婚丧大典，野兽理当各执其事以服役也。

麽 917 🐾 ［hɯ⁵⁵lɛ³¹nɯ³³mi³³mo³¹］黄鼠狼吹火。［mi³³］为火，［mo³¹］原为箕，在此借音作"吹"。

麽 918 🐻 ［gv³¹nɯ³³mɯ³³tʂv³¹ty³³］老熊来舂碓。

麽 919 🐒 ［ʔɛ³³io³¹rv³³tʻɑ⁵⁵ɯ³¹］猴子推石磨。

这些字皆为接近图画之准字符。其经典亦少，字符又较原始，说明其文字变体发展程度亦不高。不过此类经典和文字，材料太少，研究亦少，我们只能根据前人一鳞半爪的记录作些钩稽。

四、用东巴文表藏语

李霖灿先生在论及么些经典之版本时，说到"么些人也用他们自己发明的文字来记录邻近各族的语言"，其中有记录"西藏语文"的。

这又可分为两种：一种是直接用藏文掺杂在么些经典中，最常见的有藏文的"唵嘛呢叭吽"六字真言（么些巫师写起来多少有点走样，不过尚可辨认）和藏文的第一及第十二字母，尤其是这两个字母，简直就混在么些经典中不可分离。

另外一种是用么些文字来记录藏语经咒，这样的经典我见到两本，地方点是在丽江西北的鲁甸一带。因为这里原是吐蕃的地方方，么些人打退了西藏人，却接受了西藏人的经咒，而且特为这创造了一些"拼音"的文字，见我们编的么些象形文字字典的第一六七九——一七一○号字。这部西藏经典在当地方用汉语叫做消灾经，原藏经的正名尚待对证。

李霖灿先生在《么些象形文字字典》中收录"古宗音字类"。

此一类字只见于鲁甸之两册经典中，为前有名之大多巴和世俊所创制，用以记一部藏文经典之音，此部经典之藏文原名尚不识，然为一部极通俗之经典。么些人称之曰古宗人之《消灾经》。其音皆学藏文读法，因名之曰"古宗音"字类。

---

① 李霖灿：《么些象形文字字典·引言》，国立中央博物院 1944 年版，第 14 页。

其造字之方法，以二么些字合切一古宗音，盖由于古宗语音有不能与么些文字完全相合者，遂想出此种切音方法，然亦只是先有藏语音在，以么些文声音之近似者，切其仿佛而已，非有严密之切音法则也。因多巴对经咒以口相传，尚未有可以依文得音义之方法也。

此类字皆于经作音符用，未有意义，故此类字只有形、音，而无释义。

这其实是用东巴文字符拼写藏语，表达藏语。

李霖灿先生在《么些族文字的发生和演变》中详述了这种经典的产生过程。[①]

拼音字是文字进步的最高阶段，么些形字跨过一大步走进了拼音的'门槛'，实在是一桩特殊事件，它的出现是由于特殊的环境和特出的人才。所谓的特殊环境是指文字的地点鲁甸及维西一带，包括地理和历史。原来这一带本是藏人的地方，明代末叶，丽江木土司打退了藏人，率领么些人住在这里。藏人虽是退去了，但他们的文化却仍留了下来，居住在这一带的么些人都学会了唱藏人的歌还会念两句藏人的经咒，由这里诱导了这种拼音字的发生。在这一带很流行一套藏人的"消灾经"（藏文的名字还没查出），于是特殊的人才出现想把它收入么些经典中。但藏人音韵和么些音韵不同，在清代末年或民国初年，阿时主中村的大多巴和世俊就想出了这种拼音的办法，用两个形字合写在一起来拼切藏人的音，把这一套消灾经写成两册经典。总共有这种拼音字三十二个，内中纯是藏文者一（藏文混入么些文字的历史很高），藏文与形字相拼者一，形字与后起之音字相拼者三，其余都是两个形字自相拼切，一共有二十七个之多，占绝对多数（请参看形字字典 128－130 页）。

当然这种拼音字尚没有合乎科学的拼切方法，因为原是先有藏人经咒在，只是拿两个近似的形字去凑和它，多巴的经典主要的是靠口传，校正音值的责任自有当师傅的来负担，所以这种拼音字不过是一种从旁协助的性质，差一点原没有什么大关系。可注意却是这条道路的开创，同这条道路的远景；我们决不会说么些文字由于这一条路的开创马上可以变成拼音文字，但分明是以自己的力量摸索到了这条路线，和汉字这方面的情况一比，就会觉得这里面有大大值得我们注意的地方。

---

① 李霖灿：《么些族文字的发生和演变》，载《么些研究论文集》，台湾故宫博物院1984年版，第73－74页。

细考《么些象形文字字典》中所收录的 32 个字符，其中一个是藏文。其他有的并不是拼切，而是将两个读单音节的字拼起来表示一个双音节，如：

麼 1679 🖼 [hã⁵⁵ra⁵⁵] 此字由饭之 [ha³³] 音，与手之 [lɑ³¹] 音，二音变切而成。

麼 1688 🖼 [ts³³ruɣ] 由盐 🖼 [sʰ³¹] 及 🖼 [tʂʰæ⁵⁵] 二字合成。有的拼切，是采用两个音同的字放在一起，如

麼 1686 🖼 [nv³¹]，由心 [nv⁵⁵] 和黄豆 [nv³¹] 合成，读音加长之一种变化。

其他所谓拼切，实在是拼起来很艰难，如：

麼 1693 🖼 [toɣ]，由 [tv³¹] 及 [ḓo³¹] 合成。

所以这种拼切系统实际上是一种极为混杂的拼音系统，虽然采用东巴字符当做音符用，但带有极大个人色彩，可能流传也并不很广泛。

另外和志武《纳西东巴文化》提到东巴经典中有用藏语读音的经书。[①]

东巴教的东巴经书中，有专门用藏语音读的经书，己知的有 8 部之多，当是本教经典的直接借用。如：

《星根统昌》——什罗仟悔经；

《窝姆达根》——什罗燃灯经；

《什罗张此》——什罗咒语；

《全中次》——建木幡经；

《当使都》——念喇嘛经；

《喇嘛此布》——送喇嘛鬼经

《阿明依多飒》——阿明请神经；

《许冉老姆飒·报巴舞》——迎五方东巴夫人（女神）·跳花舞。

以上这些经书，纳西东巴只会读，不会讲，如《星根统昌》这本经典，藏语意为叫"忏悔书"，纳西东巴也称为"当书"，与藏义"忏悔"相同，是东巴作完大类（大型）道场之后的必念之经，开始 6 句是："英玛合，丁巴什罗都古本拉休泽洛，什罗老英本普英，纳者丁左

---

① 和志武：《纳西东巴文化》，吉林教育出版社 1989 年版，第 45—46 页。和先生在《藏文化对纳西文化的影响》一文也提到这几本经书，但仅有七本，并且名称略异，分别为：《星根统昌》、《窝姆达根》、《什罗张此》、《许忍老姆萨·报巴舞》、《金中次》、《当使都》、《喇嘛此布》。并谓之曰"这些经书是由纳西东巴用纳西文来记载藏语经咒，研究起来很困难，只有请教藏族学者，才能真正弄懂。"（见木仕华主编：《活着的茶马古道重镇丽江大研古城——茶马古道与丽江古城历史文化研讨会论文集》，民族出版社 2006 年版，第 11 页。）

色肯拉，色肯玛波堆，牛能都巴拖者商。

"东巴只会读，不会讲"，可能也是此类用东巴字符记藏语音，故虽可读出拼音，但不知藏语的意思。

戈阿干先生也提到他曾见到多种这种用东巴文书写的藏语经典。[①]

在卷帙浩繁的东巴经中，有一部分用纳西象形文书写的藏语经（有人认为是"梵文经"）。一九八五年夏天去藏区考察前，我在丽江东巴文化研究室见到的有下列四卷：一、迟是非经咒，二、祭丹鬼道场点燃金灯；三、阿明依多绍；四、祭丹鬼为丹魔献牲神咒。我特地恳请东巴老人念诵这四本经书。其中一、二、四三本，已念不出声。《阿明依多绍》一卷，和云彩、和云章两位东巴老人尚能念诵。但他们二位也仅仅能念诵，并不解其词意。对这几卷经书，在研究室江世震同志协助下，我作了拍照，并将东巴们尚能念诵的《阿明依多绍》制作录音磁带。当时我想到，它们既然是用纳西象形文书写的藏语经，无疑是藏族文化与纳西文化相互影响的一个重要线索，应带到藏区，请藏族人士听辨一番。在考察途中，我先后在云南迪庆藏族自治州、四川甘孜藏族自治州和在西藏自治区日喀则地区，先后请藏族钵教活佛和熟悉钵教文化的人士听辨《阿明依多绍》的录音磁带。迪庆州《格萨尔》研究室负责人阿图说，凡是他听懂的都是藏话，而不是梵语。同时，从经书的内容中反映出来，念诵者还要边念诵边焚香，进行祭奠动作。这一说法同我在纳西东巴那里听到的情况一致。甘孜州钵教活佛阿雍听过磁带后认定这是藏族钵教经，只是由于口音关系，由纳西东巴念出来，有些词语不好听辨而已，如果有个熟悉藏语口音的东巴在身边，他便可以把内容翻译出来。西藏自治区日喀则钵教话佛希甚·诺布旺坚（第四百代丁巴什罗）和那曲专区钵教活佛丹本尼玛听过后，感到十分吃惊。他们对这部经书的看法完全与阿图、阿雍的看法一致。他们极为兴奋，万没料到藏族的钵教经典，竟还变成象形文形式保存在纳西族东巴手中。

一九八六年春，我在丽江东巴文化研究室向和开祥等老东巴学习纳西象形文。发现这类用象形文书写的藏话经，在丽江县图书馆所藏的两千来卷经典中，有近百卷之多（有的书名雷同）。后来又发现在云南省图书馆所藏七百卷中，也有几十卷。这些经书的书写方式与一般的经书不同，都写成一字一音(即一形一音)。

---

① 戈阿干：《滇川藏纳西东巴文化及源流考察》，载《边疆文化论丛》（第一辑），云南民族出版社1988年版，第294页。

如果真如戈阿干先先生所言，有近百卷之多的藏话经，那这个数目应该是相当庞大的。

五、用东巴文表傈僳语

李霖灿在讨论么些经典的版本时，谈到有用东巴文记录民家语言的：

> 在鲁甸一带有两册名叫"鲁鲁经"的经典，虽是写的么些文，却纪录的是栗粟话。"鲁鲁"在么些语中是混合的意思，在这里是混血通婚的意思，原是有一家么些人要与一家栗粟人通婚，栗粟人方面提出条件，就是要用他们的语言，于是就有了这两册经典。我记得是部开丧经，用栗粟话听起来"你的儿子呼唤你，你不答应，你的女儿呼唤你，你不答应了，你妻子呼唤你，你不答应，你的老友呼唤你，你不答应了。你的祖先呼唤你，你却答应了……"以此来形容一个人的死去，很有文艺情味。

李霖灿在《么些象形文字字典》中收录"鲁鲁"一字：

> 麼 505 🐦 [rv⁵⁵rv³³] 部族名。指么些与栗粟族融合后裔。今日丽江鲁甸、梓里江桥一带犹有此部族，曾搜集到此部族之经典二册，以么些文写成，而读为栗粟音也。"画一人头上有石块注其音也，此字常用坐形，因避免与🐦（游玩、游荡）相混也。

据戈阿干先生介绍，一九八六年五月初，和开祥东巴曾教他读了两本有关祭猎神的经书，其中有一本是用象形文记音的傈僳族祭猎神口诵经。[1]

李霖灿先生虽提到此种经典，但未将其收入字典中。后来此种经典亦一直没有刊布，我们也不能得其详，不知这是采用什么记录方式的经典。是如上边东巴文表藏语的完全标音，还是只将东巴文所表的意思换做傈僳语读音。这只有留待将来经典刊布了以后才能得知了。

和志武先生曾经提到有傈僳族人学习东巴。[2]

> 还有介于白地和丽江之间的"东山拉白"东巴的一派，包括大东、鸣音、宝山、大具、奉可等区域，不流行使用标音的哥巴文，但东巴比较多，受外界其他宗教影响较小，盛行占卜，那里的傈僳族也学东巴。

郭大烈《家住长江第一湾的纳西族》：

> 纳西族和傈僳、怒族在历史上通婚的比较多，石鼓一带傈僳族、怒族与纳西族服饰很接近，民族间杂居的现象也很普遍。杂居区内纳

---

① 戈阿干：《滇川藏纳西东巴文化及源流考察》，载《边疆文化论丛》（第一辑），云南民族出版社 1988 年版，第 295 页。

② 和志武：《纳西东巴文化》，吉林教育出版社 1989 年版，第 58－59 页。

西族能操傈僳语的很多，丽江鸣音一带傈僳族也信东巴教，不少人认识东巴字，会主持一些祭祀仪式，称为傈僳东巴。[1]

李国文《人神之媒——东巴祭司面面观》收录的各地东巴小传中就记载有傈僳族的东巴。[2]

> 阿六杰东巴。鸣音绕考其罗村人，傈僳族。生年不详。1953 年去世，岁数不详，家庭成分划为地主。其父曾当过鸣音自然村大东巴那解莫若巴的弟子，算是绕考其罗村的傈僳族大东巴。阿六杰跟其父学东巴，也算得上是个祖传的大东巴。

> 智吾三东巴。鸣音上竹龙自然村人。又记作郑五山，傈僳族。1983 年 70 岁，双目失明，双耳亦聋。

这些傈僳东巴明显是与纳西族杂居，而习成东巴。不知他们是否将东巴文用来写他们的母语傈僳语，从情理上讲，这种情况也是可能的。[3]

纳西族有些地区与傈僳族交错杂居，交往密切，风俗、文化之间的相互影响应该是比较大的。试看下一字：

> 麿 1188 ⚭ ［ho³¹rv⁵⁵］葫芦笙。下以葫芦做成，上插竹管，有簧，吹之以成乐曲，多以之伴舞。栗粟族用此种乐器普遍，么些人或又从栗粟族学得者，因么些人原以竹笛伴舞，又近栗粟族之区域，方有此种乐器。

六、用东巴文表白语

李霖灿在讨论么些经典的版本时，谈到有用东巴文记录民家语言的：

> 这是指有名的"三多宋"经，丽江一带的么些人奉三多大帝为他们的战神及保护神，在玉龙雪山下为他筑庙供奉，这位大帝传说有一位妃子是民家人，因此用民家的经文来供养他。

《纳西东巴古籍译注全集》第 20 卷《祭神·祭风神娘娘》：这本书用纳西象形字记音，但是，有许多地方记的是纳西口音的白族语。

戈阿干在田野调查中也发现：

> 例如《三朵绍》一卷，就属于用纳西象形文记音的白语经书（三朵系民族守获神，据东巴介绍，最初祭祀他的是白族人）。还有一本道教

---

[1] 郭大烈、周智生：《家住长江第一湾的纳西族》，湖北教育出版社 2006 年版，第 368 页。

[2] 李国文：《人神之媒——东巴祭司面面观》，云南人民出版社 1993 年版，第 167 页。

[3] 和志武、郭大烈说："丽江鸣音傈僳族则直接学东巴经书，用纳西话念经书，唯开路时用傈僳话。"（见和志武、郭大烈：《东巴教的派系和现状》，载《东巴文化论集》，云南人民出版社 1985 年版，第 52 页。）

的《白虎通》，也系用象形文记音后流传在纳西族东巴手中。[①]

七、用东巴文表汉语

李霖灿在讨论么些经典的版本时，谈到有用东巴文记录汉族语文的：

这也可以分作两类：一类是直接用汉文，如"犬、上、下"等字都变成了么些族的音字。另一类则用么些文字来记汉语的经文，也是出现在鲁甸一带，而且特意为此创造了一个新字，在象形文字字典上的编号是一五八七，可见人们辨音的程度也很精细。这册经典是"五方五帝经"，内中有什么"南方将军南方去，穿红袍，骑红马……"的句子，丽江一带甚崇奉文昌帝君，是不是由供奉文昌的经文中摘出，没有加以对证，尚不敢说。

八、小结

总结本节的讨论，我们的基本结论是：

1. 民族迁徙分散以后，各自独立发展，风俗习惯和语言文字各自发展，形成不同的民族分支，文字变体主要产生在这一过程中。如由东巴文产生了玛丽玛萨文、阮可文、北寒派经文。

2. 还有一种情况是各民族在交融过程中，用一个民族的文字去记录另一个民族的语言，如用东巴文记写藏语、记写傈僳语、白语。这也算是一个文字的分支。

---

① 戈阿干：《滇川藏纳西东巴文化及源流考察》，载《边疆文化论丛》（第一辑），云南民族出版社 1988 年版，第 295 页。

第五节　文字发展的原因

通过以上几节的分析，我们知道文字系统无时无刻不处于变化之中，文字发展主要体现在文字体系的发展、字符构字的发展。那文字发展的原因是什么呢？

以往我们习惯于直接归结为语言对文字的影响，甚至是社会对文字的影响，但语言与社会都是外部因素，文字发展有没有内部因素？这个因素是什么呢？

我们认为文字发展亦有其内部因素，即如何实现文字体系的发展、字符的发展的。实现这个发展过程是通过异体字的不断产生、筛选与淘汰来完成的。这是文字发展的内部动力，而语言与社会的发展则是文字发展的中部动力和外部动力。文字发展的外部、中部、内部动力是根据与文字的关系密切程度区分的。由外到内，层层推动。由内到外，层层实现。

一、外部动力

文字发展的根本原因是记事需要的不断发展，这也是文字发展的外部动力。

伊斯特林曾经说：[①]

究竟哪些社会条件促使从不完善的和偶然的图画文字记事必然过渡到调整好的表词文字体系？

某些作者，特别是 R. Vulli 认为，"社会都市化"和城市生活的发展是成系统化文字产生的原因。当然大城市的出现，城市生活的发展，对文字的发展有不少的影响。但是，由于从原始公社制向奴隶制过渡，国家的形成和贸易的发展也促使城市的出现。

因此，最初表词文字体系产生的主要原因应该是奴隶制的形成和国家的出现，因为它们特别需要规则而准确的文字记录来进行管理，在国家和寺庙的产业中进行计算和统计，满足宗教祭祀的需要，记载法典等等。

历史已证实了这点。规则的表词文字（埃及的、苏美尔的、中国的、克里特的等文字）确实是几乎同古老奴隶制国家的产生同时出现的。

伊斯特林这里讲的是表词文字体系产生的原因，着重强调了奴隶制的

---

① ［俄］B. A. 伊斯特林著，左少兴译：《文字的产生和发展》，北京大学出版社 2002年版，第 89 页。

形成和国家的出现。因为它们特别需要精确的记录。伊氏在这里指出的是成熟文字产生的社会原因。其实原始文字的发展也同样是因为社会对文字精密化的需要。

同时，社会的分化和统一、文化科技的进步、宗教生活的变迁，都从不同的侧面，影响着文字的发展变化。

二、中部动力

由于文字是语言的记录，与文字紧密相关的是语言，所以，语言上的原因当是文字发展的中层的原因。

社会因素引起语言的变化，语言为了适应不断变化的社会环境而产生变化。

出于完善地记录语言的需要，文字亦相应发生变化。例如中国的上古汉字反映在甲骨文和金文中的字量是三四千个，反映在汉代《说文解字》这部书里就达九千多了，汉字字量的增加，和汉语词汇数量的发展，是密切相关的。

在东巴文中文字为适应语言，表现得较为直接的是字符和语言中的词对应得越来越一致。即记录语言越来越精密。如本章第一节我们举到的东巴经中完备记录语言的例子，这里我们再举一个例子。

我们看《白蝙蝠取经记》第 93 节的一段经文，其中字符和词对应得较为严格。

ndzu³¹	na³¹	ŋgu³³	dy³¹	kɯ⁵⁵	ɣɯ³³	na³¹	ʂʌɻ³³	dy³¹	kɯ⁵⁵
犏牛	黑	九	地	熏	牛	黑	七	地	熏

ts'ɯ⁵⁵	na³¹	ua³³	dy³¹	kɯ⁵⁵	a⁵⁵	na³³
山羊	黑	五	地	熏	鸭	黑

ȵi³³	dy³¹	kɯ⁵⁵	ɣa³¹	na³¹	dɯ³³	dy³¹	kɯ⁵⁵
两	地	熏	鸡	黑	一	地	熏。

意译：黑犏牛熏九处，黑耕牛熏七处，黑山羊熏五处，黑鸭熏两处，黑鸡熏一处。

可以看出，该段经文共记录五句话 25 个音节，在文字上把这 25 个音节都表示出来了。

同时字符中的部件也与所读的音节趋于一致。如：

洛 284🐚、🐚la¹-bpŭ³ 指环（戒指）。

按：指环读 la^1-bpŭ^3，一词两音节，可能是先有象形的 ，然后再加上标音的"手"la^1。成为两个符号标两个音节，以后甚至可以用两个哥巴文表示 ╳ ╫ 来表示。

洛 599 ╳／⸍、♫ts'u^2 miu^1 shi^1 黄疸病。字面意思为：冬天眼睛变黄。黄疸病是一种常发生于冬天的病。音节 shi^1 用表示金子或黄色（ha^1 或 ha^2-shi^1）的符号写出，用做标音符时也常用表示肉（shi^2）的符号表示。

按：此字三个音节，第一个字形有四个符号，发展过程中去掉"刺"的符号，成为三个符号三个音节。♫ 还有一个异体洛 600 ⸍⸌，也是三个符号三个音节表示。

从以上分析可以看出，语言及语言的发展是文字发展的中部动力。

三、内部动力

异体字的不断产生、发展、消亡是文字系统发展的内部动力。也可以说是文字发展的一种直接推动力，即文字的发展，是通过异体字的不断产生、发展、淘汰实现的。

文字系统中的字符是在竞争中发展变化的。

1．文字的常用字量保持稳定

在文字产生之初，字量是不断增长，但到了成熟期，文字系统中的常用字字量基本保持稳定。

虽然历史上如汉字数量在不断增长，但其常用字字量始终保持在一个稳定的水平。汉字在甲骨文中的数量约为 3500 个，到清代《康熙字典》收字 47035 个。《汉语大词典》这部目前最大型的语文工具书，共收词 37 万余条。但是我们现在的常用字字表收字也才 7000 余个。一级常用字才 3500 余个。因为大型字典是有字必录，收录了历史上大量形成的不常用的字。

2.文字的发展是一个字符不断优化的过程

我们认为文字发展的过程就是一个文字系统和文字字符不断优化选择的过程。

优化的原则是：表意简明、读音准确。

洛 304 ⚓ llü^1 dsaw^3 划船。字面意思则是船划。船下边水的符号不发音。

按：不发音的"水"起说明的作用，但这个并不是必要的，于是可省略作麽 1304 ⚓ [luɯ^{31}k'ɯ^{55}] 划船，又读作 [tsa^{55}] 划。

麽 28 ⊕ [ɳi^{55}mɛ^{55}gu^{31}] 西方也。象日落无光之形。日落于西，故以之为西方，么些语意，即日落之处也。此字古写作 ⊕。象中黑无光之形，遂演变成为⊞形。此字当与♔字参照。

此字不管是写作⊞，还是写作⊕，与太阳⊗的区别特征不明显，于是后来采用会合他字的机制，成"麼39⊞ [ɲi⁵⁵mɛ⁵⁵gu³¹] 西方也。此字与⊞字相同。唯下多一'⬭'字。此字原象鸡蛋，应读作 [kv³³]，今在此读作浊音，乃落之意也。此字近多作♔，中间之黑点消失。一如⊕之为⊞也。"

洛278℧↑、℧k'v³ mä³ szɿ² mä³ 想要长命。音节 mä³ 指希望、要、渴望；mä³（阴道）用以标音，虽没有写出但要读出音来，有时候 mä³ 只出现一次，而不是两次。

第一个符号中的mä³没有写出，后来将其写出，但只写一次，读两次。

3．异体字的不断产生与淘汰正是字符优化的表现

异体字具有历时特性，即每一个字符均处于特定的时代，字符具有产生、竞争、淘汰的过程。[1]异体字的不断产生，为文字字符的优化提供基础，经过实践检验优胜劣汰，推动文字的不断发展。

梁东汉在其《汉字的结构及其流变》中专设一章讲汉字的新陈代谢及其规律。他将异体的废弃当做重要的一种新陈代谢现象。其中有不少观点值得我们注意：[2]

　　A．方块汉字从它最早的形式图画文字存在的时候起，就有异体存在。

　　B．异体废弃的现象在方块汉字发展的任何时期都是存在的。

　　C．方块汉字的许多材料说明了，它在发展过程中从一开始就不断地淘汰异体，使异体的发展受到了一定的限制。

　　D．异体的产生和死亡是繁化简化这两种趋势矛盾发展的必然的结果。

梁先生提出了汉字具有新陈代谢现象，实质上是指出了汉字系统在不断地　发展，发展的表现是字符的兴替。同时他特别重视异体字在汉字新陈代谢中的作用，指出异体的产生和死亡是繁化简化这两种趋势矛盾发展的必然的结果。

---

① 过去人们多从平面的共时眼光去观察和分析异体字，刘志基先生通过统计金文出现时代和字频，认为异体字是一种随时迁移，不断演变的历时现象。刘先生提出："这种异体字的历时流变形式可以归纳为'兴废'，即新的异体字发生旧的异体字废止。"（刘志基：《应当注重异体字的历时特性》，张书岩主编：《异体字研究》，商务印书馆2004年版）。詹鄞鑫先生也提出在研究异体字时要有历时或共时的时代观念，詹先生按照流通时限的不同把异体字区别为"历史积淀异体字"和"共时并存异体字"两类。（詹鄞鑫：《关于异体字整理的几个问题》，张书岩主编：《异体字研究》，商务印书馆2004年版）。

② 梁东汉：《汉字的结构及其流变》，上海教育出版社1959年版，第158－187页。

在此之后也有学者曾经指出过异体字的竞争，如：

> 简化的字体出现后，原来比较繁复的字并不立刻废弃，往往是繁简并存，同时使用。经过一个阶段的混用，简体才逐渐取代繁体。而有些简体字，虽然曾流行一时，由于过于简省，反而失去了生命力，最终被淘汰，未能取代原来的字体。[①]

简体和繁体也是文字的异体。简繁并存混用是异体字在互相竞争，最后有的简体逐渐取代繁体，而有些简体则最终被淘汰。这说明了文字系统在不断选择、淘汰字符。

如果我们把视野从汉字拓宽到其他文字，则会发现异体字同样起着重要的作用。一种文字系统，正是异体的不断产生、淘汰才使文字字符不断得到更替和优化，文字系统才能向前发展。

从文字的使用层面来讲，文字的异体现象增加了我们交际的成本，妨碍了我们有效交流。但从文字发展史的角度而言，正是它，使表达语言的文字形式不断地得到我们的肯定。我们认为，如果一种文字消灭了异体，那它的自然发展也就停止了。

四、三种动力之间的关系（代小结）

文字系统是不断发展变化的，其过程或缓或急，或被当时人察觉，或被后代人发现。它总是在发展变化的，并且往往是不断向前发展的。

文字发展的动力要分层次，过去有学者已经注意到这一现象，梁东汉《汉字的结构及其流变》曾经将汉字发展的原因分为内因和外因。[②]

> 汉字发展的内因是文字本身内部的五对矛盾，即文字的图形符号和它所代表的语音的矛盾、词的语音形式和书写形式的矛盾、文字结构本身的矛盾、文字结构和书写方向的矛盾、简化和繁化的矛盾。其中词的语音形式和书写形式的矛盾是这些矛盾里的根本矛盾。其他四对矛盾都服从于这个矛盾。而政治、经济的发展，文化的接触，宗教的传播，科学、技术、生活等方面的发展，书写工具的改变，都是文字发展的外部条件。

梁先生说到的外因，包括政治、经济的发展，文化的接触，宗教的传播，科学、技术、生活等方面的发展，书写工具的改变，相当于我们说的外部动力。而梁先生归纳的内因，其中既包含语言的原因，如文字的图形符号和它所代表的语音的矛盾、词的语音形式和书写形式的矛盾，这相当于我们说的中部动力，梁先生亦注意到"其中词的语音形式和书写形式的

---

① 陈炜湛、唐钰明：《古文字学纲要》，中山大学出版社 1988 年版，第 31 页。
② 梁东汉：《汉字的结构及其流变》，上海教育出版社 1959 年版，第 51—58 页。

矛盾"与其他内因不同。梁先生归纳的一部分内因，如文字结构本身的矛盾、文字结构和书写方向的矛盾、简化和繁化的矛盾，是文字本体的原因。梁先生虽然提到了简化和繁化的矛盾，梁先生在其他地方又指出"异体的产生和死亡是繁化简化这两种趋势矛盾发展的必然的结果。"其实比较接近于我们说的内部动力。

我们认为对文字发展起作用，或直接起作用的是文字的内部因素。这个内部因素应该就是文字异体的不断选择优化。正如我们前边的分析，文字异体的不断出现、不断被选择、不断优胜劣汰，正是推动文字发展的直接动力。异体字的变化实现了文字记录语言的不断进步。

语言与文字的关系及语言的变化是文字发展的中部动力，它的发展变化实现了社会对文字记录的要求。

文字发展的内部动力、中部动力和外部动力，三者具有由外层到内层的推动关系，外层的原因需要通过内一层的原因去体现，试以图示表示。

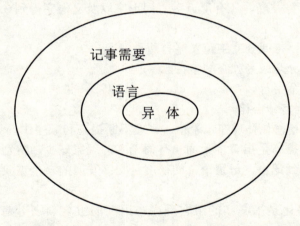

记事需要的增长推动文字记录语言的优化，文字记录语言的优化由异体字的变迁实现字符的优化来实现。

异体字的变迁使文字字符优化，字符的优化导致对记录语言的优化，文字记录语言的优化也就满足了记事需要。

第六节　本章总结

本章我们研究了以下一些问题，得出了相应一些结论：

一、文字系统的发展

文字系统的发展体现在字符集的优化、文字系统记录语言精密化和文字组合表达规则的规整化。

1. 字符集的优化

字符集的发展集中体现在字符的增加和字符集的优化。

随着记录内容的增长而增加新的字符，同时为了优化字符的表达，增加一些异体字。

字符集的优化体现在字符边界的清晰，即以前的一些准字符和合文，逐渐向单字符或独立字符发展。还有形近字、同形字以及义借字得到一定区分。

准字符和合文向单字符或独立字符发展有两种情况：

一是合文分写，即分开成为独立的字符。

二是合文发展成一个字符。

2. 文字系统记录语言精密化

文字系统记录语言精密化体现在记录语言密度不断提高和顺序化。

记录语言密度不断提高是指有字无词和有词无字的现象减少，特别是过去得不到记录的词得到记录，记录语言的密度是文字发展的一个重要指标。

文字记录语词顺序化是指文字的组合顺序与语词的组合顺序更趋一致。

3. 字符组合表达规则规整化

原始文字在发展过程中，书写行款逐渐趋于整齐。由"提醒式的记言文字行款松散"到"文字对语言的提示越清晰，行款越趋于整齐"再到"逐词记音的文字行款整齐有致"。

表现在文字排列线性化、符号排列的方向趋于固定以及行序和行间距逐渐固定了。文字的间距也逐渐固定。

二、字符构字的发展

1. 仿拟机制的发展

仿拟机制在不断发展，主要表现为三种类型：由原形仿拟到特征仿拟，由实体仿拟到虚拟仿拟和由常形仿拟到变形仿拟。

2．参照机制的发展

参照机制的发展体现在参照方式更加全面，几种参照方式如变化基字、添加不成字部件、会合成字等类型已经发展齐全。

3．构字机制的变化

构字机制的变化主要表现在以前采用仿拟的现在有些变为参照。参照机制中以前采用变化基字的现在采取增加部件或会合成字的方式。如过去一些象形字后来发展出了形声字的异体。

三、文字符号可拆分度的发展与字符体态的发展

1．字符的构成是有规律的，同时也是有层次的

字符构字有层次，可以依次分解成整字、部件以及笔画。

2．字符拆分层次的逐渐丰富体现了文字的发展

文字初产生时，大多数字符是以整体构字，不能作进一步拆分，随着参照机制的扩大使用，部件类化度的提高，以及部件的可重用频率的提高，拆分层次逐渐丰富。

3．部件的类化度体现了文字的发展

部件的类化度与字符的构字层次及重用频率有关。构字层次越丰富，类化度也越高。重用频率越高，部件类化度也越高。

4．符号规整化

文字字符随着文字系统的发展，也一步一步走向规整化，体现在字符的大小比例趋于一致，字符的长宽比例趋于稳定以及正反写逐渐定形。

四、文字变体的产生

1．民族迁徙分散以后，各自独立发展，风俗习惯和语言文字各自发展，形成不同的民族分支，文字变体主要产生在这一过程中。如由东巴文产生了玛丽玛萨文、阮可文、北寒派经文。

2．各民族在交融过程中，有可能用一个民族的文字去记录另一个民族的语言，如用东巴文记写藏语、记写傈僳语。这也算是一个文字的分支。

五、文字发展的动力

文字发展的动力分层次，内部动力是异体字的不断产生、筛选与淘汰，语言与文字的关系及语言的发展是文字发展的中部动力，社会的发展及对记录的需求增长是文字发展的外部动力。

文字发展的外部、中部、内部动力是根据与文字的关系密切程度区分的。由外到内，层层推动。由内到外，层层实现。

记事需要的增长推动文字记录语言的优化，文字记录语言的优化由异

体字的变迁实现字符的优化来实现。

异体字的变迁使文字字符优化，字符的优化导致对记录语言的优化，文字记录语言的优化也就满足了记事需要。

第四章　西南少数民族原始文字的流变

本章我们将讨论中国西南少数民族原始文字的流变。综观并分析这些文字的发展走向，大致有这样几类：有的文字趋于濒危，甚至可能消亡；有的文字走向成熟；有的文字在发展和接触中产生较明显的变化；有的促使产生新文字。有的文字使用范围发生了变化。本章将分别讨论这几种不同情况，在对这些情况进行分析后，进而分析它们的原因。

第一节　原始文字的濒危与消亡

西南少数民族有些文字在历史上已经消亡，有的正在走向消亡而处于濒危的境地。本节我们先分析历史上曾经消亡了的文字与现在一些文字所面临的濒危境地，进而分析他们濒危的原因，最后谈如何抢救与保护这些濒危文字。

一、西南少数民族原始文字濒危和消亡的状况

中华民族曾经使用和正在使用的文字不下一百余种。但现在仍在使用的仅有几十种。有的文字已经无人使用，有些文字也面临着继续消亡的危机。

（一）文字消亡

我们这里说的文字消亡有这样几种类型：

甲、文字的物质形式消亡，如经书或文献被毁，而且无人使用。

乙、经书或文献尚在，但使用人群的消亡，无人继续使用，成为一种死文字。但尚有人能够识读。

丙、经书或文献尚存，但无人使用，并且无人能够识读。

第一种消亡，是彻底的消亡，或许人类历史长河中有过这种民族和文字，因为没有留下我们现在能够感知得到的痕迹而已经无可追寻。第二种情况和第三种情况还有痕迹留下来，其共同特征是使用人群已经消失。二者的区别是现在有人能够解读与否。这种解读，不是使用者（如纳西族的东巴，水族的水书先生等）的解读，而是经过艰难研究才能作出构拟式的解读，而解读的成果大多带有臆测成分。往往解读的结果众多，并且结果

也往往大相径庭。

历史上西南少数民族给我们留下了一些消亡了的文字痕迹，下面试举巴蜀文字和红崖古文为例。

1. 巴蜀文字①

20 世纪 20 年代以后，四川成都白马寺不断出土青铜器，其形制花纹与中原所出颇多不同。20 世纪 40 年代，在四川的许多考古、历史学家对此进行研究，提出"巴蜀文化"和"巴蜀文字"的研究课题。（见《说文月刊》第 7 期（巴蜀文化专号），1942 年，重庆。）从那时至今，半个世纪多以来，有关巴蜀文字的许多问题仍有待继续深入研究。

根据考古出土和学者的研究，把已经发现的巴蜀符号分成两组。

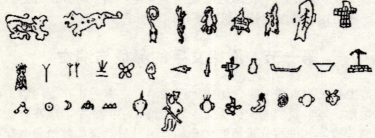

巴蜀符号 I

巴蜀符号 II

第一组象形成分浓一些，第二组符号成分浓一些。关于这些符号是不

---

① 段渝：《政治结构与文化模式——巴蜀古代文明研究》，学林出版社 1999 年版，第 243－256 页。

是文字，是巴民族的文字还是蜀民族的文字，说法不一。^①偶有解读者，得出的结论亦大相径庭。解读的不同正说明了因为使用这种文字的人群消失，文字实迹虽然留存下来了，但解读的困难极大。

2. 红崖古文

红崖古文，位于贵州省关岭自治县断桥乡龙爪树村东南的晒甲山（红崖山）西侧岩壁上。其地东距黄果树瀑布约 8 公里，西至关岭县城约 15 公里，滇黔公路由岩下经过。由于悬岩上有一宽约 10 米、高约 6 米的赫色削壁，故称"红崖"。在削壁中间宽 6 米、高 3 米的范围内，原有一些似字非字，似画非画，纵不成行，横不成列，大小不等，参差不齐的围框点划组合，大者 1.5 米见方，小者 0.6 米见方，纹划宽度为 0.3-0.5 米不等。俗称这幅石壁为"红崖碑"。

过去关于红崖古文的考释很多，可谓是"异彩纷呈"，亦可说"莫衷一是"。根据张彦夫先生的梳理，除了认为红崖石壁为自然岩石花纹说之外，其他观点大致可分为以下几类：一是红崖石壁为诸葛碑说，二是红崖石壁为殷高宗伐鬼方的纪功刻石说；三是红崖石壁为三危禹迹说；四是少数民族古文字说，又分为苗文古书说，爨文、古彝文说，古夜郎图形文字说。^②

为什么对于此种符号疑义甚多而各家考释结论不一？假若红崖符号真的是人为的结果，那它应该是一种已经消亡的符号。当时使用这些符号的人群已经不知所踪，其意义我们也已不得而知。

（二）文字濒危

文字的濒危指文字使用人群持续减少，同时能够认读文献的人也持续减少。这是文字濒危的直接表现。更深层次的表现还涉及到使用人群年龄、传承状态、文字使用心理等等。

使用人群的持续减少意味着文字的活力减弱，可能伴随着使用范围缩小和文字的记录功能减弱。一般来说，因为文字是记录语言的工具，文字的濒危往往也意味着语言的濒危。现在有些人认为：文字的使用人群减少，

---

① 邓廷良先生认为巴人铜器上的符号是巴人及其有关部族图腾的徽纹。（邓廷良《巴人的图腾》，载《四川史学通讯》1983 年第 2 期）。孙华先生认为是带有巫术色彩的吉祥符号。（孙华：《巴蜀符号初论》，载《四川文物》，1984 年第 1 期）。童恩正、李学勤等先生认为是文字。（童恩正《古代的巴蜀》，四川人民出版社 1979 年版；李学勤《论新都出土的蜀国青铜器》，载《文物》，1982 年第 1 期。）钱玉趾先生认为是一种比较发达的拼音文字，属于音素—音节文字体系。（钱玉趾：《古蜀地存在过拼音文字——成都百花潭战国墓出土的铜盉盖考》，载《四川文物》，1988 年第 6 期）。以上说法均引自段渝：《政治结构与文化模式——巴蜀古代文明研究》，学林出版社 1999 年版. 第 244－246 页。

② 张彦夫：《红岩古迹研究综述》，载《贵州文史丛刊》，1997 年第 4 期。

似乎并不影响对它的认识和研究。这样的认识对于成熟文字还可以勉强适用，但对于原始文字，那就并不合理。因为原始文字并没有完整地记录语词，需要使用者适时地补出相关语言成分。若无使用者的补充，即使面对一个个都能认识的字符也无法读出全部意义。

认读文献的人持续减少也意味着文字面临濒危状况。对于能够认读原始文字的文献的人，可以分出层次。第一层次是文字的使用者，如纳西族的东巴，水族的水书先生等。第二层次是对文字经过学习研究从而能够勉强认读的现当代研究人员。两个层次实际的认读能力大不一样，其实第一层次的人的认读能力要强得多。如陈力卫《女书文字机能衰退的几个原因》记载，女书老人阳焕宜 1996 年 2 月写给日本学者远藤织枝一封信，共 307字。他们请女书研究专家赵丽明解读，结果只能认得 105 字；再请另一专家周硕沂来解读，与赵丽明认读的结果不同之处有很多。[①]这还是对表音文字的女书而言。这说明第二层次的认读是有限的，远远不能同第一层次相比。

跟文字濒危有关的一些情况还有：

1．使用或识读人群的年龄

使用人群或识读人群的年龄也决定着文字是否濒危或行将消亡。如一些文字虽然现在使用人数还不少，但大多数仅是年龄较大的人在使用，如果这部分人一旦故去，则这种文字马上就消亡了。

2．传承状态

一种文字的延续，与它的传承密切相关，如是否大面积传承、传承机制是否理想等。西南少数民族原始文字的传承状态堪忧，因为大多数文字的使用与宗教有关，过去长期秉承一种"传内不传外"、"传男不传女"的做法，导致形成不是大面积传承而是师傅带徒弟式的个别传承机制。并且还强调宗教与文字的隐秘性，轻易不示与外人。于是一旦宗教面临困境，文字也面临濒危。

3．文字使用心理

文字使用心理是文字濒危的深层指标，是指人们对这种文字的认可度，使用者的认同感强弱。如认可度高，则这种文字的使用较为稳固，不会马上濒危或消亡。但如果这种文字的认可度低，那就失去了文字使用的基础，不久就会陷入濒危境地。

上述情况一旦出现不良状况，则文字就会陷入不健康的发展状态。如

---

① 陈力卫：《女书文字机能衰退的几个原因》，载《女书的历史与现状》，中国社会科学出版社 2005 年版，第 60 页。

果持续发展，就会出现文字濒危甚至消亡的现象。

（三）几种原始文字的濒危

1. 尔苏沙巴文的濒危

据记者的调查，现在尔苏人传统宗教的传承状况堪忧。[①]

　　据了解，这些自称尔苏人的小凉山地区土著居民，分布在甘洛、汉源、石棉、越西、冕宁 5 个县，人数已经不足 2 万人。他们的生活习俗正逐渐与汉族趋同，除节日外，刺绣非常精美的民族服装已经没有人穿。年轻人大半都不会说尔苏话，包括神话、歌曲在内的口头文化，已后继乏人。尔苏人崇拜自然神灵，特别是圣洁的石头，而掌握着包括祭祀、咒语等宗教文化知识的"萨巴"目前寥寥无几，据称小凉山地区尔苏人公认的"萨巴"已不到 5 位。

由于宗教面临着传承问题，与宗教伴生的文字也面临着濒危问题。即使是现有的沙巴，对经书也是一知半解了。根据宋兆麟先生 2003 年的调查，22 年前他们调查时的沙巴杨光银已经去世，杨光银的儿子杨德才成了著名沙巴，做法事是熟练的，但对耳苏经书却一知半解，仅知书名、用途，但对书中许多具体图画也是一个"半文盲"。[②]

2. 达巴文的濒危

拉木·嘎吐萨《最后的达巴》一文中老达巴说了这样一段话：[③]

　　现在读汉书的娃娃多，学喇嘛的更多，汉字学不成气的又去学喇嘛经了，因为喇嘛经有文字比达巴好学，加上喇嘛不用干活，天天在寺庙里，吃的穿的都是家里供，又有那么多信徒，别人面前风光得很。而达巴有家有地，平时要干活，只有别人邀请才去帮忙布道，报酬又少。我实在有点想不通，那些学喇嘛经的人，他们会念，但都不知道所念的内容，而达巴经一般老人都能听懂，学过的人都知道念的是什么，因为这是我们自己的语言，是我们的根呐！

摩梭人聚居区喇嘛教盛行，当地存在"学喇嘛的多，汉字学不成气的又去学喇嘛经了。"连文中老达巴的儿子也不愿再跟他父亲学达巴了，说明达巴文化的传承碰上危机。

3. 东巴文的危机

美国学者洛克曾经指出：[④]

---

① 朱勇钢、尹钢：《即将消失的尔苏文》，载《四川日报》2005 年 2 月 18 日。

② 宋兆麟：《耳苏人的图画巫经》，载《东南文化》2003 年第 10 期。

③ 拉木·嘎吐萨：《最后的达巴》，载《民间文化》2000 年 5、6 期。

④ 洛克著，杨福泉译：《论纳西人的"那伽"崇拜仪式——兼谈纳西宗教的历史背景和文字》，载《国际东巴文化研究集粹》，云南人民出版社 1993 年版，第 73—74 页。

纳西宗教正在渐渐绝灭，宗教行为将会（或者已经）被禁止，随着纳西宗教的消亡，他们的宗教文献也将逐渐消亡，即使是现在，也已没有很多尚能识读大多数经书的老东巴。我已经在有关文章中指出过，纳西人的文字体系是帮助记忆式的，不是严格意义上的书写文字，东巴经不是可以依靠字典就可以识读的文献，因为经书中的一段话只写着几个字符，在咏诵时，其它未写出的部分必须由把内容语句熟记在心的东巴来补充。东巴使用这种书写方法的原因有两个，一是为了节约纸张，这些纸必须由东巴自制，原料用的是一种叫"弯短"（Wan^2-dtɛr^1）的灌木树皮；二是为了防止普通人也学会识读东巴经。现在，这样做的结果起了自食其果的作用，只有很少几个能凭记忆补充经书的必要内容的东巴还活在人间。

在不远的时期以内，纳西东巴经将成为无法译解的文献，不管编出多少完整的词典，东巴经仍将成为不解之谜，即使出现如罗塞达碑那样的文物也无法帮助译解东巴经。再者，每个东巴都有他自己记录句子的习惯和方法，对同一本经书中的某个读音相同的合成词常各自用不同的字符来表示，各个东巴独出心裁地创造出无穷的字符组合关系，使之形成无数的画谜。

洛克的担忧虽然不无夸张之处，但我们不得不承认他所举的现象现在正在逼近。

根据和志武在 1982 年的调查。

关于东巴教的现状，可以说已开始走向逐步消亡的过程之中。以东巴教教徒的人数来说，据《民国中甸县志稿》载，素称有东巴教圣地白地乡的中甸全县，在本世纪 30 年代末还有 132 人，到 1982 年时只有约 30 人了。文化比较发达的丽江坝区，在民国初年还有 50 多人，其中有不少是上述著名的大东巴，但时过境迁，时移俗易，到 1982 年时也只有两位 70 多岁的东巴了。据 1982 年的粗略调查统计，目前整个纳西族地区的东巴总数，只剩下 200 多人，约占纳西族人口总数的 0.08%。东巴教的宗教祭祀活动，从总的看已基本停止，少数边远农村和山区，结合一些传统民俗，仍有请个别东巴去祭祀的。但是，随着少数老东巴的不断辞世，社会上又没有新东巴的承传接替，作为一种社会现象的东巴教宗教活动，随着纳西族地区社会主义的物质文明和精神文明建设的发展，无疑会加速它定向消亡的过程，这也是纳西族人民在新的历史时期进取向上的标志。[①]

----

① 和志武：《纳西东巴文化》，吉林教育出版社 1989 年版，第 65—66 页。

笔者 2003 年赴丽江参加第二届国际东巴艺术节，艺术节规模宏大，活动丰富。当时会议想邀请 10 名东巴参会，但实际上不到 10 人，并且有的所谓东巴不是过去意义上的世传东巴，而是解放后甚至改革开放后学的东巴。[①]据悉丽江市本地已经难以找出世传东巴了。

因此可以说，东巴文也正处于濒危的境地。

4．水文的使用现状

水族古文字在水族社会发展中，曾起过重要的作用。但随着社会的发展、水族人民的生活和科学意识的提高，水族古文字在水族社会的运用，已经不像以前那样频繁。水族的水书先生的传承成了问题。

根据潘进头对三都县九阡镇水书传承的调查，在全国唯一的水族自治县三都县九阡镇，绝大多数水书先生在 50 岁以上，很多受人尊敬的水书先生还没有找到继承者就已经过世。被调查人之一潘东兴说："解放初期在水族地区，稍微大一点的寨子至少有 3 个以上的水书先生，现在已经寥寥无几。"如今大多数年轻人选择远离家乡打工，愿意学习水书的人越来越少。九阡镇 12 个村有 84 名水书先生的后人中，愿意继承先辈旧业，继续学习水书仅有 2 名，占 2.4％。另外 74 名水书先生的后人不愿意学习水书，或者找不到合适传承人选的共有 8 名，两者占 97.6％。水书传承出现危机，看来是历史的必然，传承水书没有什么大的经济收益，比不上打工赚钱，加上科学文化的发展，很多年轻人不愿意学习水书。[②]

从以上几种文字的现状看起来，西南少数民族原始文字普遍处于濒危的状态。

二、濒危和消亡的原因

文字濒危和消亡的原因可以分为外因和内因，外因主要是外来文化的浸入，内因是文字固有的缺陷使之不能满足增长了的记录需求。这种缺陷可能体现在文字性质上，也可能体现在文字使用范围上。

（一）外来文化的压迫和诱惑

1．强势民族文化的压迫

民族文化在交融过程中，有些文化弱势民族可能放弃自己本民族的传统文字，选择其他文字，特别是强势文化群体的文字。这其中可以分为被

---

① 如 1983 年受邀到丽江参加东巴、达巴座谈会的东巴中，杨富春东巴 1990 年 70 岁，年轻时拜和文质东巴学习东巴知识，但学业不精。解放后，很少再做东巴的事情。（据李国文《人神之媒——东巴祭司面面观》P15－155 记载）

② 潘进头：《三都县九阡镇水书传承调查研究》，
http://210.40.132.140/informationdep/uploadfile/200692015431848.pdf，2007 年 3 月 27 日引。

动地接受和主动地放弃，但事实上有时候二者是交叉的，并且是相互影响的。

在封建社会，中央政府对边疆少数民族地区实行"改土归流"政策，这种政策的推行带有很强的强制措施。对少数民族的传统文化有着极大的冲击。

如丽江改土归流后汉官实行的一些政策，对纳西族的传统文化以及部分习俗造成了巨大的冲击，纳西族原有的火葬习俗被逼令统统改为土葬。[①]由于诸种复杂的原因，纳西族的上层人物一直采取的是贬抑东巴教、倡扬藏传佛教的政策。尤其是在清朝雍正初年"改土归流"之后，汉文化大量涌入纳西族地区，东巴教在纳西族聚居中心地区的地位更是一落千丈，只好退避到偏僻山乡去了。"富不当东巴"之类说法的广为流传，东巴的社会地位日趋低下，一般人若非为生计所迫已不愿"学东巴"。更有甚者，东巴经师被说成只会画些"牛头马面"（系指写东巴文字）之人，社会上歧视东巴的事件时有发生，乃至有的纳西文化人仅因会写这种文字而被无理褫夺去已考取的功名。[②]

> 据云当日多巴甚受当地文人之讥笑，称其所用之象形文字为"牛头马面"。于是多巴因不胜讥诮遂改创此一种符号式之文字，以之标音而不以象形。此说大致可信，因今日丽江一带之读书人，犹以"牛头马面"讥诮卑视多巴之象形文字，不知所谓之汉字，亦系由牛头马面演变而来。曾经对一年老多巴述及此事，彼竟喜极涕零，逢人便说："你们听到了没有，我们的多巴字叫做象形字，不是'牛头马面'。"由此可见他们久已饱受这种讥诮。[③]

李霖灿所述反映的正是这种当时东巴及东巴文受人歧视的社会现象。此种做法无疑会导致东巴和东巴文的社会声望下降，继而无人愿意学习，面临传承无人的境地。

王图瑞《丽江》说："过去他们（指纳西族）有一种经典，其文字为象形文，读法和丽江本地土语的音调一律。他们常替人治病，或做驱妖降魔的勾当，有种种神秘鬼怪的事情，人人称此类人物为'多宝'……据说多宝文字中也有令人敬服的哲学思想之发现，这文字远在一二千年以前即已经具备……。又据罗博士（按：指洛克）的研究，多宝文中也有很好的思想……现在，有许多历史考据家，发见原始人类都有相当的文化。目前被

---

① 和少英：《中甸白地纳西族丧葬礼仪》，载《云南民族学院学报》1992 年第 4 期。
② 李霖灿：《么些研究论文集》，台湾故宫博物院 1984 年版，第 58—59 页。
③ 李霖灿：《么些象形文字字典·引言》，国立中央博物院 1944 年版，第 13 页。

一般人目为蛮夷的种族，不仅是有价值的各种思想，而且还有文字的创造，即如丽江的多宝教与多宝文，……因此，无论对于何种民族，决不能抹杀一切，据一些表面上的观察来分别野蛮与文明。"①王因瑞的这段话是反驳当时流行于主流社会的"无论对于何种民族，抹杀一切，据一些表面上的观察来分别野蛮与文明"的态度，正好说明当时社会对待少数民族文化的不公正态度。

2. 宗教竞争导致弱势宗教及其文字的濒危

宗教之间面临竞争，过去在西南地区，不仅有各民族传统的原始宗教，还有佛教、道教和基督教。

过去基督教传教士在西南边疆地区为了传播基督教，排斥异教，对当地土著的原始宗教采取消灭和禁止的态度，对当地民族传统宗教的经典也采取消灭的做法。如马学良先生在其《撒尼彝语研究》序言和后记中曾提到当时云南基督教传教士毁灭彝文经书。②

一百年前在云南彝区传教的法国传教士保禄·维亚尔在他的文章在写到他在路过一个村子时，"吃完晚饭，各家都还围桌而坐，我到村外转了一圈，很快就发现了祭'神林'的地方。我走进去把一切可疑的东西全毁掉了，然后回到村里告诉他们我干的事。啊，他们一点儿也不反感。"③他还总结了他的传教方式"要占据一个地盘，只能乘虚而入。当一个土著人找我要求吸收他为教徒时，我都小心翼翼地不命令他先摒弃以前信仰的宗教，而是说服他、教育他、推动他。一旦信服了我们的神圣宗教，认为它是惟一的真理，他自己就把原有的宗教全部摒弃了。……我们认为要根除这种崇拜，必须付出巨大的耐心和谨慎。应该去转变它，而不摧毁它。把一块石头搬走而不用其他的东西取代，等于在原地留下一个洞穴而不将它填充，因为每一个民族都需要它的宗教。"④

保禄·维亚尔的记载表明外国传教士从心理想乘虚而入，逐步让教徒放弃原有的原始宗教，在行动上他们见到与原始宗教相关的事物，都采取毁掉的做法。无独有偶，过去到达墨西哥和危地马拉的欧洲传教士，也烧

---

① 王图瑞：《丽江》，载《云南边地问题研究》上卷，云南民众教育馆1933年版。转引自李国文：《人神之媒——东巴祭司面面观》，云南人民出版社1993年版，第73页。
② 马学良：《撒尼彝语研究》，商务印书馆1951年版。
③ 黄建明、燕汉生编译：《保禄·维亚尔文集——百年前的云南彝族》，云南教育出版社2003年版，第128页。
④ 黄建明、燕汉生编译：《保禄·维亚尔文集——百年前的云南彝族》，云南教育出版社2003年版，第68页。

毁了很多玛雅文手稿。[①]

原始宗教在强势宗教面前，处于劣势。这种竞争的结局是原始宗教的衰亡，同时原始宗教的文字也面临消亡。

（二）文字的局限不能满足增长了的记录需求

1. 本民族文字的使用范围狭窄和本民族群众要求掌握文字文化的需求的矛盾导致群众转用其他文字

西南少数民族原始文字共通的一个局限是使用范围狭窄。多数只运用于宗教领域，普通老百姓不学不用。并且宗教人员还故意使宗教及文字神秘化，防止普通人也学会识读文字经书。这样做的结果是作茧自缚，使文字的道路越走越窄。并且宗教领域的传承多数是子承父业，虽然也有人拜师学艺，但并不普遍，导致文字的传播和推广受到局限。

随着社会的发展，普通老百姓也有运用文字记录的需要，学文化的愿望十分强烈，但本民族传统的文字和宗教不能满足他们的愿望。于是只好学习通用面更广的通用文字。

2. 文字性质落后，不能切合发展了的记录需求

文字与语言的结构特点不相适应。或者方言差别大等原因，导致文字不能适应记录的需要。

东巴文在发展过程中，就碰到了与语言不相切合的一个问题，纳西语中存在大量复音词和多音节词。过去的东巴文多数是表词的，甚至有些是表比词大的语言单位。随着文字的发展，强烈的一字一音节的类推力的影响，东巴文中也出现了一字符一音节的趋势。如：

洛 17 B'a^2-yi^1 摆夷。上面的符号是象形符，其读音是借来的，下面的符号是一个标音字符。

但这带来一个新问题，逐字地记录音节与文字的象形表意特征之间产生了矛盾。大量使用标音符号，但是并不是一音节固定地采用一个字符标音，而是比较散乱地随便选用标音字符。如：

洛 74 ddü^2 dzhi^1 ddü^2 k'o^1 一时一刻。一小时十五分。

其中表示 ddü^2 选用的是不同的字符。

这样，还不如采用如哥巴文一样固定的标音符。事实上，在东巴文的形声字上就已经出现了这样一种情况，采用哥巴文作为形声字的声符，这是有意识地统一标音字的使用。如：

麼 725 [tʂʌ^{55}] 水鸟名。画一鸟头上有二圆圈，此乃以鸟形示其意，又以 注其音， 乃音字之 [tʂʌ]，"以形字见意，又以音字注音，

---

① 〔美〕林恩·V. 福斯特：《探寻玛雅文明》，商务印书馆 2007 年版，第 361 页。

此例近日渐有出现，如 、 、 ”。

三、保护与抢救

民族文字的抢救应该是救书与救人同时进行。

正如潘朝霖所言："抢救水书，如果不首先抢救水书先生，不解决水书传承断层问题，不解决水书传承的社会生态环境问题，国家不给予相应的政策扶持保护，水书的末日也不会太长。"[①]我们认为对西南少数民族原始文字，应该实行这样的抢救策略。

（一）保全式记录

文字的保全式记录，是指对文字所记录的文献进行翻译整理，而不是简单地收集文献进行保存。因为这些文献如果没有人识读，读此无异于读天书。

现在有多种文字正在进行此项工作，特别是东巴文的保全式记录。从解放前傅懋勣、李霖灿等先生的零星翻译，到现在出版了集大成的《纳西东巴古籍译注全集》100 卷，堪称功德甚伟。其他还有如彝族的古籍翻译，四川、云南、贵州等地也正在进行类似的计划项目。

保全式记录的目的，是即使在以后无人识读的情况下，我们仍然能够凭借它而知晓文献和文字的面貌。但现在如《纳西东巴古籍译注全集》，还做得不十分理想，还可以再精益求精。过去喻遂生先生曾经提出了几点建议。如：一、加上每本经书的版本信息，如纸张、开本、色彩、装订、钞写人、钞写时间、流传地区、入藏时间、现藏地点等。二、是完整保存东巴解读时的记录，如东巴经的读音，不用人为调整和折合。三、是将调查到的未收的经书补入，以成确实的全集。[②]除此之外，笔者建议在原文、音标、直译、意译四对照之外，加上疑难字的考释，这样才方便后人阅读与使用。

（二）抢救性研究

认知学的理论是"无理论、无认知"。没有理论的指导，我们甚至都不知道哪些是最需要保全的。有些信息现在看起来并没有什么用，但说不定在一定的理论指导下，有重要的价值。所以要提倡边保全、边研究，不断提高保全水平，二者互相促进。如上边所说四对照的形式，对于翻检经文所记载的内容是足够了，但对于用作文字学研究的材料，记录的信息还有

---

① 潘朝霖：《水书难以独立运用的死结何在？》，载《贵州民族学院学报》2006年第1期。

② 喻遂生：《东巴文化研究断想》，载《纳西东巴文研究丛稿》，巴蜀书社 2003 年版，第 4 页。

疏漏。

（三）传承与发扬

在有条件的情况下，进行传承与发扬。原始文字所记录的文化及其伴生的文化是宝贵的人类文化遗产，我们不能坐视其消亡。尽可能地延缓其消亡的速度，最大可能地保全它的本真面貌。在可能的情况下，适当提倡传承与发扬。

四、小结

通过本节的分析，我们可以发现：

1. 历史上有一些西南少数民族原始文字已经消亡，现在的一些原始文字也普遍处于濒危的状态。

2. 文字消亡或文字濒危的原因既有外部的原因，也有内部的原因。外部原因主要是外族强势文化的浸入。内部原因是文字不能适应广大人民记录的需求。

3. 对于现在处于濒危状态的文字，我们要进行抢救，有条件的还应该实施保护。

第二节　原始文字的成熟

西南少数民族文字流变的另一现象是走向成熟。这里要说明，成熟与濒危是两个方面的趋势，有可能共存于一个民族文字体系之中，二者并不矛盾。

文字的成熟以何为标志？

傅懋勣（1982）曾经将东巴文经书中的符号分成图画文字和象形文字，他所谓的象形文字的标准，可以看做傅先生对成熟文字标志的认识。他认为：

> 象形文字指纳西族用一个字代表一个音节的字形所写经书中的文字。其特征为：
>
> Ⅰ　已经形成固定的书写行款——一律从左向右横行书写。各个字的位置，都按照记言中的词序固定在每一横行当中。像图画文字经书中，一个字可上可下，可左可右位置不固定的现象，完全不存在了。
>
> Ⅱ　每一个象形字只表示一个音节，几个音节构成的语词，就用几个字来表示。没有图画文字中一个字可以表示几个音节的现象。象形文字的每个字都是表示语音的，不像图画文字中，常常有些字不读音，只用来表示某种意义或情景。
>
> Ⅲ　字和字之间是发生形体上的互相依赖的关系，每个字都是独立的。既没有单体字组也没有复合字组。那种内部组成成分互相起作用的字组，只在图画文字中大量存在，在象形文字中是不存在的。
>
> Ⅳ　读的经文中的全部音节，也就是全部音节表达的语词，都完全地、毫无遗漏地写出来了。这就克服了图画文字只写部分语词，不能完全地、准确地表达读的经文的缺点。

傅先生说的第四点是说的表达法方面。记录语言中的所有语词；第一点说的是书写行款规则；第三点说的是字符的可拆分度；我们觉得都十分中肯。但第二点我们觉得还有可商榷之处。一个字符只表示一个音节，那此时应该说是音节文字。远远超过表词文字的界线，因为纳西语中的词并不全是单音节词。如果一个字符已经完全表示了一个词，我们认为它已经是成熟的表词文字。如果再往前发展，也不排除它走向音节文字，而事实上东巴文正有这样一个趋势。

精密化的表词文字的根本特征是字符与词一一对应。表现在文献上则是一个词用一个字符。因为文字结构与文字组合的同构特点，它也表现在字符内部的标音上，即随着文字系统的发展标音不完全的字符逐渐向标音完全发展。在文字成熟的过程中，字符的边界完全清晰，字符独立。

我们先谈语言记录中字词对应的发展，再谈字符构字中部件与音节对应的发展。同时我们也探讨一下字词对应同时也涉及到字符的独立性问题。

一、字符完备地记录语言中的语词

文字的发展，体现在字符记录语词的完备性上。在东巴文经书正文中，已经出现了完备记录的趋势。一些占卜经或经典的题跋较强地体现出了这一趋势。而在应用性文献中，表现得更为充分。下边我们分别举例说明。

1. 东巴文经书正文

东巴文经书正文中，已经出现了完备记录的趋势。我们看下边一个例子。

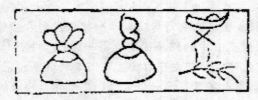

（傅懋勣《白蝙蝠取经记》P188）

直译：

lo³¹　se³¹　ts'e³¹　n̥i³³　xe³³　t'e³¹　nɯ³³　pɯ⁵⁵
阳　　阴　　十　　二　　月　　（助）从　　产生

解说：左边戴三瓣神冠的是阳神，读 [lo³¹]。右边是阴神，读 [se³¹]。月形读 [xe³³]，意为年月之"月"，下边是十二，读 [ts'e³¹n̥i³³]。右边最下面一个符号是蒿艾，本读 [pɯ³³]，此处借音读 [pɯ⁵⁵]，意为"产生"。全句记录了阳神、阴神、十二月、产生，只有语气助词和虚词"从"没有得到记录。

再看下边这个例子：

（傅懋勣《白蝙蝠取记》P187）

直译：

lo^{31}　se^{31}　$ts'e^{31}$　ni^{33}　xe^{33}　$nu\mu^{33}$

阳　　阴　　十　　二　　月　　（助）

$m\Lambda^{33}$　$pu\mu^{55}$　$su\mu^{33}$　$t'u\mu^{33}$　$dzu\mu^{31}$

不　　产生　　还　　那　　时

意译：阴阳十二月还没产生的时候。

按：此句内容与上一节基本一样，前边所用符号都一样，只是最后多出了一个表示否定的 ，读 $[m\Lambda^{33}]$。"的时候"是根据整个前后文读出的。其实此处中的阳神、阴神、十二月、不、产生都得到了记录。

李霖灿在编纂《么些经典译注九种》时，对其中的一册音字经典的音标上面加了一列形字。这是他请鲁甸阿时主村的大东巴和文质用形字将音字对译了一遍，他说："这一方面可以增加一点趣味，又可以使我们知道，若形字从'天女散花'的疏落形式改进成严密的文句组织，那就应该写成这般模样。——这个，我在三十二年离开丽江的时候尚没有见到这样的版本；虽然周炼心兄曾对我说：南山区有一个大多巴，名叫啊罗稽，他用的经典就是这样一音一字地写成的。不曾目击，不敢以传闻为凭。至于这里的这种连续式，更是应我这个外路人的请求，不可以此作为形字经典已有严密文句组织的凭据。"[1]

李先生以严谨的治学态度，不将未尝目睹的内容作为凭据，的确值得我们学习。另一方面李先生请东巴和文质用形字逐一对译音字经典，和文质居然也能顺利完成这个任务，说明东巴有用东巴文一字一音写经的能力。所以周炼心（汝诚）先生所说的有东巴将经典写成一音一字也可能确有其事，再加周汝诚先生对东巴文化的造诣也十分深厚，曾编著过《纳西族史料编年》、《永宁见闻录》，后来还主持参与东巴经的翻译工作，所以也可以认为周先生所述真实的成分应该比较大。

傅懋勣先生亦曾用一本祭风道场中使用的经书中的一字一音节的符号来对应《白蝙蝠取经记》中的不完全表词符号。[2]

---

① 李霖灿：《么些经典译注九种·么些经典译注六种序》，中华丛书编审委员会 1978 年版，第 9 页。

② 傅懋勣：《纳西族图画文字和象形文字的区别》，载《民族语文》1982 年第 1 期。

意　　义	读　　音①	图画文字	象　形　文　字
太古的时候	²aʔ²lʌ²mʌ²ʂɯ ²beʔ²thɯ³dzɯ	(52)	(53)(54)(55)(56)(57)(58)(59)
东　　方	²ɲi²me²thu	(60)(61)	(62)(63)
西　　方	²ɲi²me³gu	(63)(64)	(65)
南　　方	²iʔ²tʂhɯ³mɯ	(66)	(68)(69)(70)
北　　方	¹xɔ³gu³lɔ	(67)	(71)(72)(73)
揩哉勒额	³tshɔ²ze ¹lɯ¹ɣu	(74)	(75)(76)(77)(78)
事主这一家	²iʔnda²tʂhɯ ²dɯ³dzi	(79)	(80)(81)(82)(83)(84)

　　傅先生所引述的文字确实是一字一音节，惟傅先生未明示出这本祭风道场中使用的经书是哪一本经书，我们只能窥其一斑。

　　虽然前边周汝诚先生提到存在过一字一音节的经书，傅懋勣先生亦引了祭风道场中使用的经书例子，而李霖灿先生过去还请东巴写了逐字记音的经书，我们在此还是持谨慎的保守态度，仅提出东巴文经书正文中出现了完备记录的趋势。

　　2. 占卜书及经书中的题跋

　　占卜书及经书中的题跋也反映出记录完备的趋势。甚至出现一字一词的写法，我们分别就占卜书和经书题跋举一个例子。

　　先看一个卜书的例子。

《纳西象形文字谱·寻人卜书》P565）

这是《寻人卜书》中的一段。

直译：ɣɯ³³　dzʐ³¹　dzi³³

　　　　丑　　时　　走

mə³³hɯ³¹　mə³³　bæ³¹　uə³¹gɣ³³

　　很　　不　高兴　似乎

意译：丑时走出（的那个人），似乎很不高兴。

解说：其中 [ma³³]，本作"不"。 [huɯ³³]牙齿，假借作[huɯ³¹]。二字连起来读［ma³³huɯ³¹］，表示"很"。同样 [bæ³¹]本作扫谷板，假借做"高兴" 二字连起来读［ma³³bæ³¹］。全部语词得到记录。

再看一段经书中的跋语。

（《纳西东巴古籍译注全集》第16卷《鬼的来历卷末》P249）

这页经书第一、二行是经文的内容。最后一行是经书的跋语。根据甘露博士的分析：跋语中有42个字，记录了44个音节，代表6句话。其中第一句的标音及字词完全对应。[①]

从以上分析可以看出，占卜书和经书的跋语记录的词语已经较为完备。

3．应用性文献

应用性文献如记账、订立契约等，必须准确而不能含糊，最好能将全部语词记录下来。所以东巴文在世俗应用时，往往是采用完备记录语词的方式，。

我们看下面这份买山契的例子，此份买山契，是笔者2003年随喻遂生先生在云南中甸白地考察时共同发现的。由笔者拍照，喻先生摹释。谨此对原契提供者、讲述者及喻先生表示感谢。

---

① 甘露：《纳西东巴文假借字研究》，华东师范大学博士学位论文，2004年，第98页。

　　这份买山契，两面书写，一面写标题和祝福语，可视为封面，一面为正文，上图为正文面，横向分六栏，无界格，栏内亦无竖向小节界格，下端无东巴文契约常见的表示一式二份的半截吉祥结标记。

　　根据喻遂生先生的考释，正文 138 字，加上封面 14 字，共 152 字，记录了 154 个音节，因为 $\overset{\wedge}{\wedge}$ [do³¹çi³³] 见证人和封面一"文字"读双音节，故记录了全部的语词。①

李霖灿亦曾提及世俗应用性文献字词关系方面的特点：

若再追究一下形字经典和军人家书的内容，这里面有一个大大的不同，就是经典是'速记式'的，而家书是'连续式'的。形字经典上只写了五个字，但却要读上三十个字音，所以是一种速记式的。家书就三十个字音用三十个文字连续写下来。②

综上所述，东巴经书正文中出现了完备记录语词的趋势，经书题跋和一些占卜书还出现了逐词记录的例子，而在用东巴文书写的应用性文献中，则是比较经常的采用逐词记录的方式。

二、字符构字中部件与音节对应的发展

文字的发展有一种字符和音节对应的趋势，这种趋势不断地使双音节词和多音节词的表达采用多个部件。纳西语的词音节数量不等，有大量的双音节词和多音节词，于是东巴文的字符也由标音不完全向完全标音发展。我们试以形声字、假借字、象形字的变迁进行分析。

（一）形声字的声符由不完全标音到完全标音

东巴文中出现多音节字完全标音的写法，一形表一音节。如：

麼1075 [ŋgo³³mi³¹] 藤子。以 示其形，以 二字注其音。

麼1034 [tsʻɤ⁵⁵ʐwa³¹] 还偿。 为前一音， 为后一音，原为量米之形，在此有"量出去而归还"之意。

麼1037 [tsʻo³¹he³³] 仙人掌。画仙人掌之形，又以 、 二字注其音，意为"象耳"。仙人掌亦可读为 [tsʻo³¹ɕi⁵⁵] 乃"象舌"之意， 字须改 字。

麼1420 [ta⁵⁵ko³³] 答应，回话。画人答话之形，以 注前一音，以 注后一音。

麼1071 [mu⁵⁵ʂɯ³¹la³³ho³¹] 竹子之一种。以 三字注其第二、三、四音，竹 注第一音。

试比较注音不完整的形声字

△麼1627 [by³¹tɕʻi³¹taɭe³³] 装干粮之搭裢。象其形，以 字

① 喻遂生：《白地买山契译释》，中国语言学会第十二届学术年会论文，2004年6月。

② 李霖灿：《么些族文字的发生和演变》，载《么些研究论文集》，台湾故宫博物院1984年版，第65页。

注其第一音。

形声字也由不完全标音到完全标音的发展过程，我们看以下例子：

麽 1520⬚ [iʌ³³ko³¹] 家。以房屋示意，以⬚字注第一音，以⬚注第二音。但此字有时写作⬚。只用⬚注第二音。

当写作⬚，只注第二音，再加⬚注第一音，形成完全标音。

麽 964⬚ [hæ³³t'v³³ts'ɛ⁵⁵p'v⁵⁵] 狂风暴雨。以树叶注其第三音，⬚为风，第一音，或于⬚下加一⬚字，以注末一音，写作⬚。

当写作⬚时，仅注第一、三音，再加上⬚成⬚，则多注第四音。

（二）假借字中的构件标音完全

纳西东巴文中已出现了多音节的假借字，如：

麽 804⬚ [p'ɑ³¹mbɑ³¹] 狈叫或狼叫，[p'ɑ³³mbɑ³¹] 礼物。借狈叫之音，变前一音而作此解。

这是用一个符号表示双音节的假借。东巴文中更多的是用多个符号表示多个音节的假借，如：

麽 1193⬚ [tɕ'o³³tʂ'ɯ³¹] 本族。画穿通而挂之形，"穿通"乃第一音，挂注第二音，合而作"本族"解。原象么些木匠之钉钻，或读曰 [tv³³ʐɯ³¹]。此字见于鲁甸。

麽 1273⬚ [hɑ³³p'i⁵⁵] 丧礼物品。由⬚注其前一音，以一动线注其后一音。

麽 1274⬚ [hɑ³³nɑ³³p'i⁵⁵] 丢鬼饭。字之造法与上一字同，唯饭中加一黑点以注第二音。

多一音节，就多用一符号表示。体现了标音完全。

麽 1030⬚ [mɯ³¹ʐu³³] 燕麦。用天⬚与青稞⬚之音，合而作燕麦解。

麽 1031⬚ [ɲi³³nv³¹] 妻子。

麽 1108⬚ [k'o³¹rɯ³³] 亲戚。由⬚、⬚二字合成，借音而作"亲戚"解。

麽 1373⬚ [mi³³k'ʌ³¹] 口舌罪过。以⬚字注前一音，以⬚（篮）字注后一音。

麽 1375⬚ [gv³³hɣ³¹] 一个祭天族群之名。以身注前一音，以火注后一音。

洛 41 页⬚bpä²-ma²，符号都标音。

洛 46⬚bpǔ²-shi¹ 琥珀。两个符号皆用以标音。

洛 47⬚⬚bpǔ¹-shwua¹ 一种夯土屋顶。

洛 61 ch'ung^2-mbbŭe^1，菖蒲。ch'ung^2 表示玛瑙，mbbŭe^1 表示不孕鬼，月经鬼。

洛 548 ssü^3-ssü^2 吵架。

洛 543 ssu^3-nyu^1 俯伏；祭奠祖先时或在双亲面前磕头。符号皆用以标音。也读做 ssu^3-niu^1。

洛 542 ssu^2-ndv^2 想；沉思。两个符号皆用以标音。

洛 540 ssu^3-mi^3 忘记。

洛 514 ssaw^1-sso^2 各种各样的。符号都用以标音。

洛 96 、 ds'ï^3-ghügh^1 栗子。

洛 548 、 swue^2-p'ä^2 家族的首领；或指一种魔鬼（无论是 Nāga 还是 Nāgarāja）的头领。没有专门表示 swue^2 的符号，因此借用发音最相近的 ss^2（树木）来为其标音。

洛 535 、 ssu^2-bbŭ^2-yü^1 祖行。这是对已经施行过超度死者（Khi^2 Nv^3）丧仪的祖先的称呼。

洛 103 、 dta^3-dgyu^3 一种挂在长旗杆上长形的经幡。通常可在房子外面见到或是在庭院入口处见到。按：表音部件可以替换。

以上四例符号用以标音。并且有些表音符号可以替换。

应该指出的是，一些专有名词在促使假借完全标音方面有重要的作用。我们看一些专有名词的例子：

麽 1729 ［py^{31}ly^{33}k'o^{33}］《开坛经》，由 、 、 三字合组成，分别表示第一、二、三音。

麽 2044 ［mu^{33}mi^{55}nɑ^{55}sɛ^{33}ko^{31}ndʐo^{33}］神女名。分善恶之神。以 二字注前二音， 四字乃其名。

洛 40 Bpä^3-dsä^2-bpä^3-niu^2 洪水灾难前一个纳西祖先的名字。

近段时期对东巴文中的一个专有名词的写法产生了不同看法，我们也试着讨论这一问题。这个专有名词的不同写法亦体现了由标音不完全到标音完全的发展过程。

1943 年和才用东巴文写了一段给董作宾儿女的祝词，其中提到一个神名，如下图：

喻遂生先生译作木里都子神，第四个字符读为［dzɿ^{33}］，四个字符都用来为都神全称标音。[①]李在其先生译作米利东阿普，前三字标音，第四个字符读为［ə³³p'v³³］。[②]前三字标音，没有疑问。关键是在对第四字 🜨 的认识上。

［dzɿ³³］祖母的写法有：

洛 10 ⚘ ä¹-dzi² 祖母；洛 134 ⚘ dzɿ²；麽 525 ⚘ ［ʔɛ³³dzɯ³³］祖母。

均为画一人有头饰之形，示其为女性，又画其鬓毛苍乱之状，以示其老，故会其意而为祖母也。

［ə³³p'v³³］祖父的写法有：

洛 14 ⚘ ä¹-p'u² 祖父　洛 487 ⚘ p'u²；麽 385 ⚘ ［ʔɛ³³p'v³³］祖父也。

仍取其年高多须之形，而以之为祖父也。

可以看出，祖母的头饰部分是女人的头饰，而祖父的头部是三个圈。而 🜨 字的头饰部分并不明显，既没有女人的头饰，也没有三个圈，因此翻译者做出两种不同的解释。

细考木里都子，它就是麽 2066 ⚘ ［d̥o³¹］神名。亦云为人类之远祖，以其头形为特征。亦常读为［mɯ³³rɯ⁵⁵d̥o³¹ndɯ³³］。也可写作麽 2067 ⚘ 神名（美令东主）。以天字注其名之第一音。对都神的称谓，并不需要再加上［ə³³p'v³³］。并且这个贺词，全文标音，此处用四个标音字符来标出都神的全称，与全文的体例也相合。故我们认为还是读作［dzɿ³³］，作为一个标音符理解比较切合写者原意。

可以看出这一个神名的发展线索：⚘［d̥o³¹］，［mɯ³³rɯ⁵⁵d̥o³¹ndɯ³³］→⚘ →⌒ ⚘ ⚘ ⚘，一步步地走向了完全标音。

我们再看下边一个异体字的例子，其中有的异体是不完全标音，有的异体是完全标音。体现了由标音不完全到标音完全的发展过程。

洛 76 ⚘、⚘ ｜⚘ddü² nyi² muàn² dtv³-dtv² 某天或从前。没有确定的一天。

写作 ⚘，只标出了两个音节，而后边一符号 ⚘ ｜⚘，则标出了所有音节，甚至连相同音节 dtv³ 都得到了体现。

（三）原来的象形字变成形声字

在上一章第二节字符的发展中我们谈到形声字的发展时，我们已经讨

① 喻遂生：《和才东巴文题词译释》，载《中国文字研究》（第七辑），广西教育出版社 2006 年版。
② 李霖灿遗作，李在其整理：《一份东巴文祝词的译释》，载《民族语文》，2007 年第 1 期。

论过象形字加注声符成为形声字，此种趋势既体现了字符构字的发展，也体现了标音的完全，这里我们再略举两例，如：

麽 1151 此字可以读为 [kʻo³³mbo³¹] 门坎。附加符号的象形字，其中的门亦读音。但也可以写作麽 1152 [kʻo³³mbo³¹] 门坎。以、（坡）二字注其音。

麽 1527 [kv⁵⁵dʑi³¹] 帐篷。画帐篷之形，又以字注帐篷之前一音。比较 1525。

（四）原来的象形字变成标音字

我们分析一些异体字的例子，可以发现，大量象形字有标音字的写法。

洛 44 bpö²-mbö¹ 祭司，古时对东巴的称谓。洛 44 bpö¹-mbö¹。两个符号均标音。

洛 59 Chʻou³ shu³ 烟熏除秽，东巴手拿一把用柏树枝和松针扎成的松明火把，同时吟诵除秽经书，从一个房间到另一个房间和马厩用烟熏以除去秽气。但也写作纯粹标音的。

洛 115、Dto²-mba¹ 东巴，后一字符用板和甲状腺肿大标音。

洛 180、gkv²-ghugh¹ 头巾。

洛 189、洛 191 gkyi³-gū¹ 吹口哨。

洛 206、gyi¹-ndsu¹-swue²-pʻä² 房屋的主人。第一个字符直观地反映了 swue²-pʻä²（首领），ndsu¹（坐在）gyi¹（屋子里）。而第二个字符则分写成两个符号，gyi¹ 表示一所房屋，水的符号（gyi¹）用来标音，swue²-pʻä² 指首领。

洛 300 lĕr¹-mbbŭ²-chʻi¹ 爱的绳结；护持神胸前的卷毛。纳西人认为那是神的心脏。后来用标音的方式表示，写成。

洛 308 llü³-tsʻä² 一种亚洲喜鹊（拉丁名 Kitta erythrorhyncha alticola），盐（tsʻä²）的符号用做名字的标音。这种鸟有很长的尾巴。

洛 403、Ndo¹-wùa² 呆鬼的房子。

洛 406、ndshĕr² tʻä¹-gkyi¹ muàn² nyi¹ 唾液。

洛 438、ngv²-mi¹ boa²-pʻu³ 用硬竹制成的盾牌。ngv²-mi¹ 指一种坚硬的竹子。表示竹子（mùen）的符号在护具的上方，火（mi²）的符号在左侧。字符用以标音。Boa² 是部落名，pʻu³ 指盾。

第一个符号表示竹子，但不发音；竹子右侧的符号是 ngv²，用以标音。下面的两个符号中，一个表示脚底（boa），一个表示气泡（pʻu³），两符号都用以标音。

洛 468、nyu³-dsho² 刺果（拉丁名 Arctivm lappa）。两个符号

都用以标音。第二个字符表示羊身上的毛粘满了刺果。

洛 507□、□Ssˀ²-bpa²-dgyu² 锁紧棺材用的木楔的名称。

洛 35□、□böˀ¹-nyiˀ¹ 揉面团；面粉团。手（laˀ¹）符号不发音，用来说明其他符号，如装满面粉的茶杯。第一个符号表意，手揉糌粑面团□，第二个符号改成标音，而且分布顺序也如读音顺序一致。

洛 58□、□chˀou³ gkü³，通过燃烧各种树的绿枝来净化 chˀou³（污秽）。前者象形，后者表音。

洛 605□、□Tsˀuˀ³-zo²-luˀ³-szǐ² 哥来秋（Gkaw²-läˀ¹-tsˀuˀ³）的四个儿子。人形符号顶上的 Tsˀuˀ³（粟）的符号用以标音，Tsˀuˀ³ 为他们父亲名字中的第一个音节，zo² 指儿子，luˀ³ 指第四，szǐ² 指代。

洛 550□szǐ²-shěr¹ muàn² haw³-yi² 长寿不长。字面意思为：生命长，但没有食物。shěr¹ 和 yi² 都没有写出。字符的意思是：没有充足的食物来维持长寿。按：此字符中的 muàn² 可能应读两次，表示既不长寿，又没有食物，但不管是长寿不长还是既不长寿，又不富足。此字符中的 szǐ² 和 haw³ 就是标音。是一个不完全标音的字符，我们想如果用这两个符号来表示长寿富足，则肯定是完全标音的一个中间状态。

洛 522□、□ssǐ¹-mä²-kˀo³-tˀkhi¹ 汉语中的独角兽或犀牛；带有尖角的岩羊。

麽 375□〔lɛ³³tɕo³¹〕回转来也。画人回转行去之形。但也可以写作□，"二字连用时亦多，作'转回来'解，参看麽 375 号字□，一象形一用音也。"

以前是象形方式，后来写成表音方式，表音也逐渐完全，中间的一个过渡状态是形声。既有表形符号，又有表音符号。

洛 561□、□、□/□tˀkhi¹-llü² 或 na¹-dta³ tˀkhi¹-llü² 雌性的独角兽。

按：一表形，一标音，一形声。此处不管是假借在前，还是形声在前，都运用了两个表音符号标音。

洛 550□、□、□□szǐ²-shěr¹ haw³-yi² 字面意思为：生命长，食物有。汉语的"延年益寿"。波浪线读做 szǐ²，指长寿。按：此字符有个中间状态，先是用一个人头上有根表示长寿的线和腹中有食表示长寿富足，第二个字将长寿和富足分开表示，第三个字符完全用音符表示。

（五）原来省略掉一个相同部件的双音节字符完整写出

洛 582□tsˀaŋ²-tsˀaŋ¹ 嫁妆。这个复合词出现在经书 ms.1177，Lv¹ mbě r² lv² zaw¹ ssaw³，第 27 页，画幅 1 和画幅 10。见 RKMGMG，第 30 页。在经书中该字符只写出一次，但要读两次。

按：说明嫁妆这个词，有时"只写出一次 本，但要读两次。"但有时为了标音完整，也把两个部件完全写出。

（六）将其中部分替换成了表音符号

洛 504 、 shu³-ndaw¹ 青刺果，一种开白花的刺灌木。这种植物一年开花两次，但只在秋天结果；果实榨出的油可用于烹调。其拉丁名为 Prinsepia utilis。下面表示剑（ndaw¹）的符号用以标音。由于这种灌木沿水边生长，所以其下有表示流水的 gyi¹（水）符号和点状（表示水在流）符号。

按：一个用的是表意符号，一个将其中部分替换成了表音符号。

洛 54 、 ch'ěr² k'ö³ 给药；当把药洒向纳加神时也使用。第一个符号是 chěr²（药），在液体中的一种药用植物；第二个符号 k'ö³（狗）用做 k'ö³（给、洒）的标音。

按：狗本来是表音符号，药也被替换成了表音符号。

（七）形声字变成表音符号

形声字中的形符脱落，很可能变成合文或独立字符标音。

洛 11 ä¹-gv² 舅舅。第二个符号表示一只称做 gv¹ 的熊，此处它用以标音。变异体 由人的下半身和熊头 gv¹ 组成，也用以标音。

变异体是一个表音不完全的形声字。形旁也省略了人的头形，后边发展成表音完全，去掉表义成分的两个独立的符号。

〖71f11〗 [ts'ɛ³¹də³³] 十一月。

当"月"的符号脱落后，成麽 1555 [ts'ɛ³¹dʌ³³] 十一月。阴历十一月之名，当地人用汉语称之曰"冬月"，原为十一之意，第一音为十，第二音原为 [dɯ³³]，在此变音作月名用。按： 大，[dɯ³¹]，此字读为平调时，可作"一"。

〖71f3〗 三月。

当"月"的符号脱落后，成麽 1554 [sɑ⁵⁵wɑ³³] 三月也。阴历三月之名，两个符号分别注前后音。

〖71f12〗 [dɑ³³uɑ³³] 腊月。从月砍（[dɑ⁵⁵]）、五（[uɑ³³]）声。

同样的，当"月"的符号脱落后，麽 1470 [ndɑ³³wɑ³³] 十二月也，腊月也。以砍注前一音，以七注后音。

洛 8 （异体洛 11 读成 ä³-ggü¹。）、 aw²-ggü¹ 荞麦。

第一个字符为形声字，第二个字符为两个独立的标音字组合。何者在前，我们认为形声字在前，因为已经完全标音，表示植物的符号成为多余而省掉，只剩下纯粹标音的两个符号。后边这两个符号我们认为应该看成独立的两个字符。

洛 94 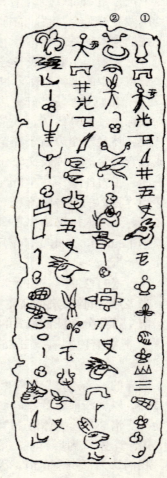Dsho²-wùa²-lu³-szï¹ 以此为名的四兄弟。

比较特殊的形声字。也可以不要四个人形作，成标音字。

（八）合文变作独立标音符

洛 91、Dsä³-szï²-miu¹-hö¹ 红眼睛的 Dsä³-szï²，古代一个与纳加神 Ssu²-mä²-na¹-bpǔ¹ 争斗的纳西人。

写作时，是一个合文，"眼睛"和"火"标出了第三、四两个音节，特异人形表示 Dsä³-szï²。异体再增加了一个表示 szï² 草的符号，使标音完整，成为独立的标音符。我们还注意到随着标音符的完整，眼睛亦由靠近人头部到按读音顺序排列。

三、字符的独立性

我们前面在文字的发展章中已经详细论述了以前的准字符大量发展成合文或独立字符，合文也要么分解成了两个独立的字符，要么被当成一个字符使用。即随着文字的发展字符的独立性大为增强，到了文字的成熟期，几乎都可以划分成界限清楚的字符。

此处我们只略举一例，以体现这种字符的独立性。

东巴文中表"纳西"过去写作 [na³¹çi³³]，将人头涂黑，黑色字素表音并表义，后来一般又加 [çi³³] 注音成。但也出现了如麽 1019，的写法，两符号均用表音。

四、向成熟文字发展中出现的新现象

文字在迈向成熟的过程中，出现了一些新的文字现象。如：

1. 同音词问题

东巴文在走向成熟的过程中，因为大量标音的使用，出现一些同音词问题。如

洛 292 la¹-yu² 两个符号均用以标音，既可以表示簸箕，又可以表示盔甲的护臂，用来罩护肩头。

洛克在编纂 *A Na-Khi English Encyclopedic Dictionary* 时说："语汇的第一卷中实际上包含了 3414 个条目。其中的每个符号除了具有表意符或象形符的含义外，当用于标音时还有不止 10 种的含义。"[①]说明其中的字符除了表义外，还可以用于表音。

2．字与词的不对应

一个字符一音节，但纳西语中有大量的双音节词和多音节词，遇到双音节词，就要用两个字符（标音）表达，多音节则要用更多的字符表达。这样就使纳西语中的词不能与字符相对应。

试以喻遂生先生分析的一些应用性文献为例，[②]

右图为一份医书中的一页，喻遂生先生分析了这一页的前两行。全段共 45 个音节，用字 43 个，其中有 1 个音节（[me^{55}] 要）未标出，有一个字"春"读了双音节，实际标写音节 44 个，占总数的 98%。43 字中借音汉字 2 个（光、五），哥巴字 1 个，东巴字 40 个。东巴字中，用本义引申义的 8 个（鸡 2 次、蜜蜂 1 次、春 1 次、包 1 次、一 3 次），其余皆假借字，共 32 个，占东巴字的 80%。其中同音假借 12 个，音近假借 20 个。

仅这两行其中出现 6 次字符连用表词的情况。5 次为两个字符连读成词，如：

　　　　[p'a^{31}] 女巫 ；

　　　　[kua^{55}] 借汉字"光"。二字连读表汉语借词"膀胱"。

其中还有一次 3 字连读，如：

　　　　[dʐy^{31}] 镯子 ；

　　　　[ha^{55}] 夜 ；

　　　　[tse^{31}] 鬼名。 三字连读借作 [dʐy^{31} ha^{55} tse^{31}] 土大黄。

下边再举丽江黄山乡长水中村大东巴和泗泉版刻的"形字音字对照书"序言，这是一篇有名的文书。丽江的东巴们鉴于各地东巴各自为政，用字混乱，公推和泗泉来整理文字。和泗泉用梨木版刻了东巴文和哥巴文的对照字汇，共收 900 余字，并在序言中叙述了事情的缘由。这在东巴文的发展史上具有历史性的意义，只可惜后来夭折了。喻遂生先生分析了第一页前两栏。

　　① ［美］J. F. 洛克著，和匠宇译：《纳西语英语汉语语汇·序》，云南教育出版社 2004 年版，第 8－9 页。

　　② 喻遂生：《纳西东巴文应用性文献的语言文字考察》，载《纳西东巴文研究丛稿》，巴蜀书社 2003 年版，第 256－279 页。

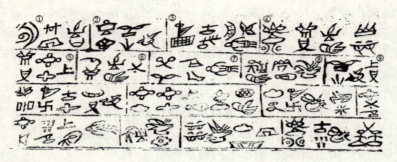

根据喻先生的分析结果，其中两字连读成词的 9 次。其中"洋人"两次。如：

[iə⁵⁵] 给🦬；

[zə³¹] 草🌱。两字连读借作 [iæ³¹zə³¹] 洋人。

[p'i³¹] 腿🦵；

[se³¹] 岩羊🐐。两字连读借作 [p'i⁵⁵se³¹] 以后。

上举的是应用性文献，标音完整，即使是在宗教性文献中，也有这种现象，如《延寿经》。根据喻遂生先生所释的《延寿经》最后一页。[①]

"神将"的表示：

🏴 [ŋa³³] 字像旗形，与下一手字连用，意为神将。

✋ [la³¹] 手，与上一字连用，意为神将。此字与祖先字身体相连，实二字并无关系。

"像……一样"的表示：

🏳 [t'ε⁵⁵] 旗子，假借作那 [t'ε⁵⁵]。

📌 [ni⁵⁵] 二。与上字连读作 [t'ε⁵⁵ni⁵⁵]，意为像……一样。

这一册经典的连读不如上边所举的应用性文献普遍。

3. 出现新的表音方法

麼 1142🌿 [ʂɯ⁵⁵] 新。用黄与肉二字之音，以作"新"解，此字见于鲁甸。黄音 [ʂɯ³¹]，肉音 [ʂɯ³³]，合切二音，遂成新之 [ʂɯ⁵⁵]，此纳西音之切法，以二调切生另一调也，因纳西常用声调有三，此法尚可通用也。

按：这种拼切法是否普遍，现在不敢作一个肯定的结论，但至少可以认为这是双重标音，两个符号都用以标音，出现了标音的羡余。

东巴文的进一步发展，有走向标音化的趋势，上述现象正是东巴文走

① 喻遂生：《纳西东巴经〈延寿经〉释文示例》，载《纳西东巴文研究丛稿》，巴蜀书社 2003 年版，第 354—363 页。

向标音化过程中出现的问题。

五、小结

原始文字如果持续发展，会逐渐走向成熟。其主要特征是字符完备地记录语言中的语词，一个字符表示一个词，同时伴随着字符独立，书写规则固定。

西南少数民族原始文字中的东巴文就出现了这一过程。并且还进一步发展，出现了一个字符一个音节的趋势，逐渐朝着表音化方向发展。但这样就出现字与词的矛盾，即由几个字符组成表达一个多音节词的情况，同时还出现了同音词的问题。

第三节 原始文字的接触与传播

交往密切联系紧密的民族之间或者民族内部的支系之间，文字总是在相互发生影响。由于文字的接触与传播是一个新课题，我们先给出文字接触与传播的定义，再分析西南少数民族原始文字接触和传播的方式。

一、文字接触与传播的定义

王元鹿先生对文字传播的定义是："所谓文字传播，就是某一文字体系由其原创集团传播到另一集团之中。"[①]

朱建军先生按另一集团是否原有文字细分为"文字接触"与"文字传播"。

> "文字接触"和"文字传播"既有联系又有区别，可以认为，"文字接触"是广泛意义上的"文字传播"的另一种具体表现形式。"文字传播"指的是通过民族间的相互接触，甲民族的文字被传到乙民族（乙民族往往本来没有文字）；而"文字接触"主要是通过民族间的相互接触，甲民族的文字对乙民族的已有文字的性质、结构、形体等方面发生影响（也有可能是互相影响，这取决于接触过程中甲乙两民族在政治、经济、文化等方面孰弱孰强）。[②]

我们拟在朱先生定义的基础上，作一个更明确的定义。

"文字接触"指不同文种之间由于接触而导致文字的性质、结构、形体等方面发生变化的文字现象。如藏文和东巴文，水文和汉字等发生过文字接触。

"文字传播"指有文字民族文字流向无文字民族，原无文字的民族接受文字的文字现象。如基诺族主要聚居在西双版纳傣族自治州景洪县基诺乡，人口有 18000 余人，主要使用母语基诺语，同时普遍兼用汉语。以前独龙族也是没有文字的民族，后来随着基督教的传入，传教士创制的拉丁字母形式文字被广泛接受。

二、西南少数民族原始文字接触和传播的方式

我们可以把文字接触和传播的方式大致分为文字渗透、文字兼用、文字转用和混合文字四种。

（一）文字渗透

---

① 王元鹿：《普通文字学概论》，贵州人民出版社 1996 年版，第 175 页。
② 朱建军：《从文字接触视角看汉字对水文的影响》，载《贵州民族研究》2006 年第 3 期。

指两种文字在相互接触过程中，一种文字向另一种文字借用文字元素，包括借用字符和规则两种情况。这种借用，既可能是单向的，也可能是双向的。

1．文字字符的借用

民族之间的贸易往来，文化交流，移民杂居，战争征服等各种形态的接触，都会引起语言文字的接触，其中最常见的是字符的借用。下边我们看西南少数民族几种原始文字的借字。

（1）东巴文的借字

东巴文有借自藏文、哥巴文的字符。如：

A．东巴文借自藏文的字符

东巴文借自藏文的字符有：

　　　　[ka³³] 好；　　[na³¹] 黑；　　[a] 神名。

麽 2013 [i³³gv³¹a³³kʌ³¹] 神名，骑象，由藏文字母 字借来。并且还由此参照构造出了更多的字符。如：

麽 1329 [ʂɯ³³na⁵⁵] 瘦肉。以 注其末一音， 为藏文第十二个字母，在此借音使用。与 中的 同。

麽 1614 [ka⁵⁵] 盖起。以 象形，以 注音， 字或写作 及 。

麽 2014 [i³³gv³¹o³³kʌ³¹] 神名。借藏文字母 ，又加藏文符号。或读为 [ʔõ³³]。

麽 2015 [i³³gv³¹tʏ³³na⁵⁵] 神名，恶一方面之大神，与 常相敌对。由藏文字母 字变来。

麽 2098 [o³¹mɛ³³hɛ³³dɯ³¹na⁵⁵tʻo³³sɛ³³] 谷神之名。后三音为其名。以 字示其为谷神，第一音也，以 字注其名之第一音。

前面所举例子为已经固定地借用到东巴文中作字符了。东巴在写经中，亦时不时的借用藏文表音。李霖灿先生曾经说"藏文混入么些文字的历史很高"。[①] 史金波、黄润华先生亦提到一种东巴文藏文夹杂的经书。[②]

　　纳西族和藏族文化有密切的关系，他们除信仰东巴教外，也受到藏传佛教的影响。这种影响也反映在东巴文经书上。有的东巴文经书内夹有藏文。如《白地古本经书》相传为北宋时期白地纳西族叶氏族

---

① 李霖灿：《么些族文字的发生和演变》，载《么些研究论文集》，台湾故宫博物院1984年版。第73—74页。

② 黄润华、史金波：《少数民族古籍版本》，江苏古籍出版社2002年版，第126—127页。

　　大东巴阿明什罗的墨迹。内容为东巴教作消灾道场时，要诅咒仇敌，请护法神优玛天将助战。其中优玛天将以藏文书写。书长 24 厘米，宽10 厘米，共 13 页 26 面。以竹制蘸水笔蘸自制墨汁书写，纸为当地特产厚绵纸。在东巴文经书中夹写藏文的书籍仅发现此一例，十分珍贵。现存云南省社会科学院民族研究所。

　　这本经书就是和少英先生提到的《劫仇在庄请尤麻天将》，和先生文中还有附图。[①]移录如下：

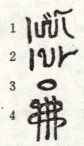

　　底下两字为东巴文，三读"根"，意为"胆"，四读"可"，意为"栅"。一、二两字为藏文。连起来读"根空尤麻"，即"给课尤麻天将"（护法武神）。这类藏文只是偶尔借用到东巴文中表音，东巴也意识得到这是与东巴字符有区别的藏文字符。

　　下边一例，是藏文借用到东巴文中，而部分东巴亦不知其是藏文，正处于迷失字源的过程中。

　　　　麽 1615 ⬆ ［pe³³tʂʻv⁵⁵］经咒中之音。颇似藏文之一种写法，多巴不识其字源，只知于经咒中如此读音而已。有谓此为阿迷字，阿迷乃北地之一大多巴之名。观所谓之阿迷字，实即藏文也。

　　东巴经中有东巴教的圣祖阿明从西藏学经回来的记载，此所谓阿迷，即阿明的变音，阿迷字可能为藏文。

　　B. 东巴文借自哥巴文的字符

　　东巴文也向哥巴文借字，。除了喻遂生先生提到的 ⬆ ［ɣɯ³³］好、⬆［dzər³¹］威灵等字，[②]依据我们的观察与分析，至少还有以下一些例子。

　　　　麽 1616 上 ［ʂʌ⁵⁵］说也。此音字之一，然常见于经典中，附记于

　　① 和志武：《藏文化对纳西文化的影响》，载《活着的茶马古道重镇丽江大研古城——茶马古道与丽江古城历史文化研讨会论文集》，民族出版社 2006 年版，第 12 页。
　　② 喻遂生：《纳西东巴字字和字组的划分及字数的统计》，载《纳西东巴文研究丛稿》，巴蜀书社 2003 年版，第 31－32 页。

此。此音字疑受汉语影响，与 下 字相合观，则较为清楚。

麼 1618 下 ［ɕʌ^{55}］占卜打卦。

此音字应首先借自汉字，在哥巴文中作为哥巴字符用，东巴文再从哥巴文借来。此两字在东巴文中还可以构成新字，形成所谓"音字与形字的合体字"如：

麼 1617 ［ʂʌ^{55}］说。以口中出气象形，以 上 字注音合成 之写法。此字见于鲁甸。

麼 1012 ［ʂʌdɑ^{31}］青刺。画青刺之形，以 注其音。 原由音字之"上"变来，此音常作"说"解，因附以说 之形状，遂成为 。这种写法唯见于鲁甸一带。

麼 1619 、 ［tʂɯ^{33}］土。下画土地，上有一音字之"止"以注音。音字之"止"，由其读音上亦见受汉语之影响。"音字与形字之合体字，多见于鲁甸及丽江之一部分。"

麼 1620 ［kʌ^{55}］鹰。画一"鹰头" ，又加一音字之［kʌ］以记音。

麼 244 爬［mbv^{31}］，但也写作 ，多见于丽江一带，人身上之 ，是用哥巴字注音。

麼 700 ［ɕʌ^{31}］休息、空闲。画一鸡 而于中间加一"下"字，此盖为一音字，以之注明此鸡不读［æ^{31}］，读与"下"字相近之［ɕʌ^{31}］。此字之字源甚奇特，用么些之形，藏语之音，及汉人之字组合而成。 乃么些象形文之鸡也，然欲读藏语之［ɕɑ˥］音，苦无明示，遂取汉文之"下"加于鸡身之中，标其读法，因汉文之"下"字读音与藏语之"鸡"相近也。么些人用之以作"占卜"及"空闲"用。此则由于么些词汇中，此音极需要，在本身无可象形，又无同音字可假借，不得不出此曲折迂回之途。

麼 735 ［ɕʌ^{31}go^{55}］大雕。画大雕之形，见 706 字之解释，[①]又加一下字以注其音，看 700 号字。

麼 1319 煎、化。以曲折闪线示其深化之意，以 字注其音， 原读作［ndzʌr^{31}］，在此作音符用。

麼 1391 ［io^{31}ɯ^{33}pa^{55}hæ^{31}］么些妇女背上所负之羊皮披背。画羊皮披背之形。上有一 绿松石，以之注末一音，意为绿，因此种圆盘皆以红绿色线绣成，中有一 字，乃音字之［io］，第一音，意为羊，第二音为"皮"，第三音意为"大圆盘"。

---

① 按：原本作 706 字，误。当为 709 号字。

麽 1444⬡ [io⁵⁵] 玉，鲁甸一带之写法。外象宝玉之形，内以 ⍏ 字注玉之音，⍏ 为一音字，读作 [io]。比较 1443⬡ 丽江一带写法。象形。

麽 725⬡ [tʂʌ⁵⁵] 水鸟名。画一鸟头上有二圆圈，此乃以鸟形示其意，又以 ⬡ 注其音，⬡ 乃音字之 [tʂʌ]，"以形字见意，又以音字注音，此例近日渐有出现，如⬡、⬡、⬡"

麽 734⬡ [ko³¹tsʌ³³rʌr³¹] 鸟名。高山上有之，其第一音即有高山草场之意在内。画一鸟形，以 ⬡ 字注其第一音，以 ⬡ 字注其第二音。此鲁甸一带常见之音字也。

从以上所举的例子来看，哥巴文借用到东巴文中构字时，均充当声符。这也是前面我们提到的字符精密记录语音的一种表现。每一个音节都要求得到记录，于是用了同音的哥巴字来注音。

（2）哥巴文的借字

哥巴文的借字有三个来源，分别是东巴文、汉字、藏文。

A．从东巴文借字

哥巴文借东巴文后，往往要改变原字符的形状，去其象形性特征，增强其符号性特征，以适应哥巴文表音文字的整体特征。

洛 482⬡ p'a² 标音符，实际上是借洛 482⬡ p'a² 脸。但此符号必须与其他符号连用。

这个意义是假借义，它本来的意义应是 p'ɛr¹ 解开绳结。

洛 527⬡ sso² 标音符。借洛 526⬡ sso² 高原上的沙沙声。一些东巴说此符号表示枯死的树根，一些东巴则说它是一个挂有重物的秤的图形。应该说，后者的可能性更大一些。

洛 93⬡ dsho² 哥巴文，洛 93⬡ dsho³ 一种鸟的名字；一种会潜水的鸟（拉丁名 Podiceps rufficollis poggei）；鸟头上的两个圆圈表示气泡。此名称主要用以标音。

李霖灿《么些标音文字字典》（以下简称李）[bæ³¹] ⬡ 刮粮食之小板，借东巴字 ⬡、⬡。方国瑜《纳西象形文字谱·纳西标音文字简谱》（以下简称方）[bæ³¹] ⬡ 可能也是借东巴字 ⬡、⬡，惟取像不同。因为二者的读音正与东巴文扫谷板读音相同。

B．从汉字借字

a．音义全借

音义全借是读音和意义均借自原字。如：

李 [sɯ⁵⁵] 三 三，借汉字"三"表示纳西语的三。

b．训读法借字

训读法借字简单说就是借汉字的形和义，不借汉字音，发纳西音。

李［se］**彐**完了。借表示"完了"义的汉字"了"；

李［tv］**千**千，借汉字"千"；

李［k'o］**父**父系一族，借汉字"父"。

李［pɯ］**白**白，借汉字"白"。

c．音读法借字

音读法借字即借汉字形、音，不借义。试举例如下：

李［ʂur］**宋**、**宋**、**宋**，⁵⁵满，一种野兽，崖牛；³³扑打，戳，用刺枝拉着刺枝。

李［ʂɯ³³］**牛**，疑是借阿拉伯数字"4"的汉语音。

方［po］**保**，借汉字"保"，纳西语义为"宝物"，李书所收字形有**保**、**保**。

方［dɑ］**太**，借汉字"太"，纳西语义"狐狸"。

方［ʂə］**上**，借汉字"上"，纳西语义为"沙、伤势"；方［ɕə］**下**，借汉字"下"，纳西语义为"休息、鸡"。

C．借用藏文字母

哥巴文还借用了少量藏文字母，如：

［kæ³¹］**而**，借自藏文　，拉丁转写为［ka］。

这里要说明的是：字符的借用不能混同于文字系统的借用。以前很多人利用借字考察文字产生时代经常犯这样的错误。

李霖灿："由象形文字之本身上看，这种文字与汉文全没联系，却与藏文关系不浅"，有几个藏文"很早就混入形字之中"，有两个极重要之神祇"都是由藏文变来。这两位大神极其重要，即在散漫记音之形字经典中，亦绝对不可以省略的，故此二字必与形字经典同居于一时代中，若此原则可以成立，由藏文之年代，可以假定说么些形字经典之时代不能早过唐。由于以上之论证，我们暂时只敢说么些形字之年代，最早不能过唐，最晚亦在明成化之前。"[①]李先生用藏文年代来推断东巴文产生的年代是独辟蹊径之举，但是文字字符的借用可能不是在文字产生之初就全部完成了，而可能是在文字的使用过程中不断借用，所以最多只能说这几个借用字符的产生下限年代，而不能据此判断整个文字系统产生的年代。

2．文字结构与规则的借用

----

① 李霖灿：《么些象形文字字典·引言》，国立中央博物院 1944 年版，第 11 页。

如果文字字符的借用数量很大，它们的结构与规则也可能渗透到借入的文字系统而出现文字结构与规则的借用。

文字结构与规则的借用，是文字渗透中的一种重要现象。一般来说，民族之间的关系越密切，这一类的借用现象也就会越常见。

如水文中"针"［sum¹］写作 $\unicode{x9FFF}$，是仿汉字"品"字形结构，借汉字"金"为声符。

如东巴文除了借藏文字符之外，还有一种借藏语读音的现象，即将东巴字符读成藏语读音。这一方面是语言层面的借用反映到文字上，二是藏文字符读藏语读音对东巴文读音产生了影响。如：

麼 865 $\unicode{x9FFF}$ ［so⁵⁵］全皮，画一皮子之形，中有一 $\unicode{x9FFF}$ 字，么些人之"三"，在此读作藏语音，以注全皮之音。

麼 1265 $\unicode{x9FFF}$ 象其木碟盛物之形。后来加声符成 1266 $\unicode{x9FFF}$ 以 $\unicode{x9FFF}$（七）注音，在此读藏语音。

麼 700 $\unicode{x9FFF}$ ［çʌ³¹］休息、空闲。画一鸡 $\unicode{x9FFF}$ 而于中间加一"下"字，此盖为一音字，以之注明此鸡不读［æ³¹］，读与"下"字相近之［çʌ³¹］。此字之字源甚奇特，用么些之形，藏语之音，及汉人之字组合而成。$\unicode{x9FFF}$ 乃么些象形文之鸡也，然欲读藏语之［çaʌ］音，苦无明示，遂取汉文之"下"加于鸡身之中，标其读法，因汉文之"下"字读音与藏语之"鸡"相近也。么些人用之以作"占卜"及"空闲"用。此则由于么些词汇中，此音极需要，在本身无可象形，又无同音字可假借，不得不出此曲折迂回之途。

哥巴文的缀饰也是文字结构上的一种借用。

哥巴文经常在字符上加一些缀加符号，李霖灿和方国瑜均认为这些符号是装饰符号，李霖灿："音字在本身形体之外，还另外有一种附加的装饰符号，东巴们叫它做［gʌ³¹ba³¹ku³³tur⁵⁵tur³³］。它可以大致区分为两类：一类是在音字的左右上角加一些 '$\unicode{x9FFF}$、$\unicode{x9FFF}$、$\unicode{x9FFF}$、$\unicode{x9FFF}$' 的符号，这像是受了汉文的影响。另一类是在音字的上下方加一些 '$\unicode{x9FFF}$、$\unicode{x9FFF}$、$\unicode{x9FFF}$、$\unicode{x9FFF}$、$\unicode{x9FFF}$、$\unicode{x9FFF}$' 的符号，这是受了藏文的影响。这一些符号虽然花样繁多，是可以随意的任加在那一个音字上（除了极少数的例外），但是它实在是一无用处的。"[1]方国瑜："纳西标音文字，有少部份在使用时，字加文饰，附加符号，并不取义，只作修饰之用。"[2]

---

① 李霖灿：《么些标音文字字典·序言》，国立中央博物院 1945 年版。
② 方国瑜编纂，和志武参订：《纳西象形文字谱·绪论》，云南人民出版社 1995 年版，第 78 页。

　　为什么"一无用处"，于音义无关，却往往要加这些缀饰呢？其原因李霖灿认为"大约东巴们初由形字变音字，便觉得音字的面貌好像是太朴素了一点，因此正如他们所说的：'这是为音字增加一点"花草"'。"[1]除此之外，它应该具有一种标示作用，即造成一种整体符号体态的表音化。方国瑜指出"从笔划简单的象形字，加文饰符号，以示标音文字。"[2]即加上这些符号，让人明白这是哥巴文，而不是原来的东巴字符。

　　甚至这种缀饰还有区别读音的作用，我们看下边这个例子。

　　麼 673 [字形] [$m\varepsilon^{33}$] 雌性。云象女性性器之形，近日经典中亦常见写作[字形]，多读为[$m\varepsilon^{55}$]，此实形字与音字之合体字，上面之[字形]乃音字之一种符号，且疑其来自藏文中也，么些人常用以变形字之音读。

　　给[字形]加上哥巴文的标志符号[字形]，可以变原来形字之音读。说明这种缀饰不仅仅是毫无作用的花草，而是一种区别性标志。

　　这些标示符号，计有：

　　1. 加圈 [字形]

　　这个圈既可以加在下边，也可以加在上边，或者左边，或者右边，全根据当时字形的排列和美观而定。

　　　　方［mi］[字形]、[字形]，借东巴字[字形]之形，下加圈。
　　　　方［fv］[字形]、[字形]；李［mo^{31}］[字形]、[字形]、[字形]。
　　　　方［kv］[字形]、[字形]

　　加圈的习惯也导致一些字的点改成圈。如方［zo］[字形]，洛克书中还有一个异体［zo］[字形]。方［ti］[字形]－[字形]、方［dzη］[字形]－[字形]、李［k'o］[字形]－[字形]。

　　2. 加[字形]

　　　　李［mo^{31}］[字形]、[字形]

　　3. 加[字形]或[字形]

　　　　方［k'u］[字形]－[字形]、[字形]；方［ηi］[字形]日－[字形]；方［ts'ər］[字形]－[字形]；李［sər］[字形]－[字形]，反转后加[字形]。

　　4. 加[字形]

　　　　李［tse］[字形]－[字形]、方［tʂη］[字形]－[字形]

　　5. 加[字形]

　　　　方［t'o］[字形]－[字形]、方［ʂu］[字形]－[字形]

　　加[字形]的习惯导致一些字将横改成[字形]，如［tʂη］[字形]－[字形]，后字是前字

---

　　① 李霖灿：《么些标音文字字典·序言》，国立中央博物院 1945 年版。
　　② 方国瑜编纂，和志武参订：《纳西象形文字谱·绪论》，云南人民出版社 1995 版，第 78 页。

的变体。

系统性地给哥巴文加缀饰符号，使哥巴文的字符体态趋于统一，使哥巴文整个文字系统在符号体态上显得更和谐。但此举的作用也带来负作用，因为有些缀饰可能和文字发生粘连，逐渐融合到字符中，从而破坏文字的理据性，如［ts'e］ 𫟼、𫟼、𫟼、𫟼。

（二）文字兼用

文字兼用是一个民族或支系兼用两种及以上文字。如汉文和东巴文的兼用、汉文和水文的兼用。

1. 汉文和东巴文的兼用

纳西族的少数东巴，学过汉语汉字，不仅会东巴文，而且会汉字。如李国文《人神之媒——东巴祭司面面观》中记录了不少东巴学过汉文：[①]

　　和珍东巴。幼时，在本村学过五年汉文，因其父是大东巴，又开办过东巴训练班，故十一二岁便边学汉文，边学习东巴经。

　　和廷栋东巴。幼年在士达村小学读书，高小毕业。还曾当过三年金江车竹乡会计。

　　和静东巴。在本村读过初小。

　　和开珍东巴。七八岁时，在车竹村完小读书，白天读书，晚上跟父亲学东巴经。

　　和正才东巴。小时在本村读过几年汉文，因为与和世俊大东巴家有亲戚关系，白天到学校学习汉文，夜晚或其他空闲时间就与和世俊东巴学习东巴经。

　　和文质东巴。他小时在本村国民小学学过几年汉文。后当过新主村小学的管理员和鲁甸乡的伪乡长。

　　和占春东巴。稍习汉文。

　　杨国忠东巴。小时在新主村小学读过汉文，并于巨甸有关学校毕业，继后当过新主村小学的汉文老师。

　　阿普晓那东巴。稍习汉文，平日村中遇有红白事，能用汉字书写对联，同时用汉字帮人家记人情账。

　　和志兴东巴。12 岁在新主国民小学学过汉文。

　　和开祥东巴。12 岁时，在新主中村国民小学读书。白天进小学学

---

① 李国文：《人神之媒——东巴祭司面面观》，云南人民出版社 1993 年版，第 119－235 页。喻遂生先生曾经统计过此书所记载的学习过汉文的东巴，计有 16 人。（详见喻遂生：《关于哥巴文字源考证的几点看法——读〈纳西族哥巴文字源流考〉》，载《中国文字研究》（第六辑），广西教育出版社 2005 年版。）

习学习汉文，放学后就跟和正才学习东巴文。

　　杨继先东巴。甸北村人，小时学过汉文。

　　和云彩东巴。14 岁那年，先生入新主小学读汉文，直到 19 岁。

　　和积贵东巴。12 岁时，他进鸣音国民小学读书，读了五年，算是小学毕业。之后，又赴附设初中班就读两年。初中毕业，考上丽江省立中学，但因当时家境贫寒，未能赴读。在学习汉文这段时间中，白天到学校读书，晚上仍与外公学习东巴经典。

　　和协中东巴。曾进过汉文小学读书，以后曾在曼登村当过三年民办老师。

　　和自强东巴。先生稍习汉文，还收藏有汉文历书，并能翻阅之。

　　王绍文东巴。他 9 岁时学过汉文。

　　纽布巴东巴。生前稍懂汉文。

　　和四伟东巴。稍懂汉文。

　　和绍文东巴。曾学过汉文。

　　和学志东巴。自幼研习东巴象形文字和东巴经典，也稍习汉字。

　　杨洪发东巴。稍懂汉文。

　　杨扎史东巴。扎史小时学过汉文，读到初中。

　　和灿文东巴。维西县永春乡陇士村人。小时在丽江鲁甸读过三年汉文，会写一手毛笔字。

　　杨国珍东巴。小时读过汉文。

　　和志为东巴。小时学过汉文，高小毕业。

这些东巴中，汉文水平最高的是初中，初小毕业的不乏其人，甚至杨国忠东巴小时读过汉文，后来还当过小学的汉文老师。和协中东巴也曾做过民办教师。说明他们的掌握汉字的水平应该不低，完全达到了文字兼用的状态。

　　2. 水文和汉文的兼用

　　不少水书先生是懂汉文的。笔者 2007 年 1 月 27 日访问了独山县著名水书先生韦光荣，韦先生说："他当时是既学四书五经，又学反书，一般是白天学正书，晚上学反书。有时候就一直学习反书。如果不学正书，只学反书，学得很慢，并且记不下那么多内容。"

　　韦先生所言正书指汉文，反书指水文。水书先生当时读四书五经，说明汉文水平亦不低。

　　3. 东巴文和哥巴文互相借字的现象

　　不断有东巴字被改造成哥巴字，而哥巴字也不时地被借用到东巴文中。

二者往往融合在一起，对于东巴书写经书而言，二者的区别有时是意识不到的。这种现象既可以说是两种文字的融合，也可以说是两种文字的兼用。

如我们前边所举的例子，东巴书写象形文经书时，常常采用哥巴文字符。如：

麼 1616 上 [ʂʌ⁵⁵] 说也。此音字之一，然常见于经典中。

不仅哥巴文被借用到书写东巴经书中，有的还运用到东巴文的造字中，如前边所举多例。我们在此再举一例，如：

麼 156 [sɛ³³piᶾ¹zʌr³¹ŋv³³rv³³]，文笔山，麼 155 [zʌr³¹ŋv³³rv³³] 文笔山，也可读 [sɛ³³pi³¹zʌr³¹ŋv³³rv³³]，ƺ 是哥巴字，注 sɛ，〜 胶注第二音 pi³¹。

甚至东巴还将借用到东巴文中的哥巴字加上象形符号，改造成东巴字，如：

麼 1617 [ʂʌ⁵⁵] 说。以口中出气象形，以 上 字注音合成 之写法。此字见于鲁甸。

麼 1616 上 [ʂʌ⁵⁵] 是"说"的意思，后来再加上说 的形状，遂成为 。并且还以此为音符，构成了新字，如麼 1012 [ʂʌda³¹] 青刺。画青刺之形，以 注其音。

东巴还将哥巴文借自藏文的缀饰符号加在东巴文字符上，以变其音读，如：

麼 673 [mɛ³³] 雌性。云象女性性器之形，近日经典中亦常见写作 ，多读为 [mɛ⁵⁵]，此实形字与音字之合体字，上面之 丫 乃音字之一种符号，且疑其来自藏文中也，么些人常用以变形字之音读。

李国文《人神之媒——东巴祭司面面观》中记载有过去东巴还专门学习哥巴文：[①]

和长命东巴。丽江鸣音村人。1979 年去世，终年 70 多岁。12 岁开始学习东巴经，以后，又曾与丽江地一个叫做和凤书的东巴学过"格巴文"。无论象形文和格巴文都写得非常好。

由此可见，一个民族中的两种文字，由于互相借用的关系，可能出现此中有彼、彼中有此的现象。

（三）文字转用

文字转用是随着不同民族的接触或融合而产生的一种文字现象，指某民族或民族支系放弃一种文字而转用其他文字。

---

① 李国文：《人神之媒——东巴祭司面面观》，云南人民出版社 1993 年版，第 163 页。

文字转用的原因是多方面的，既有民族经济文化发展不平衡的原因，也有民族分布的原因，还有宗教消长的原因。

各民族在经济政治文化等方面不平衡，有先进与落后、发达与不发达之分。当分布接近的民族的关系日益密切而逐步发生融合的时候，生产力发展水平比较低、文化比较落后的民族，学习生产力发展水平比较高、文化比较发达的民族的经济，政治和文化，显然有利于自己的发展。

还有一个原因是民族聚居区的民族构成情况，生活在同一地区，形成杂居的各族人民，谁的人口多，占主导地位，谁的文字就有可能被其他民族借用。反之，则可能借其他民族的文字。

还有一个原因是宗教消长的原因，如过去有些民族信仰基督教，转而学习传教士创制的文字。

我们举两个文字西南少数民族原始文字转用的例子。

一是盐井地方的纳西族，已经融合到当地的藏族中。

西藏昌区地区芒康县盐井纳西乡生活着千余纳西族，主要居住在该乡的下盐井地区，芒康过去是藏族控制的地方，而居住在此的纳西族是明清时期随木氏土司对外扩张而到此的。丽江木土司强盛时期，大量丽江纳西士兵被派遣到藏东地区。盐井的多数居民便是戍卒的后裔。改土归流以后，木土司势力由盛转衰，至民国时期，对西藏盐井等边远区域的控制名存实亡。他们回丽江的机会不再有了便留居当地。

因为当地周边几乎全是藏族，来到此地的纳西族已经与当地藏族人融合。他们和云南丽江一带的纳西族已有很大不同，他们住的是藏式碉房，吃的是酥油茶和糌粑，穿的是藏族服装，说的也是带纳西口音的藏话，宗教信仰上也是藏传佛教，和附近藏族少有区别。目前仅存的只是一些纳西口语和"纳帕"杀猪祭祖等传统节日。

但据当地老人们的回忆，解放前的盐井纳西族仍有东巴，主持祭天仪式以及宗教活动。现在这些东巴已经逝去。他们过去所使用的东巴文仍在遥远的丽江等同胞中使用，他们已经融入到藏族文化中，使用藏文藏语了。

二是阮可人也已经逐渐融合到当地的纳喜支系中。

和志武 1962 年、1989 年两次的调查。[①]

> 据中甸县三坝区东坝乡郭堆自然村阮可东巴那布若说，郭堆村有 32 户阮可人，全姓"瓦"，迁到子堆村已有十三代，说是从"巴堆·可洛堆"（西番地·可洛地）搬迁而来，……阮可人住的周围都是纳西的

---

① 和志武主编：《中国原始宗教资料丛编·纳西族卷》，上海人民出版社 1993 年版，第 99－100 页。

地方，平时说纳西话，穿纳西一样的衣服，有事请纳西东巴到家里做法事，有病请纳西东巴占卜驱鬼，唯有阮可老人死时，除了请东巴做一般开丧超荐仪式外，还要请阮可东巴专门念《阮可超荐经》，做阮可超荐仪式。

　　文字转用的过程大体上是先出现双重文字现象，最后导致一种文字排挤、替代另一种文字而完成文字的统一。这是一个漫长的过程。双语现象被融合民族的成员一般会讲两种文字：本民族语和在融合中占优势的那种文字。双语现象的出现是融合过程中重要的，富有特征性的现象，是两种或几种文字统一为一种文字的必经的过渡阶段。在双语现象阶段，必然会产生文字间的相互影响，即使是被替代的文字，也会在胜利者的文字中留下自己的痕迹。总之，在文字的融合的漫长过程中，双语现象时期文字之间的相互影响会对文字的发展产生积极的影响，甚至在文字中也可以找到这种痕迹。随着一种文字的消亡，这种痕迹就成为两种文字融合的历史见证。

说明阮可人除了在葬礼中，还必须请阮可东巴念《阮可超荐经》，其他需要请东巴的时候都可以请纳西的东巴。已经出现了文字转用的苗头。

　　（四）混合文字

　　混合文字是混合一种以上文字符号，带有多种文字特征的文字，其性质有点类似于语言中的"洋泾浜语"。水文就是此类自源与借源相结合而成的文字系统。王元鹿先生称之为"拼盘文字"。

　　水文这种混合文字系统，是水族人民用来记录其宗教经典"水书"的一种民族古文字。它既含有来源于本民族的自源字，又含有借用于汉字的借源字。根据前人的统计，水文总数约为 780 字左右（含异体），汉语借字为 480 字左右（含异体）。从数量上看，汉语借字是水文系统的主体。

　　水文的自源字是来自于本民族的表意文字，借用汉字"六书"理论考察水文自源字，可以分为象形字、指事字、会意字、假借字和极少量的形声字。

　　水文自源字是较原始的文字，从文字发展史来看，属于早期文字。就水文自源字的符号体态、结构特征及记录语言的手段而言，水文具有早期文字的特征。从文字符号体态看，水文自源字中的象形字较为繁复，脱胎于原始图画的痕迹非常明显，如 🐉（龙）、🐟（鱼）等表示动物的象形字，几乎是对实体的完全写实描绘。这是水族人原始思维抽象能力不足在文字上的表现。在记录语言的手段上，水文以记意写词法为主。水文自源字中的象形字约占自源字的 63％，指事字约占 28％，其余的为会意字、少量的假借字及几个形声字，90％以上的文字以记意方式写词。在文字结构上，自源字的指事字没有形成一批象形加符号的指事字，以纯符号指事字为主；会意字较少使用图像组合式会意，较多使用单体象形字会形外之意。此外，水文自源字中还有少数几个字以方位表义和别义，如 ⚘（人）和 ⚘（死人），⚘（进）和 ⚘（退），以方位差别别义。由此可看出水文自源字是来自于本民族的原始文字，属于早期文字。

水文借源字分为四种情况：借用汉字字形记同音或同义字；改造汉字字形记同音或同义字；借用汉字造字方法制造新字；借汉字笔画造出新字。

水文借源字在对汉字形体的借用中，改造的多，直接搬用的少。水文借源字中约有 24 个字是直接搬用汉字形体的，约占水文借源字总数 6.4％，可见借源字以改造汉字字形及借用汉字结构造出新字为主。借源字在借字之初极有可能是对汉字字形的直接搬用兼有改造汉字字形，当借源字发展到一定程度，开始模仿汉字形体的造字方法造出新字。

水文的初造字我们前边已经讲过，初造字都是自源字。而在新造字中，既有自源字，也有借源字。我们下边详细分析水文的新造字。

1. 参照基字字形

（1）参照他族字形，音义全借

甲 Ψ；乙 乙；丙 ゐ；丁 丁；己 己；壬 壬；子 孑；丑 丑；卯 卯、⟨⟩Ɗ、⟨⟩Ɗ、巳 己；午 千；未 未、朱、表；申 申、电、电；门 阝、阝；爻 爻；戊 丙、丙、廾；庚 庚、庚；辛 文、又；癸 癸、癸、癸、癸；寅 岛、岛；辰 展、表、表；酉 丙、酉；戌 戊、无、丕、无；亥 亥、亭、亭、茶；冬 参、参；吉 吿、专、专、专、亭

（2）参照他族字形，借义

参照汉字的字形，并以汉字所表的词义表达水语词的词义，读水语的音。以前有人把这种方式叫训读。

日 亏；天 开、开、齐 [bəɣ]；犬——戈、戊 [ma⁵⁵]

参照汉字的字形，读水语的音，表水语的词义，此词义可能与汉字所表词义有某种间接联系，类似于东巴文中的转义字。

绿 羽 [ɕuɣ]，借汉字"羽"表示。

针 鑫 [sumɣ]，借汉字"鑫"字形。

至于有一些其他学者称做只借形者，从造字理据性而言，一般不会造这种无理据字。有些借字可能只是借字变形后与另一字字形相近而已，不能看做此类转义字。如：

辛 羊 [ɕinɣ] 此字可能是借汉字"辛"，而变化后与汉字"羊"字形相近。

（3）参照他族字形，借音

参照汉字的字形，并且读汉字的读音，表示另外一个与之同音的词的词义，这类字可以看做假借。

东 [tu⁵⁵]，借冬的形音。

南 [naːn³³]，参照汉字"男"草体字形。

禄 [ljok˦]，参照汉字"六"字形。

婿 [hau˨]，参照汉字"戌"字形。

家、價 [ɣaːn³¹]，参照汉字"价"的简繁体字形。

杀 [saː⁵⁵]，参照汉字"煞"字形。

参照基字形音而构成新字，是一种不增字形的造字。所参照的基字既可能是汉字借字，也可能是本民族自造字，亦可能是汉水合璧字。我们将参照他族字形借音放在前边讨论，只是为了使参照他族字形中的叙述完整。

2. 变化基字

（1）改变方位

A. 上下倒置

自造字

a 马；猪；鹧、；鸡；草；桌、；扫帚、、耙；镰；祭

b 上——下；前进——后退；颠倒、；死；死婴、、鬼、、；买房——卖房

借字

a 甲；乙；戌、；午、；

b 买林——卖林

不管是自造字还是借字，都有两种情况：a 组将基字倒置，不区别意义，只产生不同的异体而已。b 组则倒置基字形成与原义意义相反的字。

B. 左右反置

a 丙；丁；己、、、①；庚；子、；丑、；辰、、；巳；午；未——；申

b 左——右

C. 倾斜

复苏——逝

D. 横置

自造字：猴。

借字：九；辛、；子；爻

E. 笔画方位变化

壬；寅、；巳、、、——；门、

---

① 此字形特殊，也可以理解为上下反置。

260

（2）原字加不成字部件（加点、加线、加圈）

A．加点

加点指别：孙 ⊔⟍ ——子⟨⟍⟩

加点喻多：仓 ⊔ ；旺人丁 ⫶⫶⫶

B．加边框

塘 ⧉ ，水外边加上边框。

囚 ⊞ ，里边人形倒置。

（3）原字减损笔画

当田 ⊠ ——田 ⊠

（4）颜色别义

A．红黑色表示不同意义

买，卖 ⊞ ，红字是买，黑字是卖。禾穗 ⫶ ，红点好，黑点不好。

B．涂黑

瞎眼 ●● ——眼 ○○

3．参照数字合成

重丧 ⊓⊓ ，由两棺材 ⊓ 合成

阴 ⟨⟨ ，由两月亮合成；井 ⫶⫶ ，由水与井形合成；河 ⫶⫶⫶ 由水与川合成（疑）；

屋 ⫶ 、 ⫶

祖 ⊼⊼ 、 ⊼

我们试分析一下水文新造字的特点。

1．水文新造字参照的基字不完全是本民族自造字，这也决定了水文系统是一个杂糅而成的文字系统。

即使是形音义全借的字，当他处于水文系统中时，不能说它是汉字，而是水文符号了，只是它的来源是汉字而已。并且即使是借自汉字的字，也作了一些图像化处理，使之从符号体态上看起来与本民族自造字协调。如：卯 ⟩⟩ 、 ⊙⟩ 、 ⟨⟩ 。有的还作了很大变形，如天 ⊼ 、 ⊼ 、 ⊼ 。

有些新造字参照的基字不止一个，并且可能一个是来源于汉字的字形，一个是本民族自造字。这也说明他们在这种参照造字时，已经把借用的汉字放在和本民族自造字同样的地位。也就是说他们已经把这种借字看成本民族文字的一部分，可以再次参与构字。

2．水文大量的无别义作用的反书、倒书、侧书、随意增损笔画。这就造成了整个文字系统字形体系的混杂。

一般认为其得名为"反书"的原因是借用汉字反过来或倒过去而成的，从文章的分析来看，很多本民族自造字也反过来写或横置，说明不仅仅是汉字的反书。

有反书的一般也有正书，说明反书可能是后来有意为之或故意强化。

3．水文还残留以色表义、以色别义和方位表义、方位别义的现象

　　水文中的以色表义，与东巴文相比，除了黑色以外，还多出一种红色，但与尔苏沙巴文相比，颜色种类又要少。

　　方位表义、别义，有些字的组合方式模拟现实生活的方位和位置。如塘⟨图⟩，上下的线将水包起来，中间的水形和上下的线位置不能互易。又如孙⟨图⟩是相对于子⟨图⟩的，那一点只能加在下边而不能加在上边。

　　水文的方位表义和别义淹灭于大量不区别意义的"反书"中。

　　4．水文新造字中，虽有参照两字合成的种类，但仅限于会意合成，没有采用形声合成的方式。即使某些形音方式也主要限于借于汉字的整字和记录可能来自汉族文化的天干、地支、二十八宿等字。

　　三、小结

　　我国西南地区各民族分布处于大杂居、小聚居状态。居住状况以及历史上民族形成过程中的融合与分化，都对语言文字使用有直接影响。文字的传播与接触是随着民族的交流与融合产生的文字现象。

　　文字传播与接触有四种形式：一是文字渗透；二是文字兼用；三是文字转用；四是产生混合文字。

第四节 新文字的产生

一种文字在发展过程中，可能促使另一种新文字的产生。新文字的产生与文字支系的产生不太一样。文字支系是指文字性质相同或接近，新文字是与原来的文字性质迥然不同。纳西族就曾经产生过标音文字哥巴文。

哥巴文是纳西族使用的一种音节文字，主要用于书写宗教经书。李霖灿先生曾在丽江、巨甸、鲁甸等地搜集到五本哥巴经书，其中一本就是东巴文和哥巴文对照本。[①]和志武先生曾在丽江、维西收集到哥巴文经书十多本，据他了解丽江县文化馆收藏有哥巴文经书二百多本。[②]

一、哥巴文产生的原因及准备

东巴文向表音化方向发展及所遇到的矛盾是哥巴文产生的原因。而东巴文的字符及发展过程中出现的借音构字规则和一字一音节记录语言的趋势为哥巴文的产生提供了准备。

（一）东巴文的发展及发展中出现的矛盾

前边我们已经讨论到，东巴文在发展过程中，已经出现了一字一词的完备式记录，甚至还进一步往前发展，出现一字一音节的记录方式。同时还大量出现完全标音的形声字、假借字、标记多音节词的标音字。但东巴文在发展中存在一个矛盾，即表音化的发展与东巴文象形表意性质间的矛盾，并且文字越发展，这个矛盾就越突出。如本章第二节我们谈到的字与词的矛盾，即一个多音节词往往要用两个或多个东巴文表达。东巴文字符原有的表义特征在这种情况下与标音相冲突。

同时，在向表音发展的过程中，出现大量同音字的问题，因为东巴文字符数量大，同音词多，在表音时可选择性大。于是出现表同一个音节大家各自为政采用不同的东巴文字符现象。

正如李霖灿先生提出的疑问，东巴文为什么不继续向表音化方向发展呢？

> 还有一个更令人思考的问题，就是既有形字在前，而且形字中有一些早已迷失字源（如天地神名）与音字性质完全相同，么些人何必舍近求远另起炉灶再造一种音字，改变或简化形字不就成了么？放着

---

① 李霖灿：《么些标音文字字典·序言》，国立中央博物院 1945 年版。

② 方国瑜编纂，和志武参订：《纳西象形文字谱·绪论》，云南人民出版社 1995 年版，第 54 页。

这一条近便顺理的路不走，却绕远迂回地去重创一种新的文字又为的是什么呢？[①]

我们可以从东巴选用哥巴文字符作形声字的声符似乎可以发现这个问题的答案，形声字的声符有众多的同音东巴文字符可以选用，与其各自选用不同的东巴文，不如选择统一的哥巴文作为声符。事实上，东巴们正有这种趋势，有不少形声字的声符采用的是哥巴文，如：

麼 725 ⬣ [tʂʌ⁵⁵] 水鸟名。画一鸟头上有二圆圈，此乃以鸟形示其意，又以 ⬣ 注其音，⬣ 乃音字之 [tʂʌ]。

李霖灿在后面批了一句"以形字见意，又以音字注音，此例近日渐有出现，如 ⬣、益、❀"，形声字的声符东巴采用哥巴文，是较为英明的选择，于是此例近日渐有出现。

同理，如果采取一音节一符号的记录语言的方式，哥巴文可选用的符号数量少，比起符号众多的东巴文有优势。同时哥巴文没有表意的纠葛，只起标音的作用，不会造成误解。

总之，东巴文向表音方向的发展与东巴文象形表意性质间的矛盾为纯音节文字的出现提供了推动力，而东巴文存在继续发展成表音文字的阻力巨大。转而寻求另一种表音文字。

东巴文和哥巴文的关系不是生理学上鸡和蛋的突变关系，即不是一只意音文字的鸡，忽然生下一个音节文字的蛋来。二者的关系，却是蚕与蛾的关系——在本质上，在制度上是一种抽丝剥茧的蜕变关系。但在字符借用、表达规则上，是不可以一刀两断的（构字规则发生了根本转变）。

无独有偶，世界上其他意音文字的发展道路也与此相似，古老的自源型文字并没有发展到纯粹表音阶段，苏美尔文字和圣书字直至因外族入侵而灭亡也都还是兼用表意和表音两种方式，汉字沿用到今天也一直没有拼音化。

（二）哥巴文文字系统产生的准备

哥巴文文字系统正式形成之前，存在一个准备期，即字符的准备、组合表达规则的准备以及在使用中有所发展。

1. 哥巴文从东巴文中借用字符

哥巴文的字符来源的基础是东巴文及少量汉字、藏文。

哥巴文的字符主要从东巴字发展而来，经过符号化、抽象化而逐渐形成。当然由于受周边民族，如汉族、藏族的影响，也借用了一些汉字字符

---

① 李霖灿：《论么些族"音字"之发生与汉文之关系》，载《么些研究论文集》，台湾故宫博物院 1984 年版，第 52 页。

和藏文字符。但不可否认的是是以东巴字为主要基础的。如李 [tɯ] 兀，
当读 ^{33} 调时表示"起立"，这是由东巴文麼 242 [tɯ^{33}] 简化而来，东巴
文表示"起立，站起"，象人曲腿欲起之形，它在经书中往往可假借作"地
位"讲，也可以假借作泡茶之"泡"。字形也逐渐简化，双腿简化成了单腿，
再简化圆头略去成兀，后来又不断变形，出现了这些字符，
甚至倒置成，凡是读 [tɯ] 的意义都可以用这些字符，不仅限于表示本
义的"起立"以及较早的假借义。

东巴字是不断地被哥巴文吸纳的，正如李霖灿所见："至于现在，他们
遇到音字没有办法写时，就直接用形字来顶替，这种例子曾经给我们见到
了不少。"[1]所谓"没有音字"，就是当时还没有表达这个音节的哥巴字，直
接用东巴字代替，代替成了习惯，如果对这个东巴字略加改造，于是就被
吸纳进了哥巴文体系。

2．哥巴文从发展了的东巴文借用表达规则

随着东巴文假借使用的不断扩大，东巴们已经习惯了同音字的运用。
而一些东巴字则被经常用来表达一些音节，再加上东巴有意识的对表音的
东巴字进行改造，如采用简化形体、改换方位、加上缀饰等手段。原来的
东巴字就逐渐变成了标音符号，甚至有些已经变得看不出与来原来东巴字
的联系了。

另外，东巴在书写占卜经或题跋或一些应用性文献时，有意识地运用
一形一音节的方式，这样，大量的运用假借手法，填充原来东巴文写经的
空白。这说明当时有这种严密记词的需要。

同时，哥巴文一字一音节可能还受了藏文和汉字的影响。

3．哥巴文已经在使用中发展

哥巴文在正式形成文字系统前，其字符已经有所发展，当时主要用于
东巴文经书的补充。其作用有二：一是将哥巴字写在东巴文的旁边，二是
将哥巴文注在东巴文旁边标音。我们分析这两种情况。

（1）将哥巴字写在东巴文的旁边，补充东巴文字句间没有写出的部分，
使表达的词密度加大。

李霖灿说：

> 现在要找音字在丽江坝子中只有在形字经典上去找，形字经典的
> 行列不整齐，空隙的地方很多，时常就在这些地方写上了几个音
> 字，……有的像是补充说明，在一个形字的旁边一连加上三五个音字，
> 这是对形字经典字句间的补充部分，使字句间的密度加大。——这可

---

[1] 李霖灿：《么些标音文字字典·序言》，国立中央博物院 1945 年版。

以说是音字发生的第二阶段，字数逐渐增多，也不全抄汉文，只是仍没有脱离形字的附庸，给形字填空帮忙，在丽江坝中看到多是这一种。[①]

（2）用哥巴文在东巴文旁边注音。

在写东巴文经典时，有时用哥巴文在东巴文旁边注音。如前人所指出的那样，将哥巴文字符写在一些难懂的表示纳西神灵的符号的上面或旁边，就像日本的假名写在中文符旁边用来帮助释读一样。

洛克说：

> 在某些经书中，其写成的时期可以追溯到明朝初期，我就发现一些哥巴字符写在了一些难懂的表示纳西神灵的符号的上边或旁边，就像日本的假名写在中文符旁边用来帮助释读一样。

> 只有少数纳西经书是用哥巴标音字写成的，但有时在一些经书中我们会发现，虽然每个东巴都知道那些象形字符的含义，但为了使其复合音不被丢失，会把哥巴字写在象形字的下面。[②]

（3）用于题签或书写文句

过去东巴用哥巴文写经书封面的题签。如：

（《么些研究论文集》P160）

据李霖灿先生考证，这册经典有准确的纪年信息，是道光二十年（1840）的版本。此书封面有八个字符，其中有五个音字三个形字。另外在第一页的神像下，四音节中有三个音字。李霖灿说："音字在这时期之彰，原是单独作战，只一个字一个字零星派用在形字经典中。现在有点想化零为整，组织成自己的小小的队伍。但草创时期，力不从心，想题一个书签或标一

---

① 李霖灿：《么些族文字的发生和演变》，载《么些研究论文集》，台湾故宫博物院1984年版，第78页。

② ［美］J. F. 洛克著，和匠宇译：《纳西语英语汉语语汇·引言》，云南教育出版社2004年版，第25页。

个神名都捉襟见肘，还得借重形字的帮忙。"①

在李霖灿先生整理的美国国会图书馆所藏经典中，纪年为咸丰同治年间的经书中已经见到"音字本身已能缀写成完整的文句"。②

《纳西东巴古籍译注全集》卷 38《退送是非灾祸·驱鬼经卷首》最后一页的跋语是用哥巴文写的。③

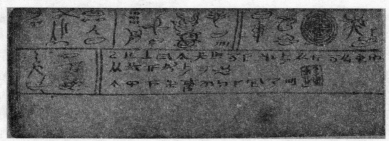

跋语意思为：此书乃鲁甸盘坞地方，许腾若山脚下的祭司东杨写的，愿人们长寿富足，此书是我三十岁那年写的。

另外过去哥巴文还用来书写咒语。以前有学者已经注意并指出这一现象。

如洛克曾指出："哥巴文现在只是用来书写陀罗尼（或巫术套语）。"④"这种音节或标音符，只用于抄写咒语或魔语，纳西东巴称它为哥巴。"⑤他在其编纂的 *A Na-Khi English Encyclopedic Dictionary* 中曾收录"哥巴"一字。

洛 151：纳西巫师的标音符号都这样称呼。据说它们是由东巴什罗的门徒所发明，大多用以译写 hoa³-lǜ² 或 Dhāranī，也用于神名。

孟彻理亦指出："纳西标音文字主要用于两个方面——占卜经书和记录佛教的'陀罗尼'。"⑥"陀罗尼"是佛教或印度教中所使用的据说有灵异效验的套语。

① 李霖灿：《美国国会图书馆所藏的么些经典》，载《么些研究论文集》，台湾故宫博物院 1984 年版，第 152 页。

② 李霖灿：《美国国会图书馆所藏的么些经典》，载《么些研究论文集》，台湾故宫博物院 1984 年版，第 152 页。

③ 东巴文化研究所编译：《纳西东巴古籍译注全集》（第 38 卷），云南人民出版社 2000 年版，第 293 页。

④ [美]J.F.洛克著，杨福泉译：《论纳西人的"那伽"崇拜仪式——兼谈纳西宗教的历史背景和文字》，载《国际东巴文化研究集粹》，云南人民出版社 1993 年版，第 72 页。

⑤ [美]J.F.洛克著，和匠宇译：《纳西语英语汉语语汇·引言》，云南教育出版社 2004 年版。

⑥ [美]孟彻理著，杨福泉译：《纳西宗教综论》，载《国际东巴文化研究集粹》，云南人民出版社 1993 年版，第 96 页。

二、哥巴文文字系统的正式形成及相对成熟

（一）哥巴文文字系统的正式形成

我们认为哥巴文文字系统正式形成的标志是出现完全采用哥巴文书写的经典。

李霖灿先生曾经分析过哥巴文产生的过程，他说：

> 我们对么些音字的发生可以这样的推测：形字中借音的法则是一个走音字这条路线遥远的启迪，汉人文化的压力则是一个最大的原因。在明成化年间，音字尚没有出现的痕迹，降至明末清初，汉人文化压力增大，于乾隆年间的形字经典中我们已看到一个汉文的"上"字的渗入，很可能由此开辟了音字的道路。因为这个"上"字后来成为了音字中最常见的一个字。多巴们最好模仿争胜，当初说不定就是某一个多巴夸耀自己认识汉文，遂把"上"字移植么些经典中，别的多巴起而效尤，你用"上"，我用"下"，他用"犬"（犬也是音字），音字就这样诱导发生了。在初起时给形字注音，后来填空，由帮忙打杂字数逐渐增多，最后写成了经典，像是先帮人家做短工，继而又帮长工，积蓄渐多，遂脱离主人而独立门户。①

李先生所说的产生时间虽带有拟测成分，但其说的哥巴文产生的过程是没有疑问的。"初起时给形字注音，后来填空，由帮忙打杂字数逐渐增多，最后写成了经典。"

在近代，确实出现了一些用哥巴文写成的经典。如李霖灿《么些标音文字字典》说：②

> 在南山一带我们搜集到一本《加被威灵经》，在巨甸乡收搜集到一册《祭风占卜经》，都是全以音字写成。

> 截到现在为止，我只见到四本音字经书，除了上面说过的《加被威灵经》和《祭风占卜经》以外，我们还收到一本《接菩萨经》，见到一本《跳神的步法》。

这些经书都是全用哥巴文写成的经书。

下面是洛克在其 *A Na-Khi English Encyclopedic dictionary* 一书中所附的一页哥巴文经典。

---

① 李霖灿：《么些族文字的发生和演变》，载《么些研究论文集》，台湾故宫博物院1984年版，第79页。

② 李霖灿：《么些标音文字字典·序言》，国立中央博物院1945年版。

（二）哥巴文的相对成熟

哥巴文在不断地运用一些造字手段，使哥巴字与东巴字相区别。如统一加标示性符号，改变原字形方位等。说明哥巴文正试图挣脱东巴文的束缚，努力成为一种独立的文字系统，无独有偶，其他一些文字系统在借字时也往往加上一些标志性符号，如方块壮文，即使是记录汉语借词，但往往也要在原来的借音字上加一个标类偏旁，一者使意义更明显，二者也是为了强调与原来汉字的区别。

比起东巴文而言，哥巴文应该是比较成熟的文字，不管是由于它已经实现了逐字记音，还是它的符号体态的规整性。

李霖灿说："由我经手收集的么些经典，形字的在一千二百以上，而音字的却只有九册，而这还是见一册收一册才得到这个数目。""在我收到的那九册音字经典中有一册分量最重，连封面共达七十八页，形字经典中我从来没有见过这么多的页数的，因为音字是音符，不能像图画文字留出空隙供人去猜谜缀句，只好行列整齐连续写来，把形字经典中的空隙全部填平，因此成了这么重的份量。所以形字经典字句组织上缺陷，意外的在音字经典上给补充完成，使字句组织有了划时代的进步。"[①]

哥巴文也逐渐开始出现某字形逐渐固定表某声调的现象，如李 [ʐwɑ³¹] ，量东西、数一数、点一点、拾得、除草。李霖灿在此字后括注 "ʐwɑ³¹ 常单用此音字"。同时也在有意识地分化声调，如[mo]，当读 ³¹ 调时写成 ，读 ³³ 调时则在其下加一横，成 。李霖灿在编纂《么些标音文字字典》时，就仔细分辨了字音的声调是否已经凝固。如某字形已经固定表示某声调字，则放在某项声调的后面，若还没有固定，就放在读音总条的后面。

除此之外还有一个重要的现象，即哥巴已经舍弃了以色表义的造字手段。如李 [gɯ] ，也可以涂黑成 ，但并不区别意义。方 [tʂu] ， 也不区别意义。同时方位表义也大为减少。

----

① 李霖灿：《么些族文字的发生和演变》，载《么些研究论文集》，台湾故宫博物院1984年版，第79页。按："回此"当为"因此"。

三、哥巴文的不足与整理

过去有一些学者提到哥巴文存在诸多不足，如哥巴文还不敷应用。如李霖灿说："有时形字中有的字音，在音字中仍是没有。这却只表示这样读法的音字还没有给我们见到，并不是么些族的音韵系统中没有这样的读音。也许不久多巴们会由于实际的需要，另外创造出新的音字来，至于现在，他们遇到音字没有办法写时，就直接用形字来顶替，这种例子曾经给我们见到了不少。"①

还有哥巴文大多数字符并不区分声调，"东巴们在读经书时，早已养成了随时变换字音的声调以求迎合经文情节的本领，所以认为这样详细的区分是不需要的。"但哥巴文也逐渐开始出现某字形逐渐固定表某声调的现象，虽然还不十分完善，如西田龙雄所言："也有因声调的不同区别字形的情况。如 k'o 有时第一个字形记录居中的音阶无升降地发音的音节，后一个字形用于低平型声调的音节，但从总体看又不恪守这一原则。'事'除中平调为'木牌'、'洞'、'角'之外，也用于低平调'桩'。"②

这些不足均说明哥巴文还处于一种发展过程中，正在不断完善。但有一些学者指出的"异体众多"的缺点，我们认为还值得仔细分析一下，如《纳西象形文字谱》说：

> 这种文字笔划简单，纯是记音，有长处，但应用效果不好，一则字体不固定，纳西语词单音约有三百个，每一个音的标音字不止一个字体，一般有几个以至十几个写法，各派、各人所习用的不同，异派、异人不能一目了然。再则难认音调，纳西语词有四个音调，读时必要区别而后解义，标音文字不分音调，虽能读音而难辨调，就难于确解。三则同字异义过多，纳西语词同音同调有数义，而同用一标音字，更难确解其义。

方国瑜说了哥巴文不足表现在三个方面：一是异体字多，二是不区分音调，三是同字异义过多。第三点的问题说明人们对表音文字仍用表意文字的标准来理解，根本不是表音文字的缺点。这也是过去表意的东巴文发展不到纯粹表音文字的阻碍。第二点不区分音调，确实存在。但第一点异体字过多，我们觉得这仅是因为字典中收录有一字多形，因为字典是见字则录。不同的地方、不同东巴、不同经典可能采用不同字符。但我们看同一个人写的同一部经典，则发现一个音节多数仅用一个字符表示，如《求

---

① 李霖灿：《么些标音文字字典·序言》，国立中央博物院 1945 年版。
② ［日］西田龙雄：《纳西族表音文字的诞生》，载《国际东巴文化研究集粹》，云南人民出版社 1993 年版，第 279 页。

取占卜经》。

（《求取占卜经》P13）

直译

p^ha^{31}	$tʂhɯ^{33}$	kv^{55}	$nɯ^{33}$	p^ha^{31}
占卜	所有	会	由	占卜

p^ha^{31}	le^{33}	do^{31}	$mə^{33}$	$ȵi^{31}$
占卜	也	看见	不	得

dzi^{33}	$dzɿ^{31}$	la^{33}	$ndər^{33}$	dy^{31}
人	繁衍	辽阔	地方	

kv^{55}	$nɯ^{31}$	$sɯ^{33}$	$ndzɯ^{31}$	$ŋuə^{33}$
能者	和	智者	商	量

$ndzɯ^{33}$	$nɯ^{31}$	$ndɯ^{31}$	$ndzɯ^{31}$	$ŋuə^{33}$
大官	和	小官	商	量

py^{31}	$nɯ^{31}$	p^ha^{31}	$ndzɯ^{31}$	$ŋuə^{33}$
祭司	和	巫师	商	量

ndu^{31}	$nɯ^{31}$	se^{31}	$ndzɯ^{31}$	$ŋuə^{33}$
阳神	和	阴神	商	量

$nɯ^{33}$	$tçər^{31}$	$tshe^{31}$	xo^{55}	ty^{31}

天　　　上　　　十　　　八　　　层

xe^{31}　zi^{33}　$mɯ^{33}$　$gə^{33}$　khv^{31}

神　　　有　　　天　　　的　　　里边

$pʰər^{31}$　$ndzɯ^{33}$　sa^{33}　me^{33}　$khə^{33}$

盘　　　姿　　　萨美　　　　跟前

py^{33}　$pʰa^{31}$　ko^{55}　$ʂu^{31}$　ne^{31}　$bɯ^{33}$　$tsɯ^{55}$

念诵　　占卜　　经　求取　要　去　（语助）

意译：所有会占卜的巫师来占卜，占卜也看不到致病的原因。人类繁衍的大地上，能者和智者商量，大官和小官商量，祭司和巫师商量，阳神和阴神商量后认为：必须到十八层天上，神仙居住的天宫里，向盘姿萨美女神求取念诵占卜的经书。

解说：其中［$pʰa^{31}$］音节出现 5 次，均用 字形，其中一个意思为"占卜"，一个意思为"巫师"。［kv^{55}］音节出现两次，均用 字形，其中一个意思为"会"，一个意思为"能者"。［$nɯ^{33}$］音节出现一次，［$nɯ^{31}$］音节出现 4 次，虽声调不同，但均用 字形。［$ndzɯ^{31}$　$ŋguə^{33}$］出现 4 次，其中 3 次用 ，1 次用 。［$ndzɯ^{33}$］出现 2 次，都用 字形，其中一次表"大官"，一次表音"姿"。［py^{33}］音节出现 1 次，［py^{31}］出现一次，虽然声调不同，但均用 表示。其它音节均只出现 1 次。

其中不同调的音节两个，均用相同字符表示；同音节异体的仅一例，即四个"商量"，一次用 ，3 次用 。其它均无此种情况。

这说明在同一个写经时，同一个音节往往还是采用相同字符，不同地方的不同东巴写经典，如果没有统一的整理与规范，就会出现各自为政的局面，但这只是因为缺乏整理与规范而造成的，与哥巴文本身的表音性质并无关系。

哥巴文在发展过程中，有一些有识之士想予以整理。

李霖灿曾经在丽江西北区打米杵村和仲恒大东巴家收到一本音字字汇。该书形制是画很多方格，每一格中写着许多音字和一个形字，形字写得大一点，音字则在一格中由二三字到三四十字不等。形字写得大，在这一格中代表音值，围绕着它的是音字的各种不同写法。李霖灿认为一者在于检阅，二者在于删改整理。①

还有东巴听说汉字的标调方法后，想对哥巴文进行改进。如李霖灿在中甸白地调查的时候，结识了一位名叫和文采的东巴，他谈到哥巴文虽有音值却没有表示声调的符号，东巴们现在是靠上下文气而随时加以调整，问李先生有没有更好的办法。李先生就把汉人注音符号标四声的办法告诉他，和文采听了异常高兴，说要用这套办法去对和泗泉刻的书加以改进。②

过去东巴和泗泉曾经想统一和规范哥巴文，并为此作过努力，将哥巴文刻成版刻，准备刊刻散发。他在序言中说：

> 形字音字都没有一定的写法，尤其是音字，你写一个样子，他写一个样子，彼此又全不相同，这是很要不得的。这一带的多巴开会公推我来办这件事，如今我用木版刻出一个样子送给你们，从今之后，就以此为准，不要再胡写乱造了。③

四、小结

东巴文向表音方向的发展与东巴文象形表意性质间的矛盾为纯音节文字的出现提供了推动力，而东巴文继续发展成表音文字的阻力巨大，于是促使产生哥巴文。

哥巴文文字系统经过长期的准备，主要是借用东巴文、汉文、藏文的字符和标音规则及一字一音节的表达方法。在过去补充东巴文的使用中发展。最后以能够书写独立文献为标志而最后形成。

哥巴文是一种标音性质的文字，与东巴文不是同一种类型。但哥巴文仍存在一些不足，如异体繁多、不敷应用以及同形字、形近字多。它书写的文献也主要是转写的东巴经文献。一些有识之士曾对其作过一些整理的努力。

---

① 李霖灿：《与洛克博士论么些族形字音字之先后》，载《么些研究论文集》，台湾故宫博物院 1984 年版，第 45－46 页。

② 李霖灿：《与洛克博士论么些族形字音字之先后》，载《么些研究论文集》，台湾故宫博物院 1984 年版，第 46－47 页。

③ 李霖灿：《与洛克博士论么些族形字音字之先后》，载《么些研究论文集》，台湾故宫博物院 1984 年版，第 46 页。

第五节　文字使用范围的变化

文字产生以后，都会在使用群体之内完成一定的交际和记录功能。但随着社会的发展，有些文字的使用群体会逐渐发生一些变化。这就是我们所说的文字使用范围，也就是指文字的应用范围。我们在这里特别要区分的是宗教领域与世俗领域的应用。当然各自领域也可以再进一步细分，如有的文字仅用于记录历法，有的只用于择日，有的用来记录宗教经典，有的更广泛地应用于社会生活各个领域。

一、宗教与文字的密切关系

（一）自源文字的产生与宗教

有人认为文字一般是因为宗教的原因产生的，理由是大多数文字最开始只掌握于宗教从业人员手中，普通老百姓一般不认识。后来才逐渐在世俗生活中应用，成为全民性的交际符号。

从理论上讲，文字的创制者和早期使用者应该都是各民族的知识分子，他们见多识广，多才多艺，并且往往生活经验丰富。这批人同时也担当着主持各种仪式，为邻里乡亲谋划出主意的角色。原始宗教的萌芽也是在他们当中产生。所以说，文字的产生往往是与宗教纠缠在一起的。

从西南几种民族文字的具体情况来看，事实上也是如此。如尔苏人，宗教巫师叫做沙巴，使用着一种占卜书，上面的符号叫做尔苏沙巴文。东巴文是由东巴使用，水文是由水书先生使用。他留人的宗教巫师称为铎系，在主持丧葬时使用一种符号，叫做铎系图符。摩梭人的达巴也使用着一种占卜书，上边的符号叫做达巴文。

我们也可以从东巴文的字符形状中发现一些文字与宗教关系密切的证据。

东巴文的"写"作🖌，像纳西族东巴手握竹笔书写东巴经，或作🖌️或简化作🖌，但所写载体仍为东巴经的形制，像东巴经之一页的形状▦。同样"读"也作🖌，像看东巴经之形，也可以将人形换成声旁作🖌，但经书的形状不变。

东巴文的"书"的形体也可以看出是东巴经的象形。如麼 1169 📖[t'ɛ³³ɯ³³] 书。画书之形，以旗🏳字注其首音。麼1170 📖 画经典扎起之形，此字或读为 [mbv³¹ɯ³³tsu³³]，拴书。或写为麼 1171 ▦画经典一页之形。也可读为 [bv³¹ɯ³³] 经典。还有麼 1173 ▦ 象书之形，以卍字注其首音。或读为 [tɕiʌ³¹]，乃"经"之意。李霖灿解说道"以卍字有宗教之象征，故以之指明此字为经典也。"

李霖灿在《么些象形文字字典·引言》中曾经指出："么些文字与其宗教有不可分之关系，若无此种宗教，可能竟无此种文字，今日虽有此种文字作通讯等其他用途者，然为数极少，主要部分仍在于千余册之经典中。""既然是巫师，便需要有经咒，经咒记录下来便成了经典；要想记录，便需要记录工具，文字遂由此发生。"[①]

但我们还是要谨慎地指出，虽然大部分的文字产生与宗教有密切关系，但确实还存在一些自源文字与宗教没有关系，如我们前文说到的鲁国洪音节彝文。当然这种现象是比较特殊的。

（二）文字的传播与宗教

文字的传播亦与宗教有一定关系。王元鹿先生指出："文字传播的原因，主要在于文化——尤其是宗教——的传播。"[②]周有光指出文字传播的实质是文化的传播："西方流传一个说法，'文字跟着宗教走'，实际是'文字跟着文化走'。代表较高文化的文字，向文化较低的民族传播，这是文字的运动规律。"[③]

我国流行的几种宗教都与某种文字形式相联系，如基督教与拉丁字母、东正教与斯拉夫字母、佛教与印度字母、伊斯兰教与阿拉伯字母。

但文字在发展和传播过程中，可能出现一些应用范围的变化。如下面一些例子：

傣泐文是操傣泐方言的傣族使用的一种文字，主要通行于自称"傣泐"的傣族和孟连、双江、耿马、镇康、景谷、澜沧、沧源等地傣族以及信仰小乘佛教的布朗族地区，在国外，使用这种文字的还有缅甸南掸邦的"傣痕"、泰国北部的"傣允"和老挝的居民。这些地方的人都把这种文字称为 [to^{1}tham^2]，[to^1] 是"字" [tham^2] 是"经书"，意即"经书文字"。可见，这种文字的创制与宗教（小乘佛教）的传入有密切的关系。在西双版纳地区，这种文字最初仅用于宗教活动，后来才逐渐传入民间广为使用。

西双版纳傣族自治州的傣族称傣绷文为 [to^{55}lik^{33}]，意为不用经书的"民间文字"。在耿巴勐定乡，傣绷文不仅在佛寺中使用，而且也用于民间，是勐定乡傣族的通用文字。当地小男孩六七岁时大多要进佛寺当小和尚（一两年后还俗），他们一进佛寺就要学习念经，学习傣绷文，所以男子大多懂傣绷文。女孩不进佛寺，所以妇女一般不懂。

---

① 李霖灿《么些象形文字字典·引言》，国立中央博物院 1944 年版。
② 王元鹿：《普通文字学概论》，贵州人民出版社 1996 年版，第 175 页。
③ 周有光：《比较文字学初探》，语文出版社 1998 年版，第 20 页。

近代很多少数民族都创制了文字。多数都是由外国传教士为了传教而创制的拼音文字。如景颇文是 1895 年美国人汉森（Hansen）为了传教的需要，与缅甸克钦人知识分子合作，为缅甸八莫一带的克钦人创制的，1914年流传到我国的景颇族地区。最开始只是教会开办景颇文学校，后来才逐步在景颇族地区部分群众中流传使用。这种文字现在已经不仅用于宗教用途，在缅甸，用这套文字为克钦族出版了小学一至五年级的课本。我国也用景颇文出版了小学课本、读物、报纸、杂志等。[①]

二、文字使用范围的变化

最早的文字常常是宗教活动的产物，后来有的逐渐用于民间书面交际。后来文字的宗教应用与世俗应用有交错的现象。

（一）文字使用范围变化的理论类型

可以推知，文字产生和产生以后使用范围发生变化不外乎以外几种情况：

1．宗教人员创制，后来只用于宗教用途。

2．宗教人员创制，后来扩散到世俗民间，而成为全民用字，同时宗教用途停止。

3．宗教人员创制，后来扩散到世俗民间，成为全民用字，同时宗教用途继续，成为一种宗教和民间通用字。

4．宗教人员创制，后来扩散到世俗民间，成为全民用字，同时宗教用途继续，但二者各自发展，出现一些差异。

5．民间产生，一直只用于民间。

6．民间产生，宗教选用。民间失传，成为宗教用字。

7．民间产生，宗教选用。民间和宗教通用。

8．民间产生，宗教选用。二者各自发展，出现一些差异。

当然，文字使用范围的变化的现象在理论上有这样一些类型，但实际上并不一定每种类型都有某种文字真正经历过。

（二）具体文字使用范围的变化

1．东巴文

东巴文主要用来书写东巴经，但也有用于日常生活的。

过去还有东巴用东巴文记账。如李国文《人神之媒——东巴祭司面面观》记载，[②]鲁甸乡新主中村东巴和正才，遇本族人去世时，不执掌道场，

---

① 马学良主编：《汉藏语概论》，民族出版社 2003 年版，第 368 页。

② 李国文：《人神之媒——东巴祭司面面观》，云南人民出版社 1993 年版，第 92 页。

而是在丧家充当记账员，而且用象形文字记账。据喻遂生先生的研究，过去民间还有普通农民学习东巴文记账的。①

过去还有东巴用东巴文开药方。据李国文《人神之媒——东巴祭司面面观》记载，②鲁甸乡新主中村东巴和有志，除了懂得东巴经以外，还会中草药，并且能用象形文字记录药名，用象形文字开药方。过去纳西族还流传着东巴文书写的药书。

2003 年笔者随喻遂生先生去迪庆州香格里拉县三坝乡考察时，曾亲眼目睹了一青年农民收藏的两张买卖田地的地契，并摄有照片。

书信以前应该是比较多的。据说中甸东坝东巴鲁基塔有一次在高山牧场上因连日大雨受阻，干粮食尽，就用东巴文写了一张字条，意为"鲁基塔口袋里的炒面吃光了"，让猎狗送回家去，解了燃眉之急。③《纳西象形文字谱》586 页举有一东巴文书信例。和即贵东巴于上世纪末给喻遂生先生用东巴文写了一封信。前不久，白地一位小学教师（习过东巴）也给喻遂生先生用东巴文写了一封信，应该算是最近的一封东巴文书信了。

根据喻遂生先生的研究，东巴文应用性文献按其性质大致可以分为医书、账本、契约、谱牒、歌本、规程、书信、日记、文书、对联、墓铭等类。④

上举诸例说明东巴文并不仅限于用来书写东巴经典，在非宗教即世俗的日常生活中也有各种各样的用途。在旧时代，东巴文的非宗教用途，肯定比我们现在所看到的更为广泛。人们学习东巴文的目的，并不都是为了作东巴。掌握东巴文的，也并不都是东巴。由此可见，东巴文深入民间日常生活之一斑。因此，东巴文并不是一种纯粹的宗教文字。

东巴文到最后也没有发展为一种纳西族全民性的文字。虽然东巴文在民间亦有一定的应用，但它并没有发展为一种纳西族全民性的文字。官方、学校都使用汉语汉字，并且上层人士还强烈歧视东巴文及其使用者。骂东巴文为"牛头马面"，甚至和文裕东巴辛苦考来的秀才功名也因此而被革除掉了。

---

① 喻遂生：《纳西东巴文应用性文献的语言文字考察》，载《纳西东巴文研究丛稿》，巴蜀书社 2003 年版，第 260 页。

② 李国文：《人神之媒——东巴祭司面面观》，云南人民出版社 1993 年版，第 92 页。

③ 李国文：《人神之媒——东巴祭司面面观》，云南人民出版社 1993 年版，第 92 页。

④ 喻遂生：《纳西东巴文应用性文献的语言文字考察》，载《纳西东巴文研究丛稿》，巴蜀书社 2003 年版，第 253 页。

2．水文

水文是用来记载水书的，除了少量用于书写墓碑以外，并无日常生活方面的应用。

三、小结

从以上分析我们可以发现：

1．文字的产生多数是出于宗教的原因。

2．文字在使用过程中，可能出现一些宗教应用与世俗应用的交错。

3．宗教用字和民间用字最后多数都要出现差异，也就是有分离的趋势。因为宗教用字更为保守而世俗文献的随意性更大。

4．有些宗教人员为了发展或规范宗教行为而编纂非宗教文献，如东巴教中东巴编的各项规程、舞谱等。同时宗教神职人员属于兼职，就有可能把文字应用于非宗教事务。如有的东巴用东巴文写对联，为邻居记人情账等。

第六节　本章总结

在本章中，我们研究了西南少数民族原始文字的以下问题：

1. 文字的濒危、消亡与抢救

文字的濒危指文字使用人群的持续减少。同时，能够认读文献的人也持续减少。

西南少数民族有些文字在历史上已经消亡，现有的原始文字正普遍处于濒危的境地。

文字濒危和消亡的原因可以分为外因和内因，外因主要是外来文化的浸入，内因是文字固有的缺陷不能满足增长了的记录需求。这种缺陷可能体现在文字性质上，也可能体现在文字使用范围上。

西南少数民族原始文字的抢救应该是救书与救人同时进行。

2. 文字的成熟

精密化的表词文字的特征就是字符与词一一对应。表现在文献上则是一个词用一个字符。

通过对东巴文的研究，我们发现东巴文中已经出现逐词记录的趋势，体现在：东巴经正文中有大体逐词记录的趋势，东巴经跋语和卜语中已经出现逐词记录。而在东巴文应用文献中，较普遍地采用逐词记录的方式。

东巴文在发展中，甚至还出现一字一音节的现象。在字符构字中亦出现部件与音节一一对应的趋势。

3. 文字的接触与传播

我国西南地区各民族分布处于大杂居、小聚居状态。居住状况以及历史上民族形成过程中的融合与分化，都对语言文字使用有直接影响。文字的传播与接触是随着民族的交流与融合产生的文字现象。

文字传播与接触有四种形式：一是文字渗透；二是文字兼用；三是文字转用；四是产生混合文字。

4. 促使产生新文字

哥巴文作为一种标音文字，是一种受纳西东巴文影响而产生的新文字。

东巴文向表音方向的发展与东巴文象形表意性质间的矛盾为纯音节文字的出现提供了推动力，而东巴文存在继续发展成表音文字的阻力巨大。于是促使产生哥巴文。

哥巴文文字系统经过长期的准备，主要是借用东巴文、汉文、藏文的字符和标音规则及一字一音节的表达方法。在过去补充东巴文的使用中发展。最后以能够书写独立文献为标志而最后形成。

5. 文字的使用范围发生变化

文字的产生与宗教关系密切，在流传过程中可能出现分化。文字的应用可以大致分为宗教应用与世俗应用，二者往往随着文字的发展有交错现象。

第五章 结束语

本章第一节我们总结全文的结论，第二节针对学术界存在不同看法的观点，根据西南少数民族文字的材料作一些讨论和补充，第三节则总结本书的一些新术语。

第一节 结论

经过本书的研究，我们得出了以下一些结论。

一、文字产生是原始记事不断发展的结果

1. 文字的形成是在不断发展中完成的，有着较长的中间地带，文字与前文字没有截然分明的界线。

2. 原始记事到文字经历了四个阶段。分别是：

一是实物记事：包括实物本身记事、部分实物记事以及实物引申记事。

二是实物模型记事：这其中往往指的是三维模拟物，如雕塑、木刻等。

三是图画或符号记事。图画或符号既可以仿拟三维模拟物，也可以直接仿拟实物。这一阶段的记事方式已经发展到二维平面记事。与文字起源关系最为密切的是二维平面记事。二维记事中的符号反复运用，以至于约定俗成，表达固定的音义，就会进入到文字系统中，成为其中的字符。

四是文字记事。前三阶段的记事仍有局限，如记事的信息含量小、歧异理解度大以及约定俗成面窄等。文字记事则克服了这些局限。

3. 文字逐渐形成表现在以下一些特征的形成：

字符的界限逐渐清晰；

字符的音义逐渐清晰，由浑沌到明朗；

字符的组合层次化（可拆分度提高）；

字符的体态逐渐固定；

构字规则即构字机制逐渐成型；

组合表达规则逐渐成型；

这个过程的结果是初步形成字符集和文字规则。文字规则包括文字的组合表达规则和字符的构字规则。

4．原始记事发展到文字的几个关键步骤分别是：

一是符号达到一定的重用频率和约定俗成程度；

二是非具体事物的表达；

三是表音的开始。

二、文字的发展体现在字符集的发展与优化及文字规则的发展两方面

（一）字符集的优化

1．文字可拆分度的提高，字符界限清晰

文字可拆分度包含字符间的拆分和字符内部的拆分。由不易拆分的准字符到勉强可以拆分的合文，再到完全可以独立的独立字符，体现了字符间可拆分度的发展。还有一种拆分是独立字符内部的拆分，即独立字符是否还可以进一步拆分成部件或笔画。两种拆分度的提高，均体现了字符的独立性增强。

字符拆分度的提高涉及到字符或部件类化度提高、切分层次的提高及可重用频率的提高，三者互相关联。

（1）字符或部件的类化度提高

字符类化程度高，使同义的表达用同形的符号。如：

〖998〗 ⿰ 、 ⿰ ［ku⁵⁵dʑi˩］帐篷。第一个字符为帐篷后加声符形成的形声字，因为原来还有麼1525 ⿰ 字形，但表帐篷的符号后来类化成了房子，成 ⿰ 了。

〖1000〗 ⿰ 、 ⿱ ［hua⁵⁵dʐ˩］简易宿棚。均为形声字，但第一个形体更古老，为用树枝搭起来的简易棚子。但两个树搭起来的符号后来类化成了板房〖973〗 ⿰ 。

虽然类化对原来字符的理据及字源有所损失，但是它对字符部件的规范和统一有重要作用。

（2）切分层次提高

文字的发展是伴随着字符构字层次的增加的。构字层次体现了文字发展的程度。如早期可能都是由独立成字的单体字，可以叫做一层构字占多数。到了后来，参照字多起来，初造字参与构字或再次构字。于是构字层次开始趋向丰富。

（3）可重用频率

不同的构件有着不同的构字频率。如果有较高的构字频率，则意味着它们具有较强的通用性。但也有部分构件的构字频率很低，有的甚至是1，即只参与一次构字。

2．字符的音义附着稳定

原始文字早期，字符一方面界限不清，另一方面字符所对应的意义和读音灵活。而在发展过程中，形式（字符）与内容（词的读音、意义）的对应逐渐严整起来。字符既可以表示语段又可以表示语词的现象逐渐减少。同时同形字和转义字得到分化。

3．字符的区别特征明显

文字发展过程中，字符的区别特征越加明显，体现在过去的仿拟字多出现形声字的异体。另外，形近字也得到分化。

如麽 280 喊叫，麽 281 唱，虽然后者以口中线条颤抖与"喊"字区别，但二者仍形近。后来"唱"字的人形象形符改成声符成，则明显与喊叫二义得到了区别。

4．符号体态简化

文字发展过程中，字符不断走向简化。如〖972〗屋："　"有门有围墙，并描绘屋檐、房顶的结构，"　"门、围墙消失了，"　"、"　"屋檐，房顶的结构也简化了。

（二）文字规则的发展

文字规则体现在字符组合表达规则与字符的构字规则及相应的书写规则。

1．字符的组合表达规则主要指记录语言精密化，主要表现在两个方面：一是符号与语言中的词对应得越来越一致，即记录语言的密度不断提高；二是字序与词序的对应也趋于一致。

2．字符的构字规则指构字机制的完善与进步

构字机制的全面发展，如仿拟由具体仿拟到虚拟仿拟；参照机制的扩大使用。

同时随着文字系统的发展，有些字符可能亦有所变化，如以前采用仿拟机制，后来变为参照机制。参照机制中以前采用变化基字的方式，现在变成增加不成字部件或会合成字的方式。

构字机制的不断演进也使字符得到优化，如字符的音义更加稳定明确。

3．字符的书写规则的进步表现在行款的严密化及字符笔顺的规范化。

三、原始文字的成熟

精密化的表词文字的根本特征是字符与词一一对应。表现在文献上则是一个词用一个字符。因为文字结构与文字组合的同构特点，它也表现在字符内部的标音上，即随着文字系统的发展，标音不完全的字符逐渐向标音完全发展。在文字成熟的过程中，字符的边界完全清晰，字符独立。

西南少数民族原始文字中的东巴文就出现了这一过程。并且还进一步

发展，会出现一个字符一个音节的趋势，向表音化方向发展。但这样就会出现几个音节组成一个词的情况，同时还会出现同音词等问题。

四、文字变体的产生

文字发展过程中，随着民族的迁徙和隔绝，文字亦可能产生变体。

西南少数民族原始文字中，东巴文在发展过程中产生了玛丽玛萨文、阮可文、北寒派经文等变体。同时，还运用东巴文记录藏文、傈僳语，这类现象也可以看做一种文字变体。

五、新文字的产生

原来文字制度有所不足，随着先进文字制度的引进，借用原有符号，产生了新文字。

西南少数民族原始文字的发展过程中，东巴文向表音方向的发展与东巴文象形表意性质间的矛盾为纯音节文字的出现提供了推动力。但东巴文本身存在继续发展成表音文字的巨大阻力，于是促使产生哥巴文。

哥巴文文字系统经过长期的准备。这些准备主要有借用东巴文、汉文、藏文的字符和标音规则及一字一音节的表达方法。在之前补充东巴文的使用中发展。最后以能够书写独立文献为标志而最后形成。

五、西南少数民族文字的传播与接触

西南少数民族在交流和融合的过程中，也伴随着文字的传播与接触。文字传播与接触的表现形式有四种，即文字渗透、文字兼用、文字转用、混合文字。

文字渗透是字符的借用和字符构字规则及表达规则的借用。

文字兼用是同时兼用两种文字。

文字转用则是放弃原有文字而转用另外的文字。

混合文字是一种杂糅系统，符号来源是多元的。

六、原始文字的濒危与消亡

文字消亡或文字濒危的原因既有外部的原因，也有内部的原因。外部原因主要是外族强势文化的浸入。内部原因是文字不能适应广大使用人群记录的需求。

历史上有一些西南少数民族原始文字已经消亡，现在的一些原始文字也普遍处于濒危的状态。

对现在处于濒危状态的文字，我们要进行抢救，有条件的还应该实施保护。

七、文字产生和发展的动力

文字产生和发展的动力核心是不断增长的记录需求。

　　文字发生的动力可分成核心动力与表层动力，核心动力是记录需要的增长。这种对记录的需求增长可能体现在各个领域，如巫事、交换、借贷、生活等。他们是文字发生的表层动力。一种文字可能有多种表层动力。各种文字的表层动力未必相同也未必单一。有的可能是巫术的，有的可能是交换的，有的可能是其他的或多种综合的。

　　文字发展的根本动力也是不断增长的记录需求。但这种需求是通过语言表现出来，即语言中的词得不到很好的记录，语言和文字之间形成表达的矛盾。解决这种矛盾的方法是异体字的不断产生与淘汰，进而实现字符集的优化和文字规则的优化。

　　文字发展的动力是通过异体字的不断产生和淘汰来实现字符集的优化，进而达到记录语言的完善，文字记录语言的完善也就解决了记录需求。

第二节　讨论

本节我们主要联系前人的一些说法，依据本书的研究成果进行讨论与补充。

一、关于纳西族东部方言区无文字的说法

周汝诚《宁蒗见闻录》：[①]

> 达叭教为吕喜族所信奉之宗教，与东巴教大致相同，传说达叭自西天"盘兹萨美"授经时，记之于牛皮上，取经回来，不料半路绝粮，乃煮食牛皮经，回至水宁，所以达巴无经卷，专门口诵。其行法时，唱美妙之歌曲，多半为人驱鬼。凡吕喜处有丧事者，请达叭主其事，葬祭之礼，亦请达叭定之。

洛克《献给中国西藏边疆的萨满》：[②]

> 在纳西人中，相当多的文献得以留存下来，他们的东巴举行很多仪式，有 1000 册以上用于仪式的手写本。达巴没有这样的文献，但有口诵的传统，凭记忆举行仪式。

洛克《中国西南古纳西王国》：[③]

> 永宁人现在主要信奉黄教，但他们原来的萨满教仍旧存在，还有少数巫师实行，这些巫师称为达巴，与纳西的东巴不同，他们没有文字，所诵经文全凭记忆。

新发现的摩梭达巴书写占卜经的符号，随着材料的逐渐披露，也开始引起人们重视，但并没有得到广泛的认同。迄最近郭大烈先生的《住在长江第一湾的纳西族》，仍持东部方言区没有文字的观点，当然这里也有对"文字"概念理解的偏差的因素。事实上，从杨学政首次披露永宁地区达巴的占卜书以来，后来不断有新的占卜文献发现，本书的研究也采用了这些资料。

二、对异体字的认识

过去对异体字的认识存在一些片面性，即多是从异体字的负面影响去认识异体字。异体字确实有负面作用，因为大量异体字的存在，造成人们

---

① 转引自李国文：《人神之媒——东巴祭司面面观》，云南人民出版社 1993 年版，第 74 页。

② 和志武：《中国原始宗教资料丛编·纳西族卷》，上海人民出版社 1993 年版，第 196 页。

③ 转引自李国文：《人神之媒——东巴祭司面面观》，云南人民出版社 1993 年版，第 73 页。

的用字负担。

但是我们还应该看到异体字也有积极作用。因为异体字的不断产生、发展、消亡是文字系统发展的内部动力，也可以说是文字发展的一种直接推动力。可以说文字的发展，是通过异体字的不断产生、发展、淘汰实现的。

还有学者认为异体字是文字原始的一种表现。如和志武在《试论纳西象形文字的特点——兼论原始图画字、象形文字和表意文字的区别》说："此外，纳西象形文字还有一字数写，即字形不同而音、义基本相同的情况。这类文字的字源虽不同，但使用时所要表示的读音和词义是基本一样的。""还有单纯的异体字也很多，如动物的头，看左看右都可以写，字形很不固定。有些字则朝上朝下都可以写，有的多一两个笔划无所谓，如此等等，都说明这种文字还没有发展成为一种字形比较固定统一的表意文字。"①

应该说，成熟文字同样也普遍存在异体现象。汉字字典《康熙字典》、《汉语大字典》就收录了大量的异体字，这足以说明异体字并不是文字原始的表现。我们现在使用的是经过专家整理，由政府推荐的汉字常用字，当然感觉不到大量异体字的存在。东巴文在发展过程中，缺少这样一个由政府或个人开展整理和规范工作。但我们还应看到，文字系统自有一种完善机制，文字使用者在自觉地筛选和淘汰一些异体字，如李霖灿在《么些象形文字字典》中经常指出"近多简写作某字"，正反映了这种趋势。

三、合文的发展

关于合文的发展趋势，过去一般认为仅为分开书写，即合文分写。

但我们通过对东巴文合文的考察，发现除了分写之外，还有部分合文发展成一个字符的情况。即原始文字的合文有两种发展趋势：一是分开成独立的两个字符，一个是结合得更紧密而成为一个字符。

合文发展成为一个字符，有以下一些情况。

a. 其中一个字符的音义脱落；

b. 其中一个字符的音脱落；

c. 合文加一形符成单字；

d. 添加音义，成为一个字符；

e. 符号会合后意义极度引申。

东巴文的合文发展字符，还存在中间状态。

---

① 和志武：《试论纳西象形文字的特点——兼论原始图画字、象形文字和表意文字的区别》，载《东巴文化论集》，云南人民出版社 1985 年版，第 151 页。

a．组成部分都有音，而一个有义一个无义；

b．两个部分均有音、有义，但合文整体的意义并不等同于两部分加起来的意义；

c．符号中各部件已经非常简化而与本字失去联系；

d．符号的读音顺序与分布顺序不一致；

e．合文中部分符号已经随着意义的变化，符形也相应发生变化。

四、文字成熟的标志

过去有学者认为文字成熟的标志是达到一个字符表达一音节的程度。如傅懋勣《纳西族图画文字和象形文字的区别》中说到东巴文经书中象形文字的特征之一是：

每个象形字只表示一个音节，几个音节构成的语词，就用几个字来表示。没有图画文字中一个字可以表示几个音节的现象。

傅先生说：

在古代文字发展的过程中，由简单的表意图画发展到图画文字，就进入了文字的范畴。这是一个重要的步骤。然后由图画文字发展到一个字表示一个音节的象形文字或者叫形意文字，或者也逐步地产生了形声字。这是文字发展的又一个重要步骤。[1]

学界较普遍地接受了傅先生将纳西族象形字分为图画文字和象形文字的观点。最近出版的《家住长江第一湾的纳西族》说：[2]

东巴象形字实际上包括两种文字。其中一种类似连环画的文字，应该称为图画文字，绝大多数东巴文经书是用这种文字写的；另一种是一个字表示一个音节，但绝大多数字形结构来源于象形表意的成分，应当仍称象形文字。

图画文字　这种文字最大特点是只利用形象化的结构写经文大意，而不把经文使用的语言全部表达出来，因此，只有接受过口耳相传训练的东巴经师才能读出经文，而这种经文是带有备忘录提醒式的图画，同时书写无固定行款，经文中只有表意义或情景的字，但不读音。

象形文字　经文中的全部音节，都完全地、毫无遗漏地写出来，克服了上述文字许多缺点。

郭先生还根据"读一个音节的归入象形字，读两个音节以上归入图画

---

① 傅懋勣：《纳西族图画文字和象形文字的区别》，载《民族语文》1982 年第 1 期。
② 郭大烈、周智生：《家住长江第一湾的纳西族》，湖北教育出版社 2006 年版，第 203－204 页。

字"的原则，对一些字典和经书作了列表分析。

书名	总字符	图画字		象形字		哥巴文		备注
		字数	%	字数	%	字数	%	
纳西象形文字谱	1545	619	39.8	594	38.2	205	13.2	还有 127 个符号，可读 1 或 2 个音节占 8.1%
么些象形、标音文字典	2467	1034	41.9	1086	44.0	347	14.1	李书收哥巴文符号 2334 个，仅选常用 347 个
古事记	1536	295	19.2	1220	80.0	31	0.8	即东巴经《创世纪》
白蝙蝠取经记（上）	573	105	18.3	463	80.8	5	0.9	东巴经

按字符表示音节的多寡来判断是否是图画字还是象形字不是一个合理的标准。至少会涉及到以下问题：

1．有些字符有异读现象；

2．有些所谓的读一个音节的其实主要用来标音，不象形，也不表意；

3．有些多音节的词没有出现分音节的写法。

有些字一直以多音节存在，并没有发展出单音节或分音节的写法。如：

〖563〗 $\overline{\overline{\mathcal{Z}}}$ ［tsʅ⁵⁵tsʅ³³］蹲，象人蹲。

苛求一个字符记录一个音节，这可能是受了现代汉字"一个字符一个音节"的影响。汉语在其早期实际上一个音节就是一个词，只是后来词逐渐复音化和多音节化，出现了现在一个字符既可表一个词，也可表一个词素的现象。但汉语和纳西语不同。纳西语本来多音节词就不少，如和志武在《纳西语基础语法》中举到的一些古词。[1]

 dʑi me zəko↓ 厨房、祖房。

 房 母 家

 ho⁵⁵ lo↓ ko⁵⁵ 厨房、家务房

 女 奴 间

我们认为只要能够完整顺序地记录词语就表示文字进入了成熟阶段。过去亦有学者持这种观点。如周有光先生在给《中国大百科全书》"文字"

---

① 和志武：《纳西语基础语法》，云南民族出版社 1987 年版，第 19 页。原书采用的是新创制的纳西拼音，我们将其改为国际音标。

条写的解释中说到"表示意义的图画要发展到跟语言相结合，能够完整地书写语言，这才成为语言的有效记录，即成熟的文字。许多民族都创造过原始文字，但是只有极少几个民族的文字发展到成熟程度。有些文字，只能写出实词，不能写出虚词，阅读时候要由读者自行补充，这是不完备的文字。大多数民族都借入其他民族已经成熟了的符号系统，再加以修改补充，书写自己的语言。"周先生说的是"成熟的文字"，也就是能有效而精确地记录语言的文字。

五、注音文字（注音式形声字）是假借字的准备

西田龙雄《汉字的六书与纳西文》："纳西人还创制了作为假借字之准备阶段的注音文字。""这（引者注：指注音文字）是与以上所举的形声字完全不同的原理。"西田所谓的"注音文字"指"单独使用象形字字形也能大体知道其意思，但有时却不尽明了。在这样的时候，为了确定这些字到底意指什么，就要添加上表示该词发音的文字。"[1]实际上是指在象形字基础上添加音符的注音式形声字。

西田认为注音文字是假借字之准备阶段，他还举了一个盐字为例。"从构成原理看，'盐'▱▱字为注音文字，在描盐块形状的▭中央加上数字"十"乂作为音符。发音相同的［ts'e］'切'也好，发音极似的［ts'ər］'热'、'生热'也好，都假借这个字形。这些恐怕是经过注音文字阶段后变成了纯粹的假借字。"

按：与西田所述恰恰相反，注音文字不是与形声字不同原理，而正是形声字的一类。如西田所举 "我"，本作 ，后来再加上注音符 五。因为 易与"人 "等字混淆，故加声旁改造成形声字。只是这一类形声字中的形符仍能自足地表示形声字所表示的语词，还没有抽象化和类化，是一种刚从象形字衍生出来的较原始的形声字构造方式。

注音文字也不是假借字的准备阶段，因为任何类型的字符都可用作假借，并不仅仅限于注音文字。文字产生之初的象形、指事字也可假借。而且正是因为假借表音原则的广泛使用，才使形声字中纯粹的声符出现成为可能，从这个意义上讲，假借才是形声的准备阶段。

六、一种文字系统是否可以分成两种性质的文字

傅懋勣先生创造性的将纳西族象形字分为图画文字和象形文字，后来受到学界的大力称扬，如和志武、周有光、郭大烈、聂鸿音等先生均表示认同。

---

① ［日］西田龙雄著，白庚胜译：《汉字的六书与纳西文》，载《国际东巴文化研究集粹》，云南人民出版社 1993 年版，第 245－276 页。

我们以为将一种文字系统分成两种性质不同的文字不妥。文字系统内的文字自成一体，是一种合谐统一的文字系统。另外两种性质的不同文字之间的界限也未必如理论上那样好分析。东巴文的上述现象只能说明东巴文还处于一个发展过程之中。

当然东巴文具有发展的时代层次性，早期东巴文与晚期东巴文确实有区别。但是只要晚期东巴文还没发展到全部一字一词并顺序记录的程度，我们认为它还没有超出原始文字的界限，即都还是同一种文字性质。

导致这样的认识其实是由于对原始文字的理解有误差，即将原始文字理解成全部都应该是图画式的表意。其实不然。原始文字中的字符或准字符既有表达语段的，也有表词的，甚至还有表音节的（假借）。它是一个不纯粹的系统。

七、通过字符的使用讨论文字的时代

字符反映社会，同时通过社会的发展，也能看出字符的时代。通过字符的时代讨论文字的使用时代是没有问题的。但如果利用字符的时代考察文字产生时代就要犯错误。

因为文字产生和发展是一个渐进的过程，字符也是不断增补到文字系统中，现在我们看到文字系统中有这个字符，即使它反映的时代较晚，但也不能遽下结论，这种文字系统最早不会早过那个时代。

董作宾说：[①]

> 人类文化的发展过程，从旧石器转入新石器时代，曾有一度飞跃的进步；到了铜器时代，更为发扬光大；继之以铁器时代，才演成了两千年来的文明的世界。无疑的，么些文创造在铁器时代的晚期，而甲骨文应用是在铜器时代中的，它的创造究竟在何时？据最近的考察，是应该在新石器时代。这种推测由于和么些文的比较，更足以得到佐证。

> 么些文的"铁"，画了一把斧头，意思是"斧为铁制"；"金"是颈扣，"银"是银课（一种银锭），"铜"是铜锅；"剪"的形状有三种，只有第一种羊毛剪近于唐式（殷墟中的唐墓所发现），是一条铁打成的，其余二种都是摩登式样；弓箭射，就是近代化的铁箭头，有毒矢可以证明，"毒"字就是画一个黑色箭头，注云"么些人用竹箭，于竹箭上安一铁箭头，内有毒"。又"毒也，着重其箭头黑色有毒之意"。"刀"是铁的，从"折"字可以证明。别的不再举例了。这些字，甲骨文都没有，已经可以十足表现么些文的造字时代了。

---

① 董作宾：《么些象形文字字典序》，国立中央博物院 1944 年版。

么些文中的这些字，并不能证明铁器时代就一定已经产生了么些文，因为文字系统中的字符是逐渐累积形成的，这些字很可能是以后进入的，正如东巴文中已经有了"铁索桥"、"火药枪"之类的字，我们并不能说东巴文产生于有火药枪的时代，它会不断的创造反映新事物或以前没有反映的老事物的词。

八、表意文字是否可以自然发展成表音文字

过去多数学者认为表音文字可以由表意文字直接发展而来，如王元鹿先生认为"音节文字系统的来源有三种可能性：来自表词—意音文字，来自辅音文字，或由个别人人为地创制出来。"[①]这种认识可能是受了文字发展三阶段论的影响，即文字发展的是从形意文字到意音文字再到拼音文字是人类文字的共同发展方向。

但我们研究了纳西族的东巴文和哥巴文发现，东巴文并没有直接发展成表音文字，而是发展出一种新的表音文字——哥巴文。另外，根据陈永生先生对苏美尔文和汉甲骨文的比较研究，苏美尔文字和圣书字直至因外族入侵而灭亡也都还是兼用表意和表音两种方式，汉字一直沿用到今天也没有拼音化。他认为："意音文字并不是自身发展到拼音文字去的。古老的自源型文字并没有发展到纯粹表音阶段。最早的音节文字体系和最早的音素文字体系都是借源型文字，都是在借鉴已有自源型文字表音方式的基础上产生的（音节文字体系的产生借鉴了苏美尔文字的音节原则，[②]音素文字体系的产生借鉴了圣书字的音素原则）。[③]

我们认为：意音文字和音节文字的关系还不是生理学上鸡和蛋的突变关系，它不是一只意音文字的鸡，忽然生下一个音节文字的蛋来。二者的关系，是蚕与蛾的关系——在本质上，在制度上是一种抽丝剥茧的蜕变关系。但在字符借用、表达规则上，是不可以一刀两断的。

其中的原因，我们认为有以下几点：

甲、意音文字字符的表意性质时刻妨碍着字符表音的完成。

乙、意音文字的同音字符众多，不如重新选择字符量少的新表音符号。

丙、意音文字本身所承载的文化负担过重。

---

① 王元鹿：《普通文字学概论》，贵州人民出版社 1996 年版，第 167 页。

② 原文注：在苏美尔文字中产生了最古老的音节符号，阿卡德人、巴比伦人、亚述人借用了苏美尔文字，音节符号有了进一步的发展，但还存在表词字；在古波斯楔形文字中完成了前亚楔形文字逐渐转变成音节文字的过程。（伊斯特林 2002：164—182）

③ 陈永生：《甲骨文声符与圣书字音符的对比》，中国海洋大学硕士学位论文，2006年。

第三节　本书的术语总结

为了便于读者阅读，这一节我们将把本书中使用的部分术语作一总结与说明。这些术语或是由笔者首先提出并使用，或是他人提出并使用过但笔者在文中对他们的理解与他人有所不同。

1．文字系统

文字系统是指由字符组合起来的并具有一定规则的用来记录语言的符号系统。

2．文字字符

文字字符是文字系统中的个体单位，它是记录语言的独立符号。

文字字符本身也有自己的构造规则。

3．准字符

准字符是不易切分而又相对独立的文字画，其作用类似于字符。

准字符不能明确分析出独立字符。分布上作图画式的排列。音义与字符的对应关系不严格，存在有词无字或音节不完整的现象，所以不能分析出独立字符。往往没有对立的分书形式。

准字符处在一个不断的发展变化中，由完全不可离散到逐渐能够离散。我们举一个发展到比较晚期，接近合文的例子。

如〖101〗☒、☒烧山［dʐy³¹bər³¹］烧山。［dʐy³¹］是"山"，［bər³¹］是"烧"，文字上勉强可分出△和☒。其中△山单独成字，但☒并不是"烧"字，不能单独使用。

4．合文

合文是指将两个以上的字合写在一起，形式上仿佛是一个字，但实际上的却是两个字符的书写省简方式。

合文是可以分离出字符来的，而且字符之间的音义关系是严格对应的。合文的性质实际上是独立字符的组合，只是书写上貌似一个字形。

合文也有自己的发展过程，早期合文共用笔画很多，凭借方位表义，比较接近准字符，而发展了的合文比较接近两个独立的字符。

5．初造字、新造字

初造字是模拟事物或图画，而未参照任何已有字形的那部分字。初造字产生的机制是按照仿拟的原则产生的。

新造字是参照已有字符并按照一定参照规则造的字。

6．参照基字、参照字

参照基字指新造字在造字时所参照的字符。参照字是相对参照基字而言，是在参照基字基础上按照参照机制造的新字符。

参照基字是造新字所选用的基点，如 [图] 繁星、[图] 陨星、[图] 晴，都有一个已知事物天 [图]；[图] 日出、[图] 日没、[图] 月出、[图] 月没，都有一个参照点山坡 [图]。又如活鹿 [图] →死鹿 [图]，死鹿是在活鹿的参照下改换方位，去掉眼珠而成的。作为参照物的字活鹿 [图] 是造新字死鹿 [图] 的参照基字。

作参照基字的字大多数是能自足，也就是能独立成字的字，如：

以人 [图] 为能照：立 [图]，舞 [图]，举 [图]，坐 [图]，蹲 [图]，起 [图]，跪 [图]，匍匐 [图]，跌 [图]，死 [图]。

以水 [图] 为参照点：泉 [图]，涌泉 [图]，阻水 [图]，泡沫 [图]，浪 [图]，江 [图]。

以鸟 [图] 为参照点：飞 [图]，栖 [图]。

也有少数为不能独立成字的部件，如 [图] 森林，画森林之形，以 [图] "搓"字注音。而两棵树之形则不单用。

按照参照基字是否在字形中明确出现分为显性参照基字与隐性参照点。在字形中明确出现的为显性参照点，如上举诸例，但也有在构字中没有明确出现，则为潜性参照基字，如：

北 [图]，南 [图]，析形。按照字形进行分割。对比 [图] 牛→ [图] 前腿，[图] 后腿，[图] 前半截，[图] 后半截

此两字因字形割裂严重，让人不知其造字理据。但这两字是以水 [图] 作为参照点的，将水字形的上部作为上游之方位，将字形上部作为下游之方位。

麽 432y1 [图] 做生意也。

此字理据也不明确，但它是从 [图] 省略而来，原字形两人嘴在谈话，手在袖内互相摸捏对方表示的数目，正象做生意的样子。但省略之后，如不知原参照字，则很难理解。

麽 1610 [图] 解开。

字形原义为一根绳子绕在一根棍子上，经过很多次的变化，导致其形不明。

这里说的显性与潜性，只是相对的，如字的字形变化到难以理解，我们则称其参照基字不明了。

文字的构形，大多数是有理据可言的，对于参照基字明确出现的字好分析，但有一些则因为时间久远，字形变化严重，大多数使用者已经不知

其如何发展演变来的，这就是有些字"字源难解"的原因。文字造字的分析，就是要努力找出潜隐的参照基字，恢复其理据。

参照基字与参照字和初造字与新造字的关系是：参照字都是新造字，参照基字是指造新字时参照的已有字形，可能是初造字，也可能是新造字。

7. 仿拟机制、参照机制

仿拟机制是指按照象形方式进行造字的方法和原则。初造字所采用的造字机制就是按照仿拟的原则进行的。

参照机制是参照已有字符运用变换、增损、合成等方式构字的方法和原则。新造字的造字机制就是参照机制。

8. 字符可拆分度

字符可拆分度指字符能进行再次切分的程度，字符可拆分度涉及到三方面内容。一是切分层次，二是部件的可重用率，三是部件的类化度。

9. 字符的音义附着

字符的音义附着指一个字符或相当于字符的单位所对应的意义和读音。成熟文字系统中的字符，一般对应语言中的一个词，少数对应多个词（同形字）。原始文字中的字符所对应的读音和意义则较为灵活，有的对应一个语义段，有的对应一个词，有的对应音节。甚至有时候一个字符既可以表示一个词，也可以表示一个词组，如纳西东巴文中的⊕☺［mbo³³］表示"亮"；也可以读为［ȵi³³me³³he³³me³³mbo³³dɯ³¹rv⁵⁵lɑ³³］表示"日月光明照耀"。①

10. 文字濒危

文字濒危指文字的使用人群的持续减少。同时，能够认读文献的人也持续减少。

11. 文字消亡

文字消亡有这样几个层次：首先是文字的物质形式消亡，如经书或文献被毁，而且无人使用。其次是经书或文献尚在，但使用人群的消亡，无人继续使用，成为一种死文字。再次指经书或文献尚存，也无人使用，并且无人能够识读。

12. 文字兼用

文字兼用是一个民族或支系兼用两种或两种以上的文字。如汉文和东巴文的兼用、汉文和水文的兼用。

13. 文字转用

文字转用指某民族或民族支系放弃一种文字而转而使用其他文字。如

---

① 李霖灿：《么些象形文字字典》，国立中央博物院 1944 年版，第 4 页。

满族放弃满语满文而转用汉语汉字。西南少数民族中亦有与其他民族杂居而转用其他民族文字的例子，如与藏族杂居的盐井纳西族转用藏文。

14．混合文字

混合文字是混合一种以上文字符号，带有多种文字特征的文字，其性质有点类似于语言中的"洋泾浜语"。水文就是此类自源与借源相结合而成的文字系统。

附录:纳西语洛克音标与国际语音协会（IPA）音标对照表

洛克音标	IPA	洛克音标	IPA
a	ɑ	ll	l "thick l"
ā	ɑː	m	*m*
ă	a	n	N
'a	ʕ	n	n̥ indicates foregoing vowel nasal
a w	ɔ	ñḡ	initial;　pronounced as one (nasal)
ä	ɛ	ng	ŋ initial and final
b	*b*	nn	nn
b b	*bb* (voiceless media)	nv	nʊ
b p	p(voiceless stop without aspiration)	ny	ɲ
ch	tʃ	ō	oː
ch '	tʃ'	ŏ	ɔ
d	*d*	ö	œ
d d	ɖ	oa	oa
dt	ʈ	ou	ou
ds h	dʃ	p'	p'
ds '	ds'	ss	s
dz	ʔ	sh	ʃ
e	*e*	sz	z
ěr	eɹ	t'	t'
er h	the same as the Chineses syllacle	ts	ȶ
ff	*ff*	ts'	ȶ'

297

g	*g*		u	u
g g	*gg*		ǔ	ʌ
g k	*k*		ü	y
g h	ʁ		ùaṇ	ɑ̃ṇ
h	*h*		uàn	uàṇ
i	*i*		ǔe	ue
ī	i :		ùen	ùeṇ
ǐ	ǐ		uèn	uèṇ
k	*k*		v	ʋ
k'	k'		w	w
k h	ç		y	j
ḳ h	x		zh	ʒ
l	l			

声调：

a¹ 第一声低降　a² 第二声平声　a³ 第三声高短　a⁴ 第四声由低转到高

注：此对照表选自《纳西语英语汉语语汇》，云南教育出版社，2004 年。

参考文献*

[俄]B.A.伊斯特林著，左少兴译：《文字的产生和发展》，北京：北京大学出版社，2002 年，第二版。

[美]Denise Schmanbt-Besserat：《文字的始祖》，王士元编、游汝杰等译，葛传槼等审校，《语言与人类交际》，南宁：广西教育出版社，1987年。

[美]Denise Schmandt-Besserat，*Before Writing*，University of Texas Press，1992.

[美]I.J.Gelb，*A Study of Writing*，University of Chicago Press，1963.

[美]J.F.洛克著，和匠宇译：《纳西语英语汉语语汇》，昆明：云南教育出版社，2004 年。

[美]John DeFrancis，*Visible Speech*，University of Hawaii Press，Honolulu，1989.

白庚胜、和自兴主编：《玉振金声探东巴——国际东巴文化艺术节学术研讨会论文集》，北京：社会科学出版社，2002 年。

白庚胜、杨福泉：《国际东巴文化研究集粹》，昆明：云南人民出版社，1993 年。

曹萱：《纳西哥巴文造字研究》，华东师范大学硕士学位论文，2004 年。

岑家梧：《水书与水家来源》，《贵州苗夷社会研究》，北京：民族出版社，2004 年。

陈昌槐：《水族文字与〈水书〉》，《中央民族学院学报》，1991 年第 3 期。

陈国钧：《水家的地理分布》，《贵州苗夷社会研究》，北京：民族出版社，2004 年。

陈梦家：《中国文字学》，北京：中华书局，2006 年。

陈世辉、汤余惠：《古文字学概要》，长春：吉林大学出版社，1988 年。

陈炜湛、唐钰明：《古文字学纲要》，广州：中山大学出版社，1988 年。

陈永生：《甲骨文声符与圣书字音符的对比》，中国海洋大学硕士学位

---

*注：参考文献按作者音序排列。

论文，2006 年。

戴庆厦、成燕燕、傅爱兰、何俊芳：《中国少数民族语言文字应用研究》，昆明：云南民族出版社，2000 年。

东巴文化研究所编译：《纳西东巴古籍译注全集》，昆明：云南人民出版社，1999-2000 年。

范常喜：《甲骨文纳西东巴文会意字比较研究初探》，西南师范大学硕士学位论文，2004 年。

范常喜：《从汉字看纳西东巴文中的超前发展现象》，《中央民族大学学报》，2006 年第 5 期。

方国瑜、和志武：《纳西象形文字谱》，昆明：云南人民出版社，1995 年，第二版。

傅懋勣：《傅懋勣先生民族语文论集》，北京：中国社会科学出版社，1995 年。

傅懋勣：《丽江么些文'古事记'研究》，武昌华中大学，1948 年。

傅懋勣：《纳西族图画文字〈白蝙蝠取经记〉研究》（上、下），日本东京外国语大学亚非语言文化研究所，1981、1984 年。

傅懋勣：《纳西族图画文字和象形文字的区别》，《民族语文》，1982 年第 1 期。

盖兴之：《民族语言文化论集》，昆明：云南大学出版社，2001 年。

甘露：《东巴文抽象词汇及其表现形式》，《大理学院学报》，2001 年第 1 期。

甘露：《甲骨文与纳西东巴文农牧业用字比较研究》，《大理师专学报》，2000 年第 1 期。

甘露：《纳西东巴文假借字研究》，华东师范大学博士学位论文，2004 年。

甘雪春：《走向世界的纳西文化——20 世纪纳西文化研究述评》，昆明：云南大学出版社，2005 年。

高慧宜：《水文造字方法初探》，《中国文字研究》（第五辑），南宁：广西教育出版社，2004 年。

高慧宜：《傈僳族竹书文字研究》，上海：华东师范大学出版社，2006 年。

龚友德：《原始信息文化——少数民族记事表意文化》，昆明：云南人民出版社，1996 年。

郭大烈、和志武：《纳西族史》，成都：四川民族出版社，1999 年，第二版。

　　郭大烈、周智生：《家住长江第一湾的纳西族》，武汉：湖北教育出版社，2006 年。

　　郭大烈主编：《中国少数民族古籍总目提要·纳西族卷》，中国大百科全书出版社，2003 年。

　　郭净：《中国面具文化》，上海：上海人民出版社，1992 年。

　　和即仁、姜竹仪：《纳西语简志》，北京：民族出版社，1985 年。

　　和即仁：《纳西语月份名称的结构及其来源》，《民族语文》，1994 年第 4 期。

　　和即仁：《求取占卜经》，昆明：云南民族出版社，2002 年。

　　和匠宁、和锊宇：《孤独之旅——植物学家、人类学家约瑟夫洛克和他在云南的探险之旅》，昆明：云南教育出版社，2000 年。

　　和志武：《祭风仪式及木牌画谱》，昆明：云南人民出版社，1992 年。

　　和志武：《纳西东巴经语言试析》，《语言研究》，1983 年第 1 期。

　　和志武：《纳西东巴文化》，长春：吉林教育出版社，1989 年。

　　和志武：《纳西族古文字概论》，《云南社会科学》，1982 年第 5 期。

　　和志武：《中国原始宗教资料丛编·纳西族卷》，上海：上海人民出版社，1993 年。

　　黄布凡：《藏缅语族语言词汇》，北京：中央民族学院出版社，1992 年。

　　黄彩文：《彝族支系他留人的历史源流》，《云南民族大学学报》（哲社版），2004 年第 3 期。

　　黄建明：《走近今日摩梭人》，《民俗研究》，2001 年第 2 期。

　　黄建明：《彝文文字学》，北京：民族出版社，2003 年。

　　黄润华、史金波：《少数民族古籍版本》，南京：江苏古籍出版社，2002 年。

　　黄亚平、孟华：《汉字符号学》，上海古籍出版社，2001 年。

　　黄振华：《纳西族哥巴文字源流考》，《燕京学报》新九期，北京：北京大学出版社，2000 年。

　　简良开：《神秘的他留人》，昆明：云南人民出版社，2005年。

　　姜竹仪、盖兴之：《纳西语在藏缅语言中的地位》，《民族语文》，1990 年第 1 期。

　　蒋善国：《汉字的组成和性质》，北京：文字改革出版社，1960 年。

　　蒋善国：《汉字学》，上海：上海教育出版社，1987 年。

　　金星华：《中国民族语文工作》，北京：民族出版社，2005 年。

邝福光：《水族族源初探》，《贵州师范学院学报》，1984 年第 1 期。

雷广正、韦快：《水书古文字探析》，《贵州民族研究》，1990 年第 3 期。

冷天放：《"水书"探源》，《贵州民族研究》，1993 年第 1 期。

李达珠、李耕冬：《未解之谜——最后的母系部落》，成都：四川民族出版社，1996 年。

李国文：《人神之媒——东巴祭司面面观》，昆明：云南人民出版社，1993 年。

李家瑞：云南几个民族记事和表意的方法，《文物》，1962 年第 1 期。

李静生：《论纳西哥巴文的性质》，《东巴文化论》，昆明：云南人民出版社，1991 年。

李霖灿：《么些标音文字字典》，国立中央博物院，1945 年。

李霖灿：《么些经典译注九种》，中华丛书编审委员会，1978 年。

李霖灿：《么些象形文字字典》，国立中央博物院，1944 年。

李霖灿：《么些研究论文集》，台北故宫博物院，1984 年。

李霖灿：《纳西族象形标音文字字典》，昆明：云南民族出版社，2001 年。

李圃：《甲骨文文字学》，上海：学林出版社，1995 年。

李圃：《正本清源说异体》，《语言研究》，2003 年第 1 期。

李万福、杨海明：《图说文字起源》，重庆：重庆出版社，2002 年。

李万福：《论文字系统》，《重庆教育学院学报》，2005 年第 5 期。

李学勤：《缀古集》，上海：上海古籍出版社，1998 年。

利普斯著，汪宁生译：《事物的起源》，成都：四川民族出版社，1982 年。

梁东汉：《汉字的结构及其流变》，上海：上海教育出版社，1959 年。

林向萧：《关于"东巴文"是什么文字的再探讨》，《云南民族学院学报》，2002 年第 5 期。

刘凌：《"水书"文字性质探索》，华东师范大学硕士学位论文，1999 年。

刘日荣：《<水书>中的干支初探》，《中央民族大学学报》，1994 年第 6 期。

刘日荣：《水书评述》，《中央民族大学学报》，1995 年第 6 期。

刘日荣：《水书研究——兼论水语中的汉语借词》，《中央民族大学学报》，1990 增刊。

刘尧汉、宋兆麟、严汝娴、杨光才：《一部罕见的象形文历书——耳苏人的原始文字》，《历史博物馆馆刊》，1981 年第 3 期。

刘又辛、方有国：《汉字发展史纲要》，北京：中国大百科全书出版社，2000 年。

刘志基：《汉字文化综论》，南宁：广西教育出版社，1996 年。

陆锡兴：《汉字传播史》，北京：语文出版社，2002 年。

马曜：《中国西南民族研究的回顾与展望》，赵嘉文、马戎主编，《民族发展与社会变迁》，北京：民族出版社，2001 年。

毛远明：《哥巴文性质再认识》，《玉振金声探东巴——国际东巴文化艺术节学术研讨会论文集》，北京：社会科学文献出版社，2002 年。

木琛：《纳西象形文字》，昆明：云南人民出版社，2003 年。

木丽春：《东巴百题揭秘》，芒市：德宏民族出版社，2000 年。

木仕华：《活着的茶马古道重镇丽江大研古城——茶马古道与丽江古城历史文化研讨会论文集》，北京：民族出版社，2006 年。

木玉璋、汉刚、余宏德：《祭天古歌》，昆明：云南民族出版社，1999 年。

聂鸿音：《中国文字概略》，北京：语文出版社，1998 年。

潘朝霖、韦宗林：《中国水族文化研究》，贵阳：贵州人民出版社，2004 年。

裴文中：《旧石器时代之艺术》，北京：商务印书馆，1999 年。

彭耀：《摩梭人古代宗教的考查》，《社会科学评论》，1987 年第 1、2 期。

彭耀：《永宁半月谈——摩梭人古代宗教考察漫笔》，《世界宗教研究》，1984 年第 2 期。

秦桂芳：《纳西东巴文与甲骨文情境异体字比较研究》，华东师范大学硕士学位论文，1999 年。

裘锡圭：《古文字论集》，北京：中华书局，1992 年。

裘锡圭：《汉字形成问题的初步探索》，《中国语文》，1978 年第 3 期。

裘锡圭：《文字学概要》，北京：商务印书馆，1988 年。

沙宗元：《文字学名词术语规范化研究》，安徽大学博士学位论文，2004 年。

史燕君：《汉古文字与纳西东巴文形声字比较研究》，华东师范大学硕士学位论文，2001 年。

史燕君：《纳西东巴文形声字形成过程初论》，《湖州师范学院学报》，2001 年第 1 期。

宋耀良：《中国岩画考察》，台北：联经出版事业公司，1998 年。

宋兆麟：《藏族本教的指路经》，《东南文化》，2000 年第 8 期。

宋兆麟：《达巴教》，《东南文化》，2001 年第 2 期。

宋兆麟：《耳苏人的图画巫经》，《东南文化》，2003 年第 10 期。

宋兆麟：《会说话的巫图》，北京：学苑出版社，2004 年。

宋兆麟：《摩梭人的象形文字》，《东南文化》，2003 年第 4 期。

宋兆麟：《纳日人的刻画符号》，《凉山彝族奴隶制研究》，1981 年第 1 期。

宋兆麟：《纳西族的刻划符号》，《化石》，1981 年第 4 期。

宋兆麟：《神秘的巫画》，《寻根》，2004 年第 3 期。

宋兆麟：《寻根之路——一种神秘巫图的发现》，北京：学苑出版社，2004 年。

苏培成：《现代汉字学纲要》（增订本），北京：北京大学出版社，2001 年。

孙宏开：《尔苏沙巴图画文字》，《民族语文》，1986 年第 6 期。

孙宏开：《试论尔苏沙巴文字的性质》，《中国民族古文字研究》（第二辑），天津：天津古籍出版社，1993 年。

孙钧锡：《中国汉字学史》，北京：学苑出版社，1991。

孙易：《水族文字研究》，南开大学博士学位论文，2006 年。

唐兰：《古文字学导论》（增订本），济南：齐鲁书社出版，1981 年。

唐兰：《中国文字学》，上海：上海古籍出版社，1979 年。

汪宁生：《从原始记事到文字发明》，《考古学报》，1981 年第 1 期。

王伯敏：《东巴文与东巴画——纳西族文化札记》，《美术观察》，1998 年第 8 期。

王锋：《从汉字到汉字系文字》，北京：民族出版社，2003 年。

王国宇：《水书与一份水书样品的释读》，《民族语文》，1986 年第 6 期。

王品魁、潘朝霖：《水书·丧葬卷》，贵阳：贵州民族出版社，2005 年。

王品魁：《<水书>二十八宿》，《贵州文史丛刊》，1996 年第 2 期。

王品魁：《<水书>探源》，《贵州文史丛刊》，1991 年第 3 期。

王品魁：《水书（正七卷、壬辰卷）》，贵阳：贵州民族出版社，1994 年。

王宇信：《甲骨学通论》，北京：中国社会科学出版社，1993 年。

王元鹿：《"水文"的数字与干支字研究》，《华东师范大学学报》（哲社版），2003 年第 3 期。

王元鹿、邓章应、朱建军等：《中国文字家族》，大象出版社，2008 年。

王元鹿、朱建军：《"坡芽歌书"的性质及其在文字学领域中的认识价值》，《华东师范大学学报》，2009 年第 5 期。

王元鹿：《<纳西象形文字谱>评介》，《辞书研究》，1981 年第 4 期。

王元鹿：《比较文字学》，南宁：广西教育出版社，2001 年。

王元鹿：《东巴文与哥巴文、玛丽玛萨文、达巴文的关系之初步研究》，《中国文字研究》（第七辑），南宁：广西教育出版社，2006 年。

王元鹿：《尔苏沙巴文字的特征及其在比较文字学上的认识价值》，《华东师范大学学报》（哲社版），1990 年第 6 期。

王元鹿：《关于我国少数民族古文字字库建立的若干设想与难点及其对策》，《中国文字研究》（第三辑），南宁：广西教育出版社，2002 年。

王元鹿：《汉古文字与纳西东巴文字比较研究》，上海：华东师范大学出版社，1988 年。

王元鹿：《汉字发生研究目的论》，《中国文字研究》（第五辑），南宁：广西教育出版社，2004 年。

王元鹿：《玛丽玛莎文两次调查所得单字的比较及其文字学意义》，《中国文字研究》（第四辑），南宁：广西教育出版社，2003 年。

王元鹿：《玛丽玛莎文字源与结构考》，《华东师范大学学报》（哲社版），2004 年第 2 期。

王元鹿：《纳西东巴文与汉形声字比较研究》，《中央民族学院学报》，1987 年第 5 期。

王元鹿：《纳西东巴文字黑色字素论》，《华东师范大学学报》（哲社版），1986 年第 1 期。

王元鹿：《纳西东巴文字与汉古文字假借现象的比较及其在文字史上的认识价值》，《徐州师范学院学报》，1987 年 2 期。

王元鹿：《纳西东巴文字与汉字不同源流说》，《云南民族学院学报》，1987 年第 1 期。

王元鹿：《普通文字学概论》，贵阳：贵州人民出版社，1996 年。

王元鹿：《水文方位字研究及其对普通文字学研究的启发》，《湖州师院学报》，2003 年第 4 期。

王元鹿：《说"方"》，《辞书研究》，1986 年第 2 期。

王元鹿：《由若喀字与鲁甸字看纳西东巴文字流播中的发展》，《华东师范大学学报》（哲社版），2001 年第 5 期。

王正贤、张和平：《贵州彝族语言文字》，贵阳：贵州民族出版社，1999 年。

韦忠林：《水文字书法试探》，《贵州民族学院学报》（哲社版），1995 年第 2 期。

韦宗林：《水族古文字探源》，《贵州民族研究》，2002 年第 2 期。

魏忠：《中国的多种民族文字及文献》，北京：民族出版社，2004 年。

闻宥：《么些象形文之初步研究》，《人类学集刊》第 2 卷 1、2 期，1941 年。

巫达：《尔苏语言文字与尔苏人的族群认同》，《中央民族大学学报》，2005 年第 4 期。

吴支贤、石尚昭：《水族文字研究》，三都县民委编印，1985 年。

习煜华：《东巴象形文异写字汇编》，昆明：云南美术出版社，2003 年。

夏之乾：《纳西象形文字所反映的纳西族文化习俗》，《民族研究》，1994 年第 5 期。

邢福义：《文化语言学》（增订本），武汉：湖北教育出版社，2000 年。

徐中舒：《甲骨文字典》，成都：四川辞书出版社，1988 年。

杨福泉：《纳西文明》，成都：四川人民出版社，2002 年。

杨福泉：《纳西族文化史论》，昆明：云南大学出版社，2007 年。

杨福泉：《纳西族与藏族历史关系研究》，北京：民族出版社，2005 年。

杨福泉：《走进图画象形文的灵境》，成都：四川文艺出版社，2003 年。

杨甲荣：《纳西象形文字研究的里程碑——<纳西象形文字谱>》，《中国典籍与文化》，1996 年第 1 期。

杨树达：《中国文字学概要·文字形义学》，上海：上海古籍出版社，1988 年。

杨学政：《藏族 纳西族 普米族的藏传佛教 地域民族宗教研究》，昆明：云南人民出版社，1994 年。

杨学政：《达巴教与东巴教比较研究》，《宗教论稿》，昆明：云南人民出版社，1986 年。

杨学政：《摩梭人达巴卜书及原始符号研究》，《史前研究》，1986 年第 3、4 期。

杨学政：《摩梭人的宗教》，《云南少数民族社会历史调查资料汇编》（五），昆明：云南人民出版社，1991 年。

杨正文：《纳西族东巴象形文字的演变》，《思想战线》，1999 年第 5 期。

喻遂生：《<纳西东巴文与甲骨文比较研究>质疑》，《云南民族大学学报》，1988 年第 3 期。

喻遂生：《<纳西东巴象形文字辞典说略>补正》，《辞书研究》，1999 年第 4 期。

喻遂生：《东巴文<祭天细则>译释》，《庆祝刘又辛教授九十寿辰学术讨论会论文集》，重庆：西南师范大学出版社，2004 年。

喻遂生：《关于哥巴文字源考证的几点看法——读<纳西族哥巴文字源流考>》，《中国文字研究》（第六辑），南宁：广西教育出版社，2005 年。

喻遂生：《纳西东巴文本有其字假借原因初探》，《中央民族大学学报》，2002 年第 1 期。

喻遂生：《纳西东巴文研究丛稿》，成都：巴蜀书社，2003 年。

喻遂生：《纳西东巴文研究丛稿》（第二辑），成都：巴蜀书社，2009 年。

喻遂生：《纳西东巴字、汉古文字中的"转意字"和殷商古音研究》，《中央民族大学学报》，1994 年第 4 期。

喻遂生：《纳西东巴字的异读和纳汉文字的比较研究》，《云南民族大学学报》，1990 年第 1 期。

袁胜红：《纳西象形文字指事字研究及其对汉字研究的启发》，华东师范大学硕士学位论文，1999 年。

云南省地方志编纂委员会：《云南省志•少数民族语言文字志》，昆明：云南人民出版社，1981 年。

云南省少数民族古籍整理出版规划办公室编：《纳西东巴古籍译注》（一），昆明：云南民族出版社，1986 年。

云南省少数民族古籍整理出版规划办公室编：《纳西东巴古籍译注》（二），昆明：云南民族出版社，1987 年。

云南省少数民族古籍整理出版规划办公室编：《纳西东巴古籍译注》（三），昆明：云南民族出版社，1989 年。

云南省少数民族语文指导工作委员会：《云南民族语言文字现状调查研究》，昆明：云南民族出版社，2001 年。

云南省少数民族语文指导工作委员会编：《云南少数民族文字概要》，昆明：云南民族出版社，1999 年。

云南省维西傈僳族自治县委员会文史资料委员会编：《维西文史资料》（第五辑），内部资料，2000 年。

云南省维西傈僳族自治县志编纂委员会编：《维西傈僳族自治县志》，昆明：云南民族出版社，1999 年。

曾晓渝、孙易：《水族文字新探》，《民族语文》，2004 年第 4 期。

曾晓渝、姚福祥：《汉水词典》，成都：四川民族出版社，1996 年。

曾晓渝：《汉语水语关系词研究》，重庆：重庆出版社，1994 年。

张公瑾、丁石庆：《浑沌学与语言文化研究》，北京：中央民族大学出版社，2005 年。

　　张公瑾：《民族古文献概览》，北京：民族出版社，1997 年。

　　张公瑾：《文字的文化属性》，《民族语文》，1991 年第 1 期。

　　张书岩：《异体字研究》，北京：商务印书馆，2004 年。

　　张为纲：《水家来源试探》，《贵州苗夷社会研究》，北京：民族出版社，2004 年。

　　张玉金、夏中华：《汉字学概论》，南宁：广西教育出版社，2001 年。

　　张云岭：《纳西族东巴木雕木牌画艺术研究》，《中外文化交流》，1999 年第 6 期。

　　赵诚：《甲骨文字学纲要》，北京：中华书局，2005 年。

　　赵心愚：《从东巴经书物质形式看藏文化对纳西族的影响》，《中国藏学》，2002 年第 1 期。

　　郑飞洲：《东巴文字素研究》，北京：民族出版社，2005 年。

　　郑飞洲：《尔苏沙巴文字素研究》，《中文自学指导》，2002 年第 4 期。

　　郑林曦：《汉字改革》，上海：上海教育出版社，1984 年。

　　郑振峰等：《汉字学》，北京：语文出版社，2005 年。

　　中国大百科全书总编辑委员会：《中国大百科全书·民族卷》，北京：中国大百科全书出版社，1986 年，光盘版。

　　中国民族古文字研究会编：《中国民族古文字研究》（第二辑），天津：天津古籍出版社，1993 年。

　　中国民族古文字研究会编：《中国民族古文字研究》（第三辑），天津：天津古籍出版社，1991 年。

　　中国民族古文字研究会编：《中国民族古文字研究》，天津：天津古籍出版社，1987。

　　周斌：《东巴文异体字研究》，上海：华东师范大学出版社，2005 年。

　　周德才：《他留话研究》，昆明：云南民族出版社，2004 年。

　　周国光：《体态语》，北京：中央民族大学出版社，1997 年。

　　周有光：《比较文字学初探》，北京：语文出版社，1998 年。

　　周有光：《纳西文字中的"六书"——纪念语言学家傅懋勣先生》，《民族语文》，1994 年第 6 期。

　　周有光：《世界文字发展史》，上海：上海教育出版社，2003 年。

　　周有光：《世界字母简史》，上海：上海教育出版社，1990 年。

　　朱宝田：《纳西族象形文字的分布与传播问题新探》，《云南社会科学》，1984 年第 3 期。

朱建军：《从文字接触视角看汉字对水文的影响》，《贵州民族研究》，2006 年第 3 期。

朱建军：《从文字渊源物的角度对语段—记意文字类型学的探讨》，《大理学院学报》，2003 年第 4 期。

朱建军：《水文常见字异体现象刍议》，《中国文字研究》（第六辑），南宁：广西教育出版社，2005 年。

朱建军：《文字类型学研究的意义、现状及设想》，《中国文字研究》（第四辑），南宁：广西教育出版社，2003 年。

朱建军：《汉字、彝文、东巴文文字起源神话比较研究》，《云南社会科学》，2007 年第 4 期。

朱净宇、李家泉：《少数民族色彩语言揭秘》，昆明：云南人民出版社，1993 年。

后 记

本书是在我的同名博士论文基础上修改而成。时隔答辩已有五年，其间学术界又陆续产生了不少新的学术成果，个人看法也随之发生了变化。但为保持原貌，论文的基本框架和主要内容未做大的调整。

我于 2001 年考入西南师范大学汉语言文献研究所，跟随喻遂生教授学习文字学，当年喻老师开设了一门新的课程《纳西东巴文概论》，讲授他研究多年的东巴文知识。正是在学习这一课程的过程中，我对东巴文产生了浓厚的兴趣，撰写了我的第一篇关于民族文字的文章《纳西东巴文新造字造字机制试析》，并带着这篇文章参加了 2003 年在云南丽江召开的第二届国际东巴文化艺术节，会后又随喻老师到丽江、香格里拉白地进行田野调查。由此走上民族文字研究的道路，在此要感谢引领我走上这条道路的喻老师。

硕士毕业以后考入华东师范大学中国文字研究与应用中心，跟随王元鹿教授学习比较文字学。研究兴趣也由东巴文逐渐扩展到纳西族的其他几种文字，2007 年上学期，写了一篇《摩梭达巴文初步研究》论文参加在北京举行的中国民族古文字研究会第七届年会。由于王老师的研究风格是以多种文字为材料进行文字比较及文字理论的探讨，我也逐渐受到感染，关注的文字种类进一步扩大，在攻读博士学位期间，参加过在四川美姑举行的第四届彝学大会、在贵州都匀举行的第一届水书国际学术研讨会，并把博士毕业论文的题目锁定在西南地区原始文字的研究上。博士论文的写作与修改，得到了王老师的亲切指导，在此我要感谢引导我开阔学术眼界并指导我完成论文的王老师。

在论文的写作过程中，还经常与师兄朱建军、师弟陈永生讨论，他们的批评和意见也诚为宝贵。

博士毕业以后，回到西南大学汉语言文献研究所工作，我将论文的部分内容作为授课讲义，给文献所的部分研究生讲授过两遍，另外在比较文字学专题研究的讨论课上，与我的研究生和喻老师的部分研究生讨论过几次。他们的一些建议和意见也给了我很大启发。

在学习文字学的过程中，感觉文字发生发展的较多普遍规律还需要不断深入研究，特别是文字发生及早期情况的研究还很不够，这一者是苦于材料不足，二者是由于各种文字研究各自为阵，自成壁垒，对这类问题的综合思考不够。

中国西南地区民族众多，文化多样性突出，是研究文字发生发展的材料宝库。因为这个地区既有发展程度不一的传统古文字，也有近代传教士创制的多种民族文字，还有解放后创制或改进的拉丁化新文字。这个地区在不远的过去还使用多种原始记事方式，这些原始记事方式与文字具有相同的功能，相似的符号规则，可以视为文字的前身或渊源物。除此以外，不管是有传统文字的民族，还是无传统文字的民族，都流传着数量不菲的关于文字产生与消亡的神话传说，这些神话传说反映了人们对于文字产生与消亡的认识，或多或少地折射出事实的影子。需要在这里特别说明的是本书所称"原始文字"，仅是出于文字类型角度的分类，并不暗示文字有优劣先进之别。

在对西南少数民族文字进行综合分析时，我们努力想说明文字发生发展的两个节点问题：一是原始文字产生的节点；二是原始文字成熟的节点。为了说明这两个节点，我们尝试对文字系统与系统中的字符分开讨论，因为文字产生与文字成熟所指实际上是文字系统的产生与成熟。文字系统由文字字符的集合（字符集）和文字规则组成，而文字系统中的字符如何动态形成是我们关注的重点。

我们认为文字系统中的字符不是一下子形成，而是分层次累积形成的，按照是否参照系统中已有的字符可以分成初造字和新造字，二者分别运用不同的造字机制。在本书中我们提出了初造字的仿拟机制和新造字的参照机制。近来我们又作了进一步思考，将这种字符分层形成的模式归纳为"分层造字机制"。

本书除理论思考不成熟外，材料的使用上也欠均衡，这与具体文字研究的不平衡有很大关系。除此之外，小书肯定还存在诸多问题，敬请各位方家批评指正。

本书出版之时，西南大学汉语言文献研究所、华东师范大学中国文字研究与应用中心以及中国海洋大学文学院正策划出版"比较文字学丛书"，本书有幸编入此套丛书，十分感谢为比较文字学学科发展运筹谋划的先生们。我们也希望比较文字学学科能蓬勃发展，研究队伍不断壮大、研究成果不断增多。

邓章应

2012 年于山城北碚